AF458599

LETTRES MÉDICALES

SUR L'ITALIE,

AVEC QUELQUES

RENSEIGNEMENTS SUR LA SUISSE.

LETTRES MÉDICALES
SUR L'ITALIE,

AVEC

QUELQUES RENSEIGNEMENTS SUR LA SUISSE;

RÉSUMÉ D'UN VOYAGE FAIT EN 1838,

adressé à la Société de Médecine de Gand,

PAR

JOSEPH GUISLAIN,

PROFESSEUR ORDINAIRE A LA FACULTÉ DE MÉDECINE DE L'UNIVERSITÉ GOUVERNEMENTALE DE GAND, CHEVALIER DE L'ORDRE DE LÉOPOLD, MÉDECIN EN CHEF DES ÉTABLISSEMENTS D'ALIÉNÉS DE GAND, L'UN DES FONDATEURS DE LA SOCIÉTÉ DE MÉDECINE DE LA MÊME VILLE; ASSOCIÉ DE L'ACADÉMIE DES LYNCÉS DE ROME, MEMBRE CORRESPONDANT ET HONORAIRE DE PLUSIEURS SOCIÉTÉS SAVANTES, NATIONALES ET ÉTRANGÈRES.

AVEC TRENTE-DEUX PLANCHES.

GAND,

DE L'IMPRIMERIE DE F. ET E. GYSELYNCK, ÉDITEURS

DES ANNALES ET BULLETIN DE LA SOCIÉTÉ DE MÉDECINE DE GAND.

1840.

Le dépôt exigé par la loi a été fait.

LETTRES MÉDICALES

SUR L'ITALIE.

A Messieurs les Membres de la Société de Médecine de Gand.

Messieurs,

J'ai recueilli dans un voyage entrepris dernièrement, quelques notions que je prends la liberté de vous adresser. Dans l'ordre des idées nouvelles, elles sont loin d'avoir le caractère d'une conception originale, plus loin encore d'avoir le mérite de la priorité. Il s'agit de l'Italie, pays sur lequel la curiosité du voyageur et de l'homme de science s'est exercée sans relâche, sur lequel des centaines de volumes ont été publiés.

Il m'importe, avant tout, de vous déclarer que d'abord je n'ai pas eu l'intention de rendre mes observations publiques. J'ai changé d'idée parce que j'aimais à répondre au désir exprimé par plusieurs d'entre vous, parce qu'il a fallu réaliser des promesses, données, il est vrai, trop légèrement, parce qu'enfin j'éprouvais le besoin de raviver en moi des impressions dont le souvenir me charme et m'entraîne. Parmi mes répugnances, la crainte de dire trop de ce qui n'en valait pas la peine, trop peu de ce qui demandait du développement, n'était, je puis vous l'assurer, ni la moins forte ni la moins bien motivée.

Cependant tout n'a pas été dit sur la matière. Il est des détails sur l'Italie médicale encore ignorés, surtout parmi nous.

J'ai pensé que la description des lieux serait peut-être de nature à fixer l'attention des médecins belges; l'étude des influences morbides émanant des localités peut avoir pour nous un haut prix, placés que nous sommes dans des conditions spéciales; des détails sur l'ordonnance et l'administration des hôpitaux et des établissements de bienfaisance, pourront peut-être offrir quelque intérêt et une utilité réelle, au moment où, chez nous, on songe sur différents points à organiser des établissements de ce genre ou à améliorer ceux qui existent. J'ai même osé croire qu'il n'est pas impossible que ma relation serve un jour à rendre plus faciles les recherches scientifiques que des compatriotes ou d'autres pourraient tenter en Italie.

Ce que j'ai l'honneur de communiquer à la Société, n'est pas un travail approfondi; c'est tout bonnement l'histoire des impressions que j'ai reçues et l'exposition de quelques renseignements utiles, au milieu desquels on trouvera souvent l'enthousiasme du voyageur et ses distractions, très-puissantes dans un pays tel que l'Italie. La plupart du temps je n'ai fait que copier textuellement mes notes prises sur les lieux, et dans l'impossibilité où j'étais de pouvoir les soumettre à un contrôle sévère, j'ai tâché de les vérifier et de les corroborer par le témoignage authentique des hommes qui ont écrit sur la matière. Je crois inutile de dire que mon intention n'a pas été de juger des questions que les médecins italiens ont seuls le droit de décider.

Mon travail se compose de trois parties que j'adresse à la Société sous forme de lettres. La première traite de la topographie médicale de l'Italie et de sa constitution morale; la seconde comprend les établissements scientifiques et charitables, et la troisième contient quelques données sur les établissements sanitaires et pénitentiers de la Suisse. J'ai eu un moment l'idée d'y joindre des renseignements sur les établissements des bords du Rhin; mais le développement trop considérable qu'aurait exigé un tel travail, le peu d'instants que je pouvais y consacrer, m'ont forcé de changer mon plan primitif. J'aurai soin toutefois de faire ressortir dans des notes et par des dessins les particularités les plus saillantes concernant ces lieux, et il m'arrivera d'établir des points de comparaison avec ce que j'ai vu en Angleterre, en France et dans d'autres pays.

Dans les différents endroits que j'ai visités, j'ai dû souvent invoquer l'appui des savants, des chefs, des directeurs d'établissements, des conservateurs de cabinets. Il m'importe de dire que j'ai reçu de leur part l'accueil le plus flatteur et très-souvent le plus cordial. Ils voudront bien recevoir le témoignage de mes remercîments pour les services qu'ils m'ont rendus et celui de mes excuses pour les peines et les pertes de temps que je leur ai causées. Je regrette de ne pouvoir indiquer nominativement toutes les personnes qui pendant mon voyage m'ont aidé de leur protection, n'ayant pu retenir le nom de toutes (1).

Gand, le 1er novembre 1839.

JOSEPH GUISLAIN.

---

(1) En suivant l'ordre des lieux parcourus, je citerai M. le docteur Bertolini, à Turin, connu par des recherches intéressantes sur l'aliénation mentale et dont j'ai pu apprécier l'extrême politesse; M Salvaja, médecin dans la même ville, qui m'a été utile. A Florence, le docteur Capecchi, à qui je dois la connaissance et les bons offices de M. le professeur Zanneti. A Rome, M. le professeur Valentini, connu par des travaux littéraires; M. le professeur Metaxa, auteur de nombreux ouvrages tous estimés; M. le docteur Metaxa, fils, qui a fait son entrée dans la carrière médicale par un travail médico-zoologique; le professeur Manni, dont les publications sont très-connues à l'étranger. — De retour en Belgique, je reçus la douloureuse nouvelle de la mort de ce digne et savant homme. Je dois à sa mémoire une mention toute particulière : nous nous connaissions depuis son voyage en Belgique. La réception pleine de cordialité qu'il me fit, les soins empressés dont lui et ses amis m'entourèrent, m'ont vivement touché. — Pendant mon séjour à Rome, l'Académie des Lyncés me nomma parmi ses membres correspondants; elle voudra bien recevoir ici le témoignage authentique de ma gratitude pour cette marque de sa bienveillante attention. — Je trouvai à Rome deux compatriotes, artistes distingués, MM. Maes et Ed. Devigne, qui me rendirent le séjour de cette ville très-agréable, et me furent en tout d'un très-utile secours. A Naples, Son Excellence le Ministre de l'Intérieur m'accorda une protection efficace. A Aversa, M. le docteur Fédéré me fut utile. A Bologne, M. le professeur Gualandi, connu par un bon livre sur les instituts d'aliénés, me donna des marques significatives de bonne confraternité. Je trouvai dans les médecins adjoints de l'établissement des aliénés de cette ville, des procédés délicats dont je conserverai toujours le souvenir. M. Alboni, médecin en chef de la garnison de Bologne, avec lequel je fis la route de Rome à Bologne, me fut utile par ses conseils et ses bons procédés. A Milan, j'eus à me louer de MM. les médecins de la Sénaura; M. le docteur Riboni, médecin-directeur d'un établissement d'aliénés, usa envers moi d'une extrême politesse. A Genève, je dois citer M. Nourisson, directeur de l'établissement des aliénés; M. Aubanel, directeur de la prison pénitentiaire. A Lausanne, M. le directeur de l'établissement pénitentiaire; à Bâle, M. La Roche, président civil, dont je mis la complaisance à l'épreuve et qui répondit à mes sollicitations de la manière la plus satisfaisante. Je n'oublierai guère l'accueil que je reçus sur les bords du Rhin. Les moments que je passai à Heidelberg près de M. le Dr Roller et ses amis, MM. les Drs Herght et Heermann. Je conserverai toujours le souvenir des

LETTRE PREMIÈRE.

PREMIÈRE PARTIE,

CONTENANT DES RENSEIGNEMENTS SUR LA CONSTITUTION MORBIDE DE L'ITALIE.

Je venais de traverser les provinces du Rhin et la Suisse.

J'entrai en Italie par la Savoie. Je pénétrai dans une gorge de montagnes formées par la chaîne des Alpes : j'étais bientôt dans la vallée de Maurienne.

Nullepart *l'influence des lieux* sur le développement anormal des êtres vivants, n'est plus forte que dans cet endroit sauvage, ainsi que dans toute la chaîne des Alpes. Sur une étendue de près de vingt lieues, par un vallon le plus souvent étroit, on chemine entre deux remparts de rochers escarpés qui s'élèvent à une

---

moments agréables que je passai avec le respectable Tiedemann. Je dois des remercîments à MM. les employés de l'établissement des aliénés à Sigburg, près de Bonn. Je ne fus pas assez heureux d'y rencontrer le directeur, M. le Dr Jacobi. — Une année plus tard, je me rendis en Angleterre où je recueillis de nouveaux témoignages de la plus parfaite urbanité et d'une extrême obligeance.

hauteur quelquefois prodigieuse. Leurs anguleux reliefs fixent l'attention du géologue et indiquent souvent des rapports de continuité que des commotions terrestres semblent avoir rompus à des époques tout-à-fait inconnues dans l'histoire. En beaucoup d'endroits, les sommets de ces pyramides, de formation primitive, sont couverts de neiges; les vapeurs terrestres, suspendues sans pouvoir s'échapper, y forment d'épais nuages; et voilà comment l'air, emboîté dans la vallée, ne circule point et reste stagnant ; son élasticité s'y trouve mise fortement en jeu, ce qui a lieu pendant les orages et durant plusieurs jours. Tout déchargement de gaz lourds devient impossible, et l'absence presque complète de végétation y est une cause qui empêche la décomposition de ces corps éthérés. Sur plusieurs points, les vents se déchaînent avec force et remplissent l'air d'une poussière fine et très-blanche, qui se détache des terrains calcaires constituant un des éléments de formation de la chaîne des Alpes. Il faut croire qu'entre ces rochers les influences telluriques se font sentir avec force sur l'organisme de l'homme et sur celui des animaux; c'est du moins là l'opinion de plusieurs notabilités. Des eaux jaillissent partout des montagnes, et sur plusieurs points elles forment, en descendant, des cascades fort imposantes. Elles proviennent en grande partie des neiges fondues et contribuent à former sur toute l'étendue de la vallée un torrent rapide, écumeux, arrêté à tout moment dans son cours sinueux et bruyant par un terrain calcaire, rocailleux, et par des masses détachées, quelquefois énormes : c'est l'Arcque. Son eau verte, froide, désagréable au goût, pétrifiant les corps avec lesquels elle est en contact, ne paraît nullement favorable à l'assimilation digestive des habitants de cet endroit, à qui elle sert généralement de boisson. — La lumière, cet agent dont l'influence est si puissante sur les organismes, arrive à peine sur quelques points, dans ces obscurs et silencieux passages, entre ces rochers tantôt crevassés, tantôt suspendus, portant l'image de la plus effrayante et en même temps de la plus sublime dévastation. Des daims, des loups, des ours, dit-on, habitent ces lieux ; l'aigle s'y montre parfois. A des distances éloignées, on ne trouve que de pauvres villages et une végétation sombre, rare et appauvrie. Les chèvres, presque les seuls animaux qui y vivent en état de domesticité, sont d'une détérioration extrême. Les enfants qui les gardent, les mendiants qui stationnent sur la route, sont maladifs, scrofuleux, à peu d'exceptions près. Les habitants de la chaîne alpique ont le corps amaigri, le teint pâle, jaune, et la gorge tuméfiée ; beaucoup d'entre eux portent d'énormes *goîtres*. C'est parmi cette classe de savoyards, habitant les vallées des Alpes, qu'on rencontre les *crétins*, idiots stupides et rachitiques, qui se font reconnaître à leur énorme tête et à leur courte stature, à leurs jambes souvent torses et à leur figure ignoble et sans expression. — C'est manifestement aux dispositions locales que cette dégénérescence de l'espèce humaine est due. Sur les hauteurs, où l'eau est renouvelée continuellement et où cependant la végétation est plus rare que dans les vallées, on ne rencontre plus les crétins, on ne retrouve même plus les goîtrés.

On a considéré l'eau des neiges fondues, servant de boisson aux habitants de ces endroits, comme la cause la plus admissible des états anormaux dont il s'agit. Cependant, on n'a pas été généralement d'accord sur ce point : quelques médecins ont indiqué certaines qualités de l'air atmosphérique ; il n'est pas du tout impossible que cela ne soit vrai, quand on réfléchit à l'état de stagnation que l'air subit entre les rochers et dans les vallées. Nous n'oserions, toutefois, nier les effets pernicieux de l'eau des neiges prise comme boisson; car nous avons rencontré des goîtres dans des plaines garnies d'une riche végétation, mais où l'eau coulait dans des canaux d'irrigation, provenant des montagnes couvertes de neige. D'autres ont cherché, dans les éléments calcaires de ces eaux, la source du crétinisme et des goîtres. Quelques-uns ont accusé les conditions magnétiques, électriques. — Je me suis entretenu avec des médecins familiers avec l'étude de ces lieux: ils ne m'ont dit rien de bien clair sur la cause de ces monstruosités. Là où elles règnent, toute la population présente des particularités dans le teint, qui est sémi-cachectique, et dans les formes corporelles, qui sont ordinairement lourdes. C'est ainsi que dans le canton de Bâle, les paysannes ont des jambes énormes et une tête singulièrement conformée; beaucoup d'entre elles présentent des goîtres. — Ces affections se rencontrent dans presque toute la Suisse, dans le Valais surtout, où l'on trouve beaucoup de crétins. Un préfet, au rapport de M. Parchappe, comptait en 1800 dans les Basses-Alpes trois mille crétins. On les retrouve dans les vallées d'Aoste, sur le grand Saint-Bernard, dans la vallée de Maurienne et les vallées environnantes. Marianne Starke assure que depuis les travaux entrepris par les français pour rendre les inondations de l'Arcque moins fortes, en contenant l'eau de ce torrent dans son lit, les goîtres et les crétins ont beaucoup diminué, presque disparu dans ces divers endroits. C'est ce que Valentin affirme également, en attribuant ce changement à des améliorations de logement, de nourriture, de vêtements, etc. — Le bronchocèle est fréquent dans le Milanais; il est endémique à Bergame. On m'a assuré que les tumeurs des glandes du cou se présentent même chez les animaux domestiques élevés dans ces endroits. — Les goîtres sont également fréquents entre le mont Cenis et Suse; j'en rencontrai à Turin. — Il paraît qu'ils ne sont pas rares dans la Basse-Italie, dans les Abruzzes surtout (1). On en trouve à Na-

(1) Les Abruzzes, ancien pays des Bruticns, constituent une chaîne de montagnes faisant partie de l'Apennin, qui traverse l'Italie dans toute sa longueur. Les Abruzzes s'étendent des États de l'Église à la Terre de Labour, dans le royaume de Naples.

ples; le docteur Quadri de cette ville a même proposé une méthode curative particulière pour faire disparaître ces tumeurs.

Je passai les Alpes, émerveillé des procédés hardis employés par l'homme pour se frayer une route à travers ces masses gigantesques! Je payai un tribut d'admiration aux cénobites dont la touchante sollicitude protége le voyageur dans ces imposantes et froides solitudes (où le thermomètre descend à 25° sous zéro dans les mois les plus rigoureux). Subitement je me trouvai devant une plaine riante; j'éprouvai tout d'un coup la température la plus agréable (1). — Partout j'avais respiré un air vif; tous les jours j'avais eu à lutter contre les vents et la pluie; je ne voyais autour de moi que des festons de vigne. Bientôt je me trouvai dans les plaines de l'Italie du nord; j'étais au milieu de terres productives, parsemées d'arbres vigoureux, arrosées par de nombreux ruisseaux. En arrivant dans ces brillants vallons, j'éprouvai cet effet tant de fois décrit, ce passage de la nuit la plus sombre au jour le plus beau.

En parcourant l'Italie, j'ai tâché d'étudier l'action des influences locales sur les habitants de ce pays. En visitant ces lieux vers lesquels bien des souvenirs nous reportent, je n'ai point perdu de vue les sentences du père de la médecine, celles surtout qui concernent le sol,

---

(1) La chaleur atmosphérique qui, mesurée à trois mètres au-dessus du niveau de la mer, marque à l'ombre et dans le cœur de l'Italie de 18 à 24° R., y est presque toujours tempérée par des brises de la mer. Dans quelques cas particuliers, que nous ferons connaître, la chaleur peut s'élever considérablement. En juin, juillet et août, le thermomètre R. marque le plus souvent 25 à 26 degrés. A Florence, en août, je le trouvai de 27° à l'ombre et à midi. Une fois, il était à Naples à 28°. Il atteint 29, 31° même, surtout lorsque le vent est sud-est. La nuit, il descend le plus souvent à 18°, à 16° et plus bas.

l'air et les eaux; je n'ai point oublié les paroles d'une illustration italienne, qui dit : « Aliter enim, in morbis curandis, tractandi sunt itali, sub adusto climate et sobre viventes; aliter galli, hispani, angli, germani, aliique sua quique utentes aeris temperie, et suo quique victus genere. » Dans aucun endroit les vérités annoncées par ces deux praticiens ne sauraient être mieux appréciées : Baglivi, vivant sur un sol où les anomalies les plus extraordinaires se présentent dans les influences morbides; Hippocrate, écrivant ses éternelles vérités en Grèce, dans un pays voisin, analogue à l'Italie par les conditions de l'air, les accidents de terrain, la qualité des eaux et la constitution physique et morale des habitants.

(Il a fallu rompre ici la narration de mon voyage pour la reprendre à la lettre deuxième. Les chapitres suivants sont consacrés entièrement à des données générales.)

Dans le nord de l'Italie, la constitution médicale ne semble point encore offrir un caractère bien tranché; toutefois on y rencontre un genre de maladies prédominant partout dans ce pays, savoir les affections inflammatoires. Elles s'annoncent dans le nord sous la forme rhumatismale et catarrhale, sur toute l'étendue des immenses vallons qui longent la chaîne des Alpes (1). Là, d'autres maladies se rattachent à des influences terrestres tout-à-fait spéciales. — Le voisinage des hautes montagnes modifie puissamment la constitution médi-

---

(1) Les phlegmasies du tube alimentaire semblent être rares dans le nord de l'Italie, puisqu'il résulte d'un rapport fait par M. Bernardo Bertini, que sur une population de 3967 malades, observés dans l'espace de 1833 à 1838, on n'a constaté que 340 patients atteints d'inflammations des voies gastriques.

cale de ces lieux. Ces rochers, élevés à une hauteur souvent prodigieuse (les plus élevés ont de 8,434 à 14,760 pieds au-dessus du niveau de la mer), doivent influer considérablement sur l'état atmosphérique dans tout le nord de l'Italie. L'air est souvent chargé d'humidité dans ces endroits; des nuages s'amoncèlent à l'horizon; l'atmosphère y subit des refroidissements qui se répètent souvent. Cependant, les vents venant directement du nord y sont rares, remplacés qu'ils sont par des vents de nord-est. Les vents du nord semblent devoir perdre beaucoup de leur intensité; car arrêtés entre les Alpes, ils se brisent au milieu de ces énormes masses : et de-là ce changement subit de température que l'on éprouve dès qu'on a franchi cette gigantesque barrière. Généralement ce sont les variations dans l'état de l'atmosphère qu'il faut considérer comme les causes les plus fréquentes des maladies qui règnent dans ces endroits, et parmi toutes, c'est l'humidité qu'on accuse le plus souvent. C'est ce que nous avons appris lors de notre passage à Turin, Milan, Breschia, Vérone, Padoue et Venise.

Les observations météorologiques de l'Académie royale des Sciences de Turin ont donné le résultat suivant : de 1834 à 1838, 837 *jours sereins*, 574 *jours mixtes*, 415 *jours pluvieux*. Pendant l'espace de six ans, les mois de juin, juillet, août, septembre et octobre furent *exempts de pluie*. On n'eut de la pluie qu'une fois dans le mois de mai, et deux fois celui de novembre fut sans pluie. En janvier, février et mars, on eut de *la neige*. En avril, une fois de la neige (1834). Il en tomba en novembre et décembre. *Les vents* de *nord-est* règnent presque toute l'année à Turin. Le *sud-est* souffle quelquefois en automne. En 1834-1835, le vent resta pendant six mois consécutifs en cette direction, c'est-à-dire pendant les mois de septembre, octobre, novembre, décembre, janvier et février. Au mois de mars, il était S.-O., N.-E.; en avril, N.-E., S.-O.; en mai, S.-O., N,-E.; en juin, N.-E., S.-O. — *Le thermomètre* subit les plus grandes variations se déclarant même subitement. C'est en juin que l'état atmosphérique offre surtout une grande instabilité; *une chaleur excessive* y alterne souvent avec des jours *très-froids,* surtout aux époques équinoxiales (Bernardo Bertini).

A mesure qu'on pénètre plus avant dans le pays, l'air devient de plus en plus pur. La terre, les arbres, les bâtiments semblent éclairés par des flots de lumière. On reconnaît un homme aux traits de sa figure, aux couleurs de ses habits, on distingue même les moindres détails d'un navire et cela à une distance considérable; tout y présente les couleurs les plus vives, les lignes les plus fortes; partout on trouve des nuances jaunes et rouges. La végétation est d'une intensité de couleur remarquable, ressortant sur le ciel qui est bleu et s'offre sans nuages pour peu qu'on s'éloigne des montagnes. Pour un habitant des Flandres, vivant dans une atmosphère de vapeurs pendant six mois de l'année, l'aspect de cette nature nouvelle fait, comme on peut le concevoir, une impression qui ne s'efface guère.

Tant de pureté dans l'atmosphère a fait admettre des conditions salutaires à un haut point pour la santé.

Plus on s'est dirigé vers le sud, plus on a cru ces conditions hygiéniques efficaces : cette croyance a donné à l'Italie une réputation immense; elle est telle que la plupart des peuples de l'Europe, ceux de l'Amérique même, sont dans l'habitude d'envoyer dans ce pays des malades jugés incurables, et dans l'unique but de les exposer à l'influence de cet air si pur et si léger. Peu de temps me suffit cependant pour apprécier à sa valeur cette croyance plus qu'exagérée. — J'arrivai à Gènes au milieu de l'été: les chaleurs étaient fortes. Tous les soirs j'y constatai un refroidissement considérable de l'air, et je ressentis l'influence si défavorable, si maligne dans les pays montagneux des climats chauds, surtout dans le voisinage de la mer et au moment où le soleil disparaît sous l'horizon. Les matinées sont fraîches à Gènes, mais de midi à trois heures les chaleurs sont très-fortes. L'observation que je pus faire dans cette ville sur les changements de sa température, presque toujours subits, me fut confirmée par le témoignage de plusieurs médecins qu'une occasion favorable me permit de consulter sur les lieux, et qui m'assurèrent dans les termes les plus positifs que dans cette ville on subit, la plupart du temps en un jour, l'influence des quatre saisons réunies.

Cette observation a été faite par M. Cevasco, qui a publié dernièrement une *Statistique* de Gènes, dans laquelle il prouve que le climat y est un des plus inconstants; les variétés thermométriques, barométriques, hygrométriques se font constater plusieurs fois dans la journée. Les vents y varient fréquemment. M. Stefano Bonacossa, dans une note insérée dans le *Giornale delle Scienze mediche di Torino*, confirme cette assertion et dit que l'hiver est plus froid à Gènes qu'à Nice, et que l'été y est même beaucoup plus chaud. La température, dit-il, n'y persiste pas d'un jour à l'autre, et il ajoute que les vents septentrionaux y alternent souvent avec les vents froids et humides de sud-est. — Celse décrit en peu de mots cette température avec ces variations subites : « Nam fere meridianis temporibus calor : nocturnis atque matutinis, simulque etiam vespertinis frigus est. »

En visitant successivement les différents États de l'Italie, j'acquis la conviction que ce que j'avais trouvé à Gènes se rencontre presque partout, et surtout sur le littoral maritime, même dans des proportions croissant à mesure qu'on s'éloigne du nord. Il fut bientôt prouvé pour moi qu'une des conditions contraires à la santé doit être rapportée dans ce pays à la *variabilité continuelle de sa température.*

Or, dans les villes d'Italie avoisinant la mer ou bâties sur le littoral même, sous une température qui provoque une abondante sueur, il n'est pas rare d'être saisi d'un froid intense. Cet effet n'est pas moins prononcé dans le voisinage des montagnes; on l'observe partout sur les terrains inégaux, dans les vallées bordées par des rochers escarpés. Ainsi des couches d'air, refroidies par le contact des glaces couvrant l'Apennin, sont attirées dans les vallées où elles déplacent les masses d'air chauffées par les rayons du soleil, partout réfléchis avec force par un sol blanc et rocailleux. Dans plusieurs villes et dans celles du bord de la mer surtout, les rues fort tortueuses ont des montées et des descentes fréquentes; elles sont le plus souvent très-étroites et les maisons y ont beaucoup de hauteur (quatre, cinq étages et plus). Ces habitations se touchent presque par les étages les plus élevés, tandis qu'en bas la rue ne présente qu'un espace de cinq à six pieds et moins encore. Il règne dans ces passages, vrais labyrinthes, des vents froids, là surtout où ils débouchent sur la mer. Après avoir marché quelque temps, après avoir été exposé à l'ardeur du soleil sur les quais, les places publiques, on transpire fortement. La peau gagne une sensibilité, une délicatesse extrême, sous l'influence d'une chaleur qui n'est point excessive, mais qui agit puissamment parce qu'elle est continue. Arrêté par la foule qui circule toujours dans ces défilés, on s'y sent refroidir par les courants d'air. Cet effet est marquant surtout à Gènes, et il se fait également observer à Naples. Déjà le Dr Morgan a dit que le contraste des rues exposées au soleil ou à l'ombre est formidable dans cette dernière ville. J'ai constaté le même contraste de température à Ancône et Venise, et je l'ai trouvé plus ou moins à Bologne.

Sur presque toute l'étendue du littoral italique, on éprouve en un jour l'influence de deux vents différents, celle d'un vent de terre et une autre d'une brise de mer; c'est ce dernier vent qui prédomine pendant le jour, tandis que l'autre, venant des montagnes, fait surtout sentir son influence pendant la nuit. Les changements de température provoqués par ces courants atmosphériques, ont lieu pendant toute l'année et avec plus de force en hiver. Déjà au mois d'octobre, les soirées sont réellement froides, tandis qu'au milieu du jour, les chaleurs activent encore fortement la transpiration cutanée.

Pendant le jour, le soleil échauffe les couches supérieures de la mer; la chaleur les porte à un état de raréfaction extrême; dès que le soleil a quitté l'horizon, les vapeurs se condensent et se répandent sur le sol, surtout si le vent favorise une telle direction ; elles forment alors une rosée très-fine et très-froide. Également fournie par les émanations terrestres, cette vapeur aqueuse, le serein, remplace en Italie les pluies, toujours rares dans ce pays, du moins là où les chaleurs du jour sont fortes; elle contribue à donner à la végétation une force de développement et une fraîcheur de coloris qu'on est loin de soupçonner dans des contrées où il se passe des mois sans qu'il tombe une goutte de pluie. Cette humidité est moins considérable dans l'intérieur des villes qu'à la campagne; dans Naples même, elle est peu sentie, tandis que dans le voisinage de la mer et les environs de la ville, on en est souvent fortement impressionné. Cette vapeur est très-abondante près des montagnes et dans les endroits bas et marécageux : dans la campagne de Rome l'effet en est frappant (1) ; j'en fus désagréablement affecté au Forum, dans le Colysée, dans les terrains ruinés qui conduisent à la porte Saint-Paul. On ne saurait comprendre, sans l'avoir éprouvée, combien est malfaisante l'impression de cet air humide, pénétrant dans les vêtements. Son apparition est généralement accompagnée d'une descente subite du thermomètre, qui est telle parfois que le mercure, marquant vers le soir 17 à 16° R., descend à 8 et même à 6 degrés. Les habitants de ce pays connaisssent les mauvais effets de cet air vespéral ; aussi, les hommes prudents ont soin de s'en préserver en usant de précautions : après les chaleurs du jour, on ferme ses portes et fenêtres, on ne se hasarde point sans nécessité dans les promenades, on ne sort qu'alors que l'atmosphère s'est suffisamment réchauffée, ce qui arrive en été plus ou moins avant dans la soirée. C'est à Rome surtout, qu'on observe avec soin ces précautions ; mais généralement en Italie on voit le peuple se prémunir contre l'influence du froid : le matin, le soir, on porte le manteau ; c'est la tunique obligée de l'italien : l'homme du peuple, le ménestrel, le garçon d'hôtel, le campagnard, je dirai même le mendiant, le pittoresque mendiant, ne savent guère s'en passer. Le matin, dans les églises on porte le réseuil espagnol, qu'on recouvre

(1) Pendant la nuit on peut recueillir une quantité considérable de cette rosée en se servant d'appareils appropriés pouvant produire un refroidissement subit. M. Broechi, dans ses expériences sur l'air humide de la campagne de Rome, se procura ainsi plusieurs livres de brouillard condensé.

du chapeau dans les rues; les vieillards parmi les hommes du peuple mettent un serre-tête; les femmes ont généralement des voiles. Dans les environs de Gènes, le voile est léger; dans les environs de Rome, rappelant tout-à-fait un costume asiatique, il est chaud et épais; dans quelques endroits, à Cervaro, par exemple, les paysannes se couvrent d'une seconde tunique, faite d'une étoffe lourde. Cependant il y a généralement beaucoup de nudité parmi le peuple; partout on voit des bras, des jambes nus, des poitrines découvertes; un caleçon blanc, une chemise, ou très-souvent un caleçon sans chemise, constituent les seuls vêtements des hommes de peine. Il faut toutefois ajouter la coiffure obligée, le bonnet de laine écarlate, ou le chapeau pointu de feutre brun, ou bien le chapeau plus moderne de paille, à larges bords, et, dans certains endroits, comme à Naples, l'ancien mantelet de drap brun, emprunté aux modes espagnoles. On ne conçoit guère comment ces hommes dont la peau est continuellement le siége d'un orgasme de perspiration, puissent lutter contre tant d'influences destructives. La classe prolétaire de Naples, les célèbres lazzaroni surtout, toujours exposés au soleil ardent, sont dignes de pitié; aucune existence, excepté peut-être celle des tribus nomades des déserts, n'est comparable à la vie dure des lazzaroni: il faut les voir, même au milieu de l'été, pour s'en faire une idée; et pour ma part, je ne suis pas disposé à leur accorder la face poétique qu'on leur prête si volontiers et si généralement dans les livres et sur la scène. La plupart d'entre eux n'ont pas d'habitation; il n'est pas vrai qu'on les voit livrés à une douce et romantique paresse; au contraire, ils se chargent de travaux fatigants. Mais ce qui n'est que trop exact, c'est qu'on les trouve à la nuit tombante couchés par groupes sous les péristyles et les portiques, dans les rues les plus spacieuses et les plus fréquentées de Naples. Or, rien n'est pénible à voir comme les enfants de cette classe d'hommes, nus, accroupis, transis de froid, couchés en plein air, parfois dans des paniers plats, mais plus fréquemment sur les dalles volcaniques des rues, s'entrelaçant étroitement pour mieux s'échauffer. Combien de jeunes existences ne doivent pas succomber à une situation si compromettante pour la santé! — Les intérieurs des maisons sont généralement mal chauffés. Dans le sud, les appartements n'ont pas de cheminées; pendant les journées froides on les chauffe au moyen de foyers de charbon. Dans quelques endroits, les fenêtres n'ont pas de vitrage; les chambres communiquent directement au-dehors; des barres de fer les protègent seulement; cette disposition est même fréquente dans la Romagne et rappelle une haute antiquité, de même que les châssis bouchés par du papier huilé qu'on trouve dans plusieurs endroits. Comme l'hiver est généralement de courte durée et n'est que modérément senti, on ne songe pas aux nombreux moyens de préservation invoqués dans nos climats. Toutefois, dans les provinces avoisinant les Alpes, le froid est même quelquefois très-rigoureux en hiver; à Florence même, il n'est pas rare de voir tomber une masse de neige. A Saint-Marin (1), l'hiver se fait sentir fortement et

(1) Ville constituée en république, ayant une population de cinq mille habitants. Assise sur une montagne assez élevée, elle se trouve entre Rimini et Pesaro, en face de l'Adriatique.

la neige reste sur la montagne pendant plusieurs mois. A Rome, la neige tombe parfois ; l'eau des ruisseaux, celle du bassin de la villa Borghèse se gèlent fréquemment (1). A Naples même, on éprouve des gelées qui durent plusieurs jours. Les Abruzzes sont presque continuellement couvertes de neige. Le Vésuve dernièrement (1839) en fut tout blanc, et il n'est pas rare de voir tomber de la neige à Naples. Les journaux ont fait mention d'un froid très-intense et des vents les plus violents qui ont régné en Sicile (1839, avril) : il était tombé une telle masse de neige, que dans plusieurs localités les habitants ne pouvaient point sortir de leurs maisons. — Les pluies sont également rares en Italie, surtout en Sicile et à Naples ; mais lorsqu'elles arrivent, l'eau tombe par torrents, et ces averses diluviennes durent plusieurs jours. A Rome on a des pluies continuelles en novembre et en décembre.

On écrivit de cette ville (le 3 octobre 1839) qu'un orage épouvantable, tel qu'on n'en avait jamais vu, avait éclaté à Rome et dans ses environs, le 29 septembre ; il avait duré depuis cinq heures du matin jusqu'à deux heures du soir ; le tonnerre avait continuellement grondé et la foudre était tombée en plusieurs endroits. Différents lieux avaient été inondés et entre autres le Panthéon et les caves des quartiers les moins élevés de la ville. Plusieurs ponts sur les torrents de la campagne de Rome s'étaient rompus. — Plus tard on

---

(1) Marianne Starke, s'appuyant sur les témoignages d'Horace et de Juvénal, s'efforce de prouver que la température de Rome était autrefois plus basse qu'elle ne l'est aujourd'hui. Ainsi Horace dit que les rues de Rome étaient remplies de glace et de neige pendant l'hiver, et Juvénal fait entendre qu'il n'était pas rare de voir les eaux du Tibre gelées, ce qui n'a pas été vu de mémoire d'homme.

écrivit de Gènes (nov. 1839), que les averses y étaient tellement considérables qu'il était impossible de circuler dans les villes et dans les campagnes, sans les plus grands dangers. Les ruisseaux étaient devenus des torrents impétueux, emportant tout ce qu'ils rencontraient sur leur passage. Les fondations le plus solidement établies s'écroulaient dans divers quartiers de la ville. On citait plusieurs personnes qui avaient été victimes de ces différents désastres. En Lombardie, on a eu aussi des masses d'eau considérables; cette année elles menaçaient le pays d'une inondation; on craignit même un moment la rupture de la ligne de digues qui commence à Governolo, à l'embouchure du Mincio (grande rivière qui traverse le lac de Garda et forme un lac marécageux près de Mantoue d'où elle se jette dans le Pô). (*Journ. Politiq.*)

N'oublions pas non plus que le régime suivi dans ce climat chaud, est propre à altérer la santé quand on ne l'accompagne point des précautions nécessaires. On y boit beaucoup d'eau froide; on fait une grande consommation de glace, qu'on a soin de mêler à toutes les boissons rafraîchissantes et que le peuple boit avec une avidité et une délectation extrêmes. L'usage des fruits froids et acides, en produisant des maux de ventre, doit encore être indiqué parmi les agents qui tendent à compromettre la santé. Il en est de même de l'impression que cause sur les pieds leur contact avec les planchers de marbre, que l'on rencontre presque partout dans les grands édifices, les églises et les palais surtout.

Ces contrastes de température produisent sur l'étranger un effet difficile à décrire. Habitant un pays où les pluies sont continuelles, on devra me croire peu sensible aux impressions que cette variabilité dans les conditions atmosphériques fait éprouver. Cependant je dois dire que j'ai souffert beaucoup en Italie des vents froids: il est vrai, j'ai rencontré des Russes qui souffraient autant que moi. Le célèbre Kotzebue dit quelque part qu'il a été fortement impressionné en Italie par le froid, et M. Bailly fait une observation analogue, disant que nulle part il n'a été affecté par le froid comme en Italie. M. Cevasco a dit tout récemment, en parlant de Gènes, qu'on y éprouve des sensations de froid très-intenses et supérieures à ce qu'on observe dans des pays où la température est beaucoup plus basse. — Si mes renseignements sont exacts, ces changements brusques de température, cette rosée, ces pluies considérables et subites se retrouvent sur presque toute l'étendue du littoral de la Méditerranée. Il paraît même qu'on en connaît les funestes effets sur les navires stationnant dans cette mer: la nuit, les équipages y ont à souffrir du froid et de l'humidité, surtout vers les côtes d'Afrique; il semble même que les hommes exposés à ces influences en gagnent des fièvres de mauvaise nature. Il m'a été dit que des capitaines défendent même aux équipages de leurs navires de se trouver sur le pont après le coucher du soleil. Sur les côtes de la Grèce, dans la plupart des îles de l'Archipel, on connaît la rosée vespérale. En Syrie, elle ne se fait guère sentir; là on a l'habitude de dormir au grand air, sur les plates-formes des maisons, afin de jouir de la fraîcheur nocturne. En Égypte, au contraire, on en éprouve de funestes effets aux bords de la mer; là aussi, le serein pénètre dans les vêtements et glace le corps. Je tiens de mon ami, M. De Turck, qui dans le temps a fourni un excellent mémoire sur la médecine dans le Levant et qui a séjourné long-temps à Alexandrie, que cet air chargé d'humidité est surtout fatal aux étrangers, d'autant plus tôt victimes de son influence, qu'après les chaleurs du jour, qui sont violentes, ils cherchent plus volontiers la fraîcheur du soir dans des promenades avoisinant la mer. L'homme qui veut braver l'air malsain de ces lieux, est sûr d'y devenir malade et même d'y trouver la mort. —Il y a peu de temps qu'une pluie battante, mêlée de grêle et de neige, accompagnée d'un refroidissement considérable, arrêta les troupes françaises lors de leurs conquêtes en Afrique. — Tous les voyageurs s'accordent à constater cette influence des contrastes de température, surtout ceux du jour et de la nuit, des pays chauds voisins de la mer, des îles tropicales surtout. Dans les Antilles, le refroidissement vespéral est considérable et cause des maladies de poitrine fort graves, surtout parmi les nombreux esclaves qui peuplent ces îles. Les variations atmosphériques sont remarquables à la Jamaïque; cette île représente toutes les saisons par sa température extrêmement variée, parmi les divers sites et les très-hautes montagnes qui la couvrent. La Martinique se trouve dans des dispositions encore moins favorables; l'humidité de l'atmosphère y est excessive la nuit, et les chaleurs y sont continuelles le jour; des coups de vent terribles se font sentir dans cette île où la mortalité excède la reproduction. A la Guiane, à Surinam principalement, les nuits sont froides et l'atmosphère est chargée de brouillards épais. C'est des changements brusques de la température et de l'humidité qui les accompagne, que l'illustre captif de Sainte-Hélène s'est plaint continuellement; ce sont ces tourmentes qui ont produit chez lui le genre d'affection hépatique à laquelle il a succombé et qui est endémique sur ce rocher. A l'ile de Ceylan, couverte de hautes montagnes, les refroidissements atmosphériques sont fréquents ainsi que les orages. C'est ce qui rend les dispositions hygiéniques de cette île très-mauvaises.

Ces variations extrêmes de la température atmosphérique causent en Italie des maladies graves, appartenant généralement aux affections inflammatoires, et comme on le conçoit facilement, occasionnées par des suppressions de la transpiration cutanée. A en juger par la population des hôpitaux, il faut croire que le nombre des malades est beaucoup plus considérable en Italie que partout ailleurs. Il y aurait à cet égard de curieuses recherches à tenter et en prenant, je suppose, l'Angleterre comme sujet de comparaison, on arriverait à des résultats intéressants. Ainsi, ce qui frappe en Angleterre, à Londres surtout, c'est l'air de santé des habitants, c'est l'exiguité des hôpitaux, leur nombre peu considérable et disproportionné à l'immense population de cette ville, couverte de fumée et de brouillards. Ce qui saute aux yeux en Italie, ce sont partout les grands hôpitaux et leurs populations énormes. C'est ainsi que Bailly porte à dix mille le total des malades reçus par an dans l'hôpital St-Pierre à Rome, et il faut ajouter qu'il y a en Italie un nombre considérable de prolétaires qui ne se rendent dans les hôpitaux qu'à la dernière extrémité.

Les maladies se présentent en Italie avec un caractère réactionnaire qu'explique la grande mobilité du système nerveux des habitants de ce pays, toujours mise en jeu par de nombreux excitants, surtout par le calorique extérieur. Dans les hôpitaux que j'ai visités, j'ai rencontré partout de nombreuses affections de poitrine; partout on entend tousser violemment, partout on voit cracher beaucoup. A Rome, à Naples et ailleurs, des salles sont particulièrement affectées aux poitrinaires, aux phthisiques surtout. M. Cevasco a fourni un tableau statistique du mouvement de la population de l'hôpital Pammetone de Gènes, dans lequel nous voyons, au 1 janvier 1833, le nombre effrayant de 2354 patients affectés d'inflammations pectorales, tandis que le total des inflammations des organes abdominaux ne s'élève qu'à 735, celui des fièvres inflammatoires à 460, celui des fièvres intermittentes à 59, les syphilitiques à 529. Sur une population de malades s'élevant à 3967, observée dans un des hôpitaux de Turin pendant l'espace de 1833-1838, les affections inflammatoires, sans compter les maladies rhumatismales qui fournissent un chiffre de 312, se sont élevées à 2139. Ces affections sont surtout intenses et nombreuses dans le Nord de l'Italie, lorsque les hivers sont froids (Bernardo Bertini). M. Requin assure, sur le témoignage de M. Magliori, chirurgien en chef de l'hôpital militaire *Della Trinita*, à Naples, que le nombre des phthisiques y constitue à peu près la dix-huitième partie des soldats malades. Valentin a dit, en parlant des hôpitaux de Naples, que le docteur Ruggiero lui a assuré que la phthisie pulmonaire frappe un cinquième de ceux qui périssent dans cette ville. Le Dr Palloni croit qu'à Livourne, sur cent morts, il y a environ vingt phthisiques. La phthisie, m'a-t-on dit, est fréquente à Florence. Partout en Italie on observe des affections catarrhales en grand nombre, des angines, des otites, des maux de dents. J'ai passé par des endroits où les affections rhumatismales étaient en quelque sorte endémiques, là où une petite ville était au pied d'une colline, au fond d'une gorge de montagnes, où le corps, frappé par le soleil brûlant, était exposé à de grands et continuels courants d'air. Presque partout, les toux chroniques se présentent dans des proportions effrayantes.

L'ophthalmie est fréquente en Italie; on la rencontre souvent dans le royaume de Naples. Valentin la dit endémique à Livourne. Elle règne fortement parmi les militaires, et, considérée comme contagieuse par les uns, elle est attribuée par d'autres aux variations atmosphériques, à l'humidité nocturne surtout. Sur différents points, des chaires spéciales sont consacrées dans les corps enseignants à l'ophthalmologie et au développement des méthodes curatives spéciales que demande le traitement de ce genre d'affections. Les doctrines allemandes prévalent généralement dans ces sortes d'enseignements (Valentin).

Ce qui précède explique le grand emploi des saignées en Italie; ainsi s'expliquent aussi ces enseignes que le voyageur rencontre partout sur son passage, dans la basse Italie surtout, sur lesquelles on voit, entre deux bassins bien luisants, un bras nu d'où jaillit une gerbe de sang bien large, bien rouge, et qui indiquent la boutique du *flébotome*-barbier. Il n'est certes pas de pays où la profession du chirurgien trouve de si fréquentes occasions de s'exercer; à de certaines époques les gens de la campagne se font saigner en masse, et il est peu de maladies dans lesquelles on n'ait recours, même plusieurs fois, à ce moyen.

En accordant au refroidissement de la peau toute la part d'influence morbide qu'il mérite, je pense toutefois que la chaleur atmosphérique joue également un grand rôle dans la fréquence avec laquelle se manifestent les maladies inflammatoires en Italie, en donnant à ces maladies un caractère de gravité et d'acuité qu'elles n'ont pas généralement dans d'autres pays. N'est-il pas permis de croire que c'est à l'inspiration d'un air continuellement chaud qu'il faut attribuer, en grande partie, ces désorganisations pulmonaires, qui en Italie succèdent si promptement, si fréquemment et avec tant de violence, à des bronchites d'abord légères. La chaleur atmosphérique est, plus qu'on ne serait porté à le croire, une cause directe des maladies d'irritation; le calorique a une action sur le sang que nous sommes loin, je crois, d'avoir bien étudiée; sous l'influence de cet agent la circulation s'active considérablement; j'ajoute que les hémorrhagies dépuratoires se déclarent particulièrement à l'approche des premières chaleurs, au printemps et en été. Une opinion populaire a même imposé aux personnes pléthoriques la nécessité de se faire saigner à cette époque de l'année: c'est en effet alors que les maladies inflammatoires règnent et que des congestions vasculaires viennent compliquer le cours des maladies en général. Les anciens ont attribué l'espèce d'effervescence que subit la colonne du sang au printemps, à l'accumulation des sucs nourriciers provoquée par un régime trop substantiel observé en hiver. Une telle manière de voir peut ne pas être tout-à-fait conforme à la vérité, et il est plus rationnel de chercher la cause du phénomène en question dans une action occulte du calorique extérieur sur l'organisme vivant. Il serait, dans tous les cas, curieux de savoir jusqu'à quel point une opinion, créée en Italie par Bellingeri, qui accorde au sang des propriétés électriques, serait susceptible d'être invoquée pour l'explication de cet orgasme vasculaire, dans ses rapports avec l'accroissement de la température extérieure. Toujours est-il, que les maladies inflammatoires se déclarent vite dans tous les pays chauds. En Syrie, en Perse, en Égypte, de légers écarts dans le régime occasionnent promptement des inflammations de l'estomac; les moindres irritations dirigées sur l'œil engendrent des ophthalmies intenses. Les Annales médicales ont publié à cet égard de fort belles observations, et mon ami, M. De Turck, m'a assuré que, malgré sa constitution sèche et ses préventions motivées contre la saignée, il était obligé pendant son séjour dans le Levant d'avoir recours de temps en temps à cette opération, pour remédier à un état pléthorique, à une disposition aux congestions sanguines, qui a cessé depuis son retour dans le Nord de l'Europe. Frank a confirmé quelque part cette opinion sur l'action de la chaleur, lorsqu'il dit que le développement des inflammations est favorisé plutôt par la chaleur que par le froid.

Indépendamment de cette influence du climat, si puissante dans la production des maladies inflammatoires, il en est une autre qui émane du système nerveux et qui, d'une part, occasionne des orgasmes congestionnaires et, de l'autre, engendre une foule d'anomalies nerveuses. Ainsi, il est prouvé qu'en Italie les maladies cérébrales, nées sous l'action de la chaleur externe, sont très-fréquentes; ces affections règnent particulièrement chez les campagnards et surtout à l'époque de l'année qui, les appelant dans les vignobles, les expose à l'ardeur du soleil. C'est ainsi que je rencontrai dans les hôpitaux de ce pays un assez grand nombre de malades atteints d'affections cérébrales. Souvent je fus frappé de l'analogie que ces affections présentaient avec les groupes de symptômes décrits par le père de la médecine dans ses épidémies. D'un autre côté, mes visites dans les établissements d'aliénés m'ont fait constater bien des fois l'influence de la chaleur sur le développement du désordre intellectuel; elles m'ont fait voir, ce qui plus est, des modifications de traitement adaptées aux conditions spéciales des lieux. J'ai trouvé dans ce pays, comme exception à ce que l'on voit dans nos contrées, des cas assez nombreux d'aliénation mentale survenue à la suite de l'insolation. Presque partout j'ai vu la saignée invoquée dans le traitement de ce genre d'affections, et, il faut le dire, avec un succès que l'on ne constate point dans nos provinces.

Ces remarques nous semblent offrir un côté utile, parce qu'elles nous démontrent combien il importe, dans le traitement des maladies, d'avoir égard aux influences spéciales des lieux. Dans des contrées où l'atmosphère est chargée de brouillards, où les pluies sont fréquentes, où la terre est sillonnée par de nombreux canaux, où la végétation offre une prédominance aqueuse, où les éléments albumineux s'accumulent dans l'organisme humain et dans celui des animaux, les maladies présentent un caractère tout autre que dans les pays où les sucs nourriciers contiennent moins d'eau et moins d'albumine, où le sang offre, par opposition, une élaboration plus fibrineuse, plus alcaline, où le système nerveux est sous l'influence d'un agacement permanent produit par la chaleur, les boissons vineuses, les aliments secs et stimulants. Il est évident que le traitement adapté aux maladies doit se ressentir de la diversité de ces conditions. Celui qui habite un pays plat, brumeux, où les sucs végétaux sont peu concrets, où les chairs des animaux contiennent beaucoup de graisse, sont flasques et faiblement brûlées, où les boissons sont chargées de gluten, les aliments pleins de sucs, celui-là peut apprécier ces différences, qui, j'aime à le dire, se sont offertes à moi, pendant mon séjour en Italie, avec une expression d'évidence et de certitude qui n'a pas laissé dans mon esprit le moindre doute : et je conçois pourquoi Baglivi s'écrie : ROMÆ SCRIBO ET IN AERE ROMANO.

On comprend toute l'influence qu'ont dû avoir ces particularités sur les doctrines médicales créées en Italie. De prime abord, on voit comment Rasori a dû arriver à l'idée de ses contro-stimulants et de sa théorie sur l'inflammation. Rasori a fait en partie ses études en Angleterre; il a dû, mieux que tout autre, apprécier le système de Brown dans ses applications aux différents climats; il a dû voir combien l'emploi presque continuel des remèdes toniques et stimulants doit conduire à des conséquences funestes dans un pays comme l'Italie, où les organismes réagissent si promptement et si violemment. — On sait avec quel enthousiasme la *doctrine nouvelle* fut accueillie et quels furent les efforts de Tommasini pour la perfectionner et la propager. Professeur de clinique, d'abord à Pavie, ensuite à Bologne (actuellement à Parme), il se créa de nombreux partisans parmi ses élèves, en même temps que par ses relations et ses volumineux ouvrages il contribua à faire connaître la doctrine à l'étranger. En parcourant l'Italie, j'ai vu en quelques occasions l'application de ce système à des cas pratiques; il m'est arrivé d'entendre recommander le café, le thé, la digitale, l'acide prussique, dans des maladies inflammatoires. C'est que « les vertus des médicaments diffèrent suivant les doses auxquelles on les prescrit ; ce qui fait qu'à telle dose ils peuvent être stimulants, à telle autre sédatifs. » Cependant, à en juger par ce que j'ai vu, j'ai pu m'assurer qu'en pratique la doctrine des contro-stimulants ne dévie pas tant de la route ordinaire, qu'on serait porté à le croire au premier aperçu; au point que plus d'une fois j'ai été tenté de ne voir dans le système, du moins dans ce qu'il a de radical, qu'une métamorphose de mots. C'est ainsi que le thé, le café, considérés comme contro-stimulants, parce qu'ils neutralisent l'action stimulante de l'opium, ne peuvent avoir, donnés dans les maladies inflammatoires, rien de bien réellement étonnant, quand on les fait précéder par deux ou trois copieuses saignées et un régime sévère : et c'est ce qui se pratique le plus souvent. Je me garderai toutefois de comprendre dans ces observations critiques ce que l'expérience prouve sur l'emploi des antimoniaux, dont l'efficacité dans les inflammations pectorales et musculaires peut être enregistrée comme une vérité pratique d'une immense portée. — Celui qui croirait la doctrine en question généralement répandue en Italie se tromperait fortement; j'ai pu m'assurer que même les partisans exclusifs en sont réellement rares; d'ailleurs, des médecins italiens ont vivement attaqué la doctrine. Cependant cette terre classique du génie et de l'enthousiasme a des adeptes pour tous les systèmes du jour. J'ai entendu plaider la cause de Broussais avec cette chaleur, cette opiniâtreté, cette exclusivité qui caractérisent les apôtres de sa croyance; j'ai trouvé aux deux confins du pays des adhérents non moins passionnés de la doctrine de Hahnemann, qui a été attaquée toutefois par le Dr Pavini de Naples. C'est dans le rayon de Bologne et en Lombardie, que les termes et les formules de la doctrine des Diathèses et des Contro-stimulants ont le plus souvent retenti à mes oreilles; mais en général, les hommes d'un certain âge et formés à la pratique ne se prononcent guère sur la valeur de ce système. Valentin a fait une remarque semblable : « Aujourd'hui, dit-il, le système des contro-stimulants s'y est introduit et a envahi la tête de la plupart des jeunes adeptes et des journalistes. Les anciens praticiens observent et restent dans un sage éclectisme. » Ce médecin voyageur a presque partout rencontré dans les endroits qu'il a visités en Italie, une médecine d'observation, à une époque où la France était sous le vertige des idées les plus exclusives (1820-1824). J'aime à le dire, nulle part, abstraction faite des petites répulsions scientifiques et personnelles, je n'ai rencontré moins d'hommes à préjugés qu'en Italie, et nulle part peut-être la médecine d'observation ne trouve de défenseurs plus zélés et plus nombreux. Plus d'une fois le langage de l'ancienne et bonne école a réveillé mes sympathies. On peut le dire, l'Italie, pleine de vénération pour les grandeurs antiques, a su conserver intact son respect pour le dépôt sacré que nous a légué une expérience de vingt-deux siècles. Il m'a été facile de m'assurer que Baglivi, ce clairvoyant médecin, a laissé de fortes traces en Italie; ce que ce sage observateur dit des crises, me fut répété en certain endroit, où l'on m'assura que ces efforts conservateurs de l'organisme s'observent plus souvent dans les climats chauds où l'air est pur, que dans les pays où l'atmosphère est froide et brumeuse; l'on conçoit ainsi pourquoi Hippocrate aurait eu souvent occasion d'observer les efforts critiques en Grèce et en Orient, tandis que ces phénomènes seraient rares dans le nord.

J'ai trouvé la pratique médicale très-variée dans les prescriptions. Il est évident que là, toute l'attention du médecin ne s'absorbe point dans la considération des lésions organiques: c'est le résultat des moyens employés, un sage empirisme, qui perce dans tous les ouvrages réellement pratiques publiés en Italie. Sous le rapport des moyens employés, la pratique médicale des médecins italiens a de l'analogie avec celle des allemands; mais la manière de voir des Italiens est moins minutieuse. On voit avec satisfaction l'attention continuelle qu'ils prêtent aux variations thermométriques et barométriques, aux influences endémiques et épidémiques, et sous ce rapport ils sont excellents médecins. C'est ainsi qu'on les voit presque partout entrer dans de grands détails sur l'état de l'atmosphère : leurs ouvrages d'ailleurs en font foi; et en m'étendant sur cet objet, je forme plutôt mon opinion sur ce que j'en ai lu, que sur ce que j'en ai appris sur les lieux; il y aurait d'ailleurs une présomptueuse légèreté à vouloir juger les tendances scientifiques d'un peuple, par des conversations, ou quelques informations particulières.

—

Au fond de ces agents qui déterminent la diathèse inflammatoire, on retrouve aussi l'influence puissante qu'exerce la chaleur sur le système biliaire, en donnant au tempérament des habitants de l'Italie, cette teinte particulière propre en général aux hommes de tous les pays chauds. Cette modification de la constitution, consiste essentiellement dans une prédominance veineuse et dans le développement des maladies dites bilieuses.

Il est évident que chez les hommes des pays chauds les humeurs de la circulation se trouvent dans des conditions autres que chez les habitants des climats froids. La différence du tempérament des uns et des autres saute aux yeux : dans le nord, nous voyons un excès de l'élément artériel, s'annonçant par un système dermoïde fortement injecté d'un sang vermeil et abondant; tandis que l'habitant du climat chaud se caractérise par une peau généralement pâle, olivâtre, et par une forte expression de tout ce qui tient aux fonctions hépatiques. Il faut donc que l'air atmosphérique chargé de calorique, ait une influence réelle sur l'état de nos humeurs et modifie essentiellement les fonctions de l'hématose, probablement en provoquant un excès de dépuration hépatique. Peut-être la grande raréfaction de l'air inspiré, en fournissant des matériaux plus rares à l'artérialisation du sang, est-elle cause d'un antagonisme fonctionnel qui se porte sur le foie.

En visitant les différents hôpitaux d'Italie, j'ai pu constater une tendance réelle aux affections du sytème hépatique ; même à Turin, sur une population de malades observés de 1833 à 1838 à l'hôpital Majeur, on a compté jusqu'à 51 hépatites. J'ai trouvé partout des enduits jaunes de la langue, un état de tension de l'hypochondre droit, une peau brûlante, une fièvre forte, des céphalalgies, un état de prostration, un certain facies que nous avons rarement occasion d'observer dans notre latitude. Sur plusieurs points on me signala les bons effets des évacuants, des vomitifs surtout. J'eus occasion de constater des complications morbides remarquables, dans lesquelles ces moyens eurent un succès complet.

—

L'atmosphère n'est pas partout en Italie d'une pureté extrême. Les vapeurs se dégageant du sol, celles émanant de la mer, occasionnent sur plusieurs points des brouillards qui s'amoncèlent et forment des nuages quelquefois très-épais : c'est ce qui arrive principalement là où des vallées sont circonscrites par de hautes montagnes. On y voit toujours d'épais nuages qui s'élèvent pendant le jour et restent suspendus entre les cîmes des montagnes aussi longtemps que l'air est échauffé ; ils s'abaissent sur la terre le soir ou à la nuit tombante, et sont cause, en partie, de cette rosée dont il a déjà été question. Parfois, ils forment des brouillards tellement épais qu'ils interceptent les rayons du soleil. Bailly en fait mention en parlant des fièvres de Rome, et j'ai eu occasion de les observer différentes fois pendant mes excursions entre les montagnes (1). Là où les brouillards sont formés simplement par des vapeurs aqueuses, leur effet pathologique se borne à faire naître ces séries de maladies succédant à des refroidissements atmosphériques, et que nous venons de constater partout en Italie. Cet effet est d'autant plus prompt à se produire, que ces masses d'eau suspendues dans l'air, ont sur la peau une action spéciale ; elles arrêtent la transpiration et l'empêchent surtout de passer à l'état gazeux ; elles occasionnent chez la plupart des hommes des sueurs copieuses, tandis qu'une atmosphère pure, sous une température moins forte, favorise la perspiration cutanée plutôt qu'elle ne l'arrête. Cet effet d'un air chaud chargé d'humidité est considérable ; il exerce une puissante influence sur la constitution de l'homme ; les complexions faibles et nerveuses l'éprouvent toujours à l'approche des orages et, sous ce rapport, Rome se trouve dans une position tout-à-fait particulière comparativement à d'autres endroits où l'air est moins chargé de vapeurs. Nulle part, pendant les

(1) Je me trouvais au sortir de Foligno; c'était à l'aube du jour, et j'avais atteint les sommets rocailleux des Apennins, formant en cet endroit un vaste bassin : toute la vallée était cachée sous un épais brouillard ; je ne voyais devant moi qu'un vaste lac vaporeux dans lequel le soleil dardait ses premiers rayons dorés. Au centre, les nuages se dissipèrent ; une large percée me fit découvrir des tourelles, des toits, et bientôt toute une ville fut à mes pieds. Peu à peu, le paysage s'étendit et se dégagea entièrement : je le vis long-temps circonscrit par un cercle blanc, encadrant des collines charmantes, couvertes d'oliviers, de pins et de cyprès. Nulle part je ne vis de panorama plus beau.

fortes chaleurs, on n'a le corps inondé comme à Rome, nulle part en Italie la chaleur n'est aussi étouffante et nulle part l'air n'est en même temps aussi lourd. C'est pour cela que Baglivi dit : *Aer romanus septem collibus orbis dominis hodie interclusis natura humidus est et gravis*. A Naples, les chaleurs sont fortes, même intenses en été ; toute la ville est bâtie au midi sur une colline ; les maisons, d'une blancheur éclatante, réfléchissent puissamment les rayons du soleil ; mais on n'y sue guère comme à Rome ; l'air y est on ne peut plus léger : c'est ce dont tout le monde convient sur les lieux.

Indépendamment de la disposition aux inflammations que cet état atmosphérique engendre par des arrêts de transpiration, il favorise aussi, ce qui plus est, d'une manière très-puissante, le développement des *fièvres d'accès*.

C'est à Rome surtout que ces maladies s'observent : elles règnent dans cette ville et dans ses environs, surtout en été ; elles n'épargnent généralement que les personnes qui savent prendre les précautions hygiéniques exigées pour s'en préserver.

Toutefois, en dehors de cette considération d'une atmosphère nébuleuse et de ses refroidissements subits, il faut que d'autres causes contribuent, à Rome, à y altérer la pureté de l'air ; car les maladies y ont un caractère spécial.

Il est une remarque importante à faire et qui repose sur l'observation des faits, c'est qu'il faut d'autres conditions que l'humidité de l'air, pour que des maladies épidémiques ou endémiques se déclarent. Je dirai même que l'humidité permanente de l'atmosphère est une condition qui, dans quelques cas, est plutôt favorable que nuisible à l'hygiène. L'influence pernicieuse d'un pareil état atmosphérique, réside plutôt dans les variations d'un froid intense ou d'une chaleur excessive, que dans la présence pure et simple des vapeurs aqueuses. On peut invoquer à l'appui de cette manière de voir certaines localités des Flandres, et Londres, par exemple, où l'atmosphère offre un degré d'humidité permanente, et où cependant, comme nous avons déjà eu occasion de l'insinuer, les hommes jouissent d'une santé florissante : mais à Londres, on n'éprouve guère des chaleurs fortes ni des froids rigoureux ; les agents méphitiques n'y sont point, comme à Rome, constamment élevés à l'état d'une vapeur maligne. Cependant on ne peut perdre de vue que cette humidité atmosphérique, dans les climats froids même, engendre une disposition des tissus qui demande les plus grandes précautions dans le traitement des maladies, et qui conduit très-souvent à l'emploi des toniques. Nous avons de cela un exemple frappant en Hollande, et presque généralement en Angleterre, où les agents débilitants doivent être employés avec plus de réserve qu'ailleurs.

Le sol de Rome et de ses environs offre des qualités tout-à-fait spéciales : cette ville se trouve bâtie sur un terrain en grande partie volcanique.

Le terrain de Rome et de sa banlieue se compose de tuf granuleux, de tuf litoïde, de tuf terreux et d'autres terrains volcaniques en moindres proportions; des couches de scories s'y présentent ; on y rencontre du basalte. Le travertin, pierre qui sert à la construction de tous les grands monuments de Rome, y est fort abondant dans les montagnes. On y rencontre des couches de terrain fluvatile, le sable siliceux, le sable calcaire, du calcaire compacte, des terrains maritimes, des marnes, de l'argile, etc.

Un auteur anglais prétend que tout le plat pays, depuis l'Apennin, est une terre enlevée primitivement à la mer, à une période antérieure aux souvenirs historiques, par la projection d'une immense couche de cendres volcaniques. En effet, on trouve dans le voisinage de Rome les vestiges non équivoques de cratères éteints; les environs de cette ville furent même agités souvent par des commotions souterraines très-violentes. — Ce que l'Italie offre en général de plus intéressant sous le rapport géologique, ce qu'elle présente de plus essentiellement local, ce sont ses terres volcaniques : on rencontre à tout pas des couches de tuf ou de lave, des carrières, des mines de soufre et de sel. La terre retentit sur quelques points, elle est creuse, on y trouve des traces de nombreux cratères éteints. Des gaz, des vapeurs chaudes, des flammes et quelquefois non loin d'elles, un air, une eau très-froide s'échappent des fentes des rochers. Des lacs contiennent des eaux sulfureuses, des rivières en charient. L'eau des sources est souvent bouillante. En plusieurs points le sol s'est soulevé et de hautes montagnes ont surgi. C'est ainsi que s'est formé, en septembre 1538, le Monte Nuovo, près Pouzzole, lors d'un grand tremblement de terre qui engloutit le village de Trépergole et combla une partie du lac Lucrin. L'île Julia se forma ainsi, en 1831, dans la mer de Sicile. Baglivi a décrit un fameux tremblement de terre qui eut lieu en 1703, et à mon passage par Foligno, je trouvai les traces d'une secousse terrestre qui avait, peu de temps auparavant, porté des dégats considérables aux édifices publics et aux maisons particulières. A Naples, le Vésuve, en Sicile, l'Etna jettent des flammes qui se perdent dans les nues et semblent offrir le singulier spectacle d'une alternation dans leurs décharges volcaniques. Les grandes éruptions sont ordinairement précédées par des détonnations souterraines. Des secousses considérables ont eu lieu dernièrement à Messine (du 27 au 31 août 1839); elles étaient si fortes que la population était sortie épouvantée des maisons et s'était réunie sur les places, se jetant à genoux et faisant des prières à haute voix. Messine a été ensevelie plusieurs fois sous ses ruines par des tremblements de terre.

Sur différents points, le sol de Rome et celui de ses environs renferme d'anciens marécages; tout le centre de la ville est même une vallée, circonscrite par des montagnes assez élevées : de-là la dénomination donnée à Rome de ville aux sept collines (1). A compter de l'église de

(1) Brocchi donne à la fin de son ouvrage sur l'état physique de Rome, un tableau dans lequel il indique la mensuration des différentes élévations dans

Saint-Pierre, jusqu'à la porte Pancrace, derrière le Janicule, presque tout le terrain est limoneux. Selon des renseignements obtenus sur les lieux et l'opinion de ceux qui ont décrit la topographie de Rome, les quartiers compris entre les monts Palatin et Aventin, le terrain sis entre ces collines, le Capitole et le Tibre, seraient d'anciens marais. Le terrain près de la vallée de Mars, qui est entre le ponte Sisto et l'île du Tibre, s'étendant jusque non loin du Panthéon, fut autrefois un marais; c'était le Palude caprea. Là où est actuellement la Piazza del Clementino, sont les anciens Laghi di Terento (Voir les plans fournis par Brocchi et Platner). Mais c'est à gauche de Saint-Pierre que les terrains sont surtout mauvais. Le Vatican, quoiqu'il se trouve sur une colline, est bâti à côté de terres vaseuses; les papes ne l'habitent point dans la saison d'été, à cause du mauvais air qui se dégage de ce sol : ils vont se loger au palais du Quirinal, où le terrain est élevé et l'air beaucoup plus pur. Le quartier Saint-Jean de Latran et ses environs déserts semblent aussi la source d'émanations malfaisantes; les souverains pontifes y avaient autrefois un palais qu'ils ont cessé d'habiter. Mais c'est dans le voisinage du Tibre que l'air est le plus malsain : ce fleuve, toujours gonflé en hiver, occasionne à différentes époques des inondations considérables (et nous savons par la maladie pernicieuse qui se déclara, il y a

---

Rome. Ainsi le terrain serait au Janicule, sur le plateau de S. Pietro in Montorio, de 185 pieds au-dessus du niveau de la mer, et sur son point le plus élevé des sources, de 297 pieds; près de la villa Spada, de 274 pieds. La Capitole serait élevé de 141 à 151 pieds; le mont Palatin de 160 pieds, l'Esquilin de 236—242 pieds. Le mont Quirinal aurait de 148—165 pieds, le Pincio, 146 pieds. Le terrain le plus bas se trouverait au Cloaca Massima, dont l'arc ne serait qu'à 17 pieds du niveau de la mer, et au port Ripetta, où la hauteur serait de 23 pieds.

quelques années, à Groeningen, en Hollande, ce que de telles catastrophes ont d'essentiellement nuisible pour la santé). En hiver, dans les endroits où le terrain est bas, il y a presque partout de l'eau dans les caves (1).

Du côté de la mer, le Tibre coule dans un terrain vaseux d'où se dégagent des gaz pestilentiels. Ostia historique, port de mer autrefois riche, ruiné aujourd'hui, pauvre et sans nom, le rendez-vous des malfaiteurs de l'endroit, se trouve à l'embouchure de ce fleuve célèbre. L'histoire apprend que déjà du temps des anciens Romains, cette partie du territoire était connue pour ses inondations, ses miasmes et ses maladies ; aujourd'hui encore elle est parmi toutes la plus pernicieuse. D'ailleurs, Rome même est placée au milieu de terres malsaines, de sa *campagna*, qui s'étend tout autour de cette ville et qui n'est en tout qu'une énorme terre inculte. Or, rien n'est plus contrastant, et disons-le, plus pénible à voir, que cette ville, avec sa magnificence moderne et ses antiques souvenirs, dominant

(1) Johanna Diaconus, au rapport de Lancisi, parle d'une inondation; pendant laquelle les eaux du Tibre s'élevaient jusqu'au dessus des murs de la ville. Il y eut en 1508 un débordement qui emporta le pont St-Angelo et le pont St-Marin; l'eau arriva jusque sur l'escalier de St-Pierre. En 1530 et en 1557, on eut un gonflement extraordinaire des eaux du Tibre, survenu après de grandes pluies (Bailly). Baglivi parle d'une inondation : Il dit « Hac eadem die 23 decembris 1702, Tybris plurium dierum pluviis nimium turgescens, summoperè inundavit Romam maximo cum civium incommodo. Viæ omnes quæ ducunt ad Vaticanum, nempe Longaria, Ursi, Burginovi, etc. aquæ plenæ erant. Totum forum, Pantheon Agrippæ aquæ inundabant, forum judæorum, aliæque quam plurimæ per urbem viæ, uti et ipsa flamminia prope ædem St Laurentii in Lucina. » Et l'auteur ajoute, « Certa romanorum observatione constat post ingentes Tyberis inundationes oriri febres epidemicas in urbe, valde graves et perniciosas. »

Brocchi fournit un tableau des différents gonflements du Tibre marqués au port Ripetta, qui ont eu lieu depuis 1495 jusqu'en 1805, et qui sont au nombre de dix. C'est 1598 qui marque la plus forte, 32 pieds; la plus faible, celle dont parle Baglivi, était de 19 pieds.

une vaste plaine sans vie, sans mouvement, large de plusieurs lieues. De misérables, de chétives créatures ne se présentent que sur des points très-isolés de cette sauvage, mais imposante solitude, cette terre de désolation, ainsi que l'appelle une femme célèbre, Lady Morgan. Dans Rome, et surtout dans les quartiers où sont les débris de sa grandeur éteinte, il est encore des terrains cultivés, mais la végétation y est appauvrie. Là, on trouve encore quelques beaux jardins, quelques belles promenades, quelques villa charmantes; mais au-dehors tout disparaît. Parci-parlà, on ne distingue plus que quelques surfaces vertes, clairsemées, quelques groupes d'arbres rares, quelques casales menaçant ruine, quelques vaches, quelques chevaux cherchant leur nourriture. A une certaine distance, il n'y a plus rien, absolument rien, qu'une immense surface ondoyante, jaune, resplendissante de lumière, entrecoupée par des masses de pierres, des ruines, des aqueducs détruits, des aqueducs encore debout. Sur une longueur de quatre, cinq, six lieues, on distingue à l'horizon les Apennins avec leur riantes collines, couvertes d'une brillante verdure. C'est sur ces hauteurs que Tivoli, Frascati, Albano se dessinent, et qu'on voit de loin, au fond d'un paysage charmant, ces montagnes élevées, transformant la campagna en un vaste bassin, ouvert du côté de la mer, qui, comme une lame bleue, étincelante, clot la perspective au sud. Ce bassin offre au nord de superbes élévations qui autrefois conduisaient à des forêts considérables garnissant la Sabine et que Sixte V a fait disparaître en grande partie afin d'extirper le brigandage qui y avait établi son siége (Lancisi). La campagne de Rome est traversée par le Tibre et par plusieurs petites rivières sinueuses. Vers la mer, sont des étangs marécageux considérables et sur différents points de cette surface, on voit de petits lacs bourbeux, d'où s'exhalent, surtout pendant les mois les plus chauds, des gaz méphitiques qui se répandent au loin (1).

Ceux qui tentent d'habiter la campagna, y deviennent malades et un grand nombre d'hommes y trouve une mort certaine. Nous l'avons déjà dit : lorsqu'en ces lieux des êtres apparaissent, c'est avec les marques d'une dégradation, d'une altération profonde de leur santé (2). Dans Rome même, quoiqu'en dise Lancisi, les constitutions souffrent évidemment de cet état atmosphérique ; les fluides vivants s'y altèrent, les teints y perdent de leur fraîcheur, les lèvres y sont pâles et les caractères plus sérieux que partout ailleurs en Italie.

Baglivi a fait connaître avec plus de vérité que Lancisi cette influence de l'air sur la complexion des Romains : il confirme même son observation par le témoignage des proconsuls L. Valerius Potitus, M. Manlius et Livius, disant : « Incolæ urbis temperamento præditi sunt melancholico, subfusco et nonnulli subpallido cutis colore, habitu corporis macilento potius quam

---

(1) Depuis Ostie jusqu'à Fiano, le Tibre traverse la campagne en suivant un cours très-sinueux; vers la mer, ce fleuve reçoit la Galera, rivière d'une médiocre longueur. Le Teverone descend des collines de Tivoli, traverse ces terres et va s'aboucher au Tibre à quelque distance de Rome. Un courant assez considérable descend de Frascati, c'est la Marana; un autre vient de Castel Gandolfo, c'est le Volterano. Plus au Nord, sont d'autres petites rivières, l'Arone, le Palidoro, le Cappeno. Près de Tivoli est une source d'eau sulfureuse, qui après avoir formé un lac, dégénère en une rivière, charriant une eau dont l'odeur sulfureuse hydrogénée est insupportable.

(2) On a fait observer que les hommes qui habitent la campagne, rares en nombre, sont non-seulement d'une complexion maladive, eu égard à l'air auquel ils sont exposés, mais aussi par rapport au régime qu'ils suivent; ils boivent de la mauvaise eau, ils ne mangent guère de légumes, ils se nourrissent de viandes de porc salées.

pingui. » Cette dernière assertion n'est pas tout-à-fait l'expression de la vérité, en ce moment du moins, eu égard aux femmes, qui offrent dans Rome une grande disposition à l'obésité, même à un âge jeune encore.

Les vapeurs fournies par le sol bas et humide de Rome, celles que donnent à la fois la Méditerranée et l'Adriatique, s'amoncèlent dans le vaste bassin que forme la campagne de Rome.

C'est derrière les montagnes d'Albano (1), de Vélétri (2), ces montagnes qui, vues de loin, sont si bleues, si pittoresques, que se déploie, au sud, un foyer d'infection bien plus redoutable, bien plus affreux, que la campagne romaine. C'est derrière ces montagnes à Torre de tre ponti que commencent, à une dizaine de lieues de Rome, les *Marais Pontins*, si célèbres dans l'histoire médicale et qui finissent à Terracine (3). La route de Naples, la Linea Pinea, l'ancienne voie Appienne, les traverse sur une étendue de huit lieues environ. Cette voie large et droite, bordée d'arbres touffus, a de chaque côté un canal d'irrigation charriant des eaux noirâtres, bourbeuses, dont le cours est rapide. Ce sont des confluents d'eaux stagnantes coulant à tra-

---

(1) L'Ancienne Albe, petite ville à six lieues de Rome, bâtie près d'un lac qui, dit-on, est un ancien cratère; on y trouve une végétation riche. Derrière Albano sont d'anciens bois qui conduisent aux hauteurs de Genzano et Vélétri.

(2) Ville fondée, selon le témoignage historique, par les Volsques, qui y établirent le siége de leur capitale.

(3) L'Anxur des anciens, construit par les Volsques : c'est une ville baignée par la Méditerranée, bâtie sur une colline et qui eut autrefois un port de mer. Un énorme rocher à pic, le monte Circello, (le rocher de Circé) y borne les marais Pontins. Les habitants de cette ville portent dans leurs traits les marques non équivoques de l'influence paludeuse des lieux; ceux même qui sont en état de se procurer les commodités de la vie ont le teint cachectique. Population : 9000 habitants.

vers des mares, des terrains sinueux, paludeux, couverts sur plusieurs points d'une verdure abondante. Du côté de la mer sont des lagunes considérables. Des bandes de buffles (originaires d'Asie), noirs, trapus, au regard menaçant, vivent dans ces marais. on les voit la plupart du temps dans l'eau bourbeuse jusqu'au ventre, même jusqu'à la tête. Quelqu'un a fait observer que la présence de ces animaux dans des lieux si malsains surprend d'autant plus que l'espèce bovine se détériore dans les pays marécageux (1). — Les eaux qui descendent des montagnes n'ont pas de chûte dans la vallée, et c'est pour cela qu'elles y restent stagnantes (2). Ces montagnes, derrière lesquelles vit une population demi-sauvage, sont dépendantes des Abruzzes, rochers blancs, élevés, stériles, distants de quelques lieues de la route des marais Pontins. La grande masse des eaux se dirige en serpentant vers la mer, qui n'est pas loin de-là, à une distance de deux à trois lieues seulement sur les points les plus rapprochés. Sur toute la route, on ne voit point d'habitations, à moins qu'on ne veuille nommer ainsi de chétives cabanes, rares, ainsi que les bâtiments qui servent de relais aux chevaux de poste. Parfois on trouve sur son passage quelque créature humaine, dont l'effroyable aspect, le visage hâve, le corps amaigri, annoncent un délabrement total de l'organisme,

---

(1) L'observation n'est pas tout-à-fait vraie; car dans les Poldres, les vaches prennent un beau développement, leurs chairs toutefois sont peu fibrées. M. Brocchi fait la remarque fort juste que le mal-aria, si funeste à l'homme, n'est pas nuisible du tout aux animaux domestiques ou sauvages.

(2) Ces eaux proviennent de différentes sources : Lamasine, naissant dans les environs de Piperno; l'Uffente de Case Nuove; la Cavatella venant de Sezze; la Neufa, la Teppia, la Cavata, la Fosso di Cisterma, etc.

une extinction presque complète de la vie. Les postes militaires qui stationnent aux deux extrémités de la route et dont la mission est de protéger les voyageurs contre les attaques des brigands qui infestent toujours ces endroits, souffrent cruellement de l'influence pestilentielle de ces lieux; les voiturins même qui les fréquentent régulièrement portent dans leurs traits les marques d'une santé altérée. C'est en été surtout, que le poison marécageux est dangereux; alors le soleil semble opérer dans les terres vaseuses une décomposition funeste; la chaleur porte cet agent à l'état d'un gaz qui se mêle à l'air, mais qui ne paraît point s'élever dans les hautes régions de l'atmosphère, ce qui le fait considérer comme étant plus ou moins épais. A l'aube du jour, il annonce sa présence, ainsi que le soir, par une vapeur blanche, épaisse, couvrant partout les terrains marécageux; à mesure que le soleil échauffe la terre et l'air, ces vapeurs se volatilisent: il ne paraît pas qu'elles se déplacent et s'étendent à de grandes distances. C'est à Terracine, que les marais se terminent, et à Fondi, à trois lieues de-là, le règne des maladies paludeuses finit. Vers Rome, les effluves gazeux sont arrêtés par les hauteurs de Vélétri, Genzano, Albano, qu'ils ne semblent franchir que dans des circonstances exceptionnelles, lorsque le vent est violent et souffle sud et sud-est surtout. C'est le *Scirocco,* (1) redouté de toutes les populations italiennes et qui ne se fait sentir que pendant deux à trois jours consécutifs. C'est un vent

---

(1) Du texte grec, je dessèche. Le Trimontana, c'est le vent du nord; le Libeccio, le sud-ouest.

qui vient directement d'Afrique et qui porte sur l'Italie l'air chaud et brûlé des déserts de ce pays, où il règne pendant cinq mois de l'année. Le vent sud-est souffle dans la direction des marais Pontins. — Or, le Siroc exerce sur les constitutions un effet extraordinaire; il jette le corps dans un abattement extrême; il semble paralyser tous les membres : et de-là encore sa dénomination de Plumbeus (1). Il est prouvé que ce vent, lorsqu'il est durable, est l'avant-coureur de maladies graves et que c'est à Rome qu'il exerce surtout ses effets pernicieux, quoiqu'il fasse sentir son influence dans le Nord même de l'Italie, surtout sur le littoral de l'Adriatique. L'opinion générale est qu'il vicie l'air : et de-là encore le *mal-aria, l'aria cativa,* qui s'entend aussi des émanations des marais Pontins et de la Campagne de Rome. Des notabilités scientifiques pensent que pendant le règne de ce vent, les émanations des Marais Pontins s'élèvent dans l'air, franchissent les montagnes d'Albano et viennent s'étendre sur la campagne romaine. Doni et Lancisi admettent cette manière de voir, avec quelques restrictions, il est vrai : ils démontrent que ce passage est surtout facile du côté

---

(1) Le Sirocco est tellement brûlant dans la partie de l'Afrique voisine de la Méditerranée, qu'il tue les animaux. En Sicile, les effets en sont désastreux : on lit dans le Nouveau Dictionnaire d'histoire naturelle, que ce vent, malgré son trajet sur la mer, conserve encore assez de chaleur pour faire monter subitement le thermomètre à 40 degrés Réaumur, ainsi que l'ont observé Dolomien à Malte, et Brydone à Palerme. « A huit heures, dit Brydone, j'ouvris la porte sans soupçonner un changement de temps; je ressentis tout d'un coup sur mon visage une impression pareille à celle qu'aurait faite une vapeur brûlante, sortie de la bouche d'un four. » Il porta le thermomètre en plein air, où il monta presque aussitôt à 39 degrés. » Cette chaleur étonnante, ajoute l'auteur, dura jusqu'à trois heures de l'après-dîner, où le vent tourna au nord et changea tellement la température, qu'on éprouva sur le champ une fraîcheur excessive. »

de la mer. Pline avait émis une semblable opinion, lorsqu'il disait : « Ob putridas exhalationes paludum, ventum syro-phænicum, Roma summopere noxium volunt nonnulli. » Et Lancisi parle d'une épidémie de fièvres malignes qui sévit à Rome et qu'il attribue à l'influence d'un air malsain apporté par les vents sud et sud-est, qui avaient régné en Italie pendant quatre mois. Valentin nie l'influence des marais Pontins sur l'ancienne maîtresse du monde. Manni, avec qui j'ai longuement causé de cet objet, n'admettait pas non plus ce passage de l'air des marais dans la campagne de Rome.

Sur les hauteurs d'Albano séparant la campagne des marais Pontins et des montagnes environnantes, on est plus ou moins à l'abri de l'influence désastreuse du mal-aria. Toute la population sur ces hauteurs jouit d'une santé robuste; à Albano, à Genzano surtout, la beauté des formes et la fraîcheur des teints frappent les moins attentifs. C'est là, sur ces montagnes, que l'on cherche les filles nourrices; c'est là, que se retirent dans la saison d'été les familles opulentes de Rome; c'est là, à Castel Gandolfo, que le souverain pontife a son château.

Un passage de l'ouvrage de M. de Stendhal prouve que si l'influence des émanations marécageuses se fait sentir moins fortement sur les hauteurs avoisinant Rome, d'autres causes y disposent assez fortement les constitutions aux maladies fébriles. « Il y a quelques jours, dit l'auteur, dans ses *Promenades dans Rome*, une de nos compagnes de voyage prenait une vue à la chambre obscure sur les bords du lac Albano, près de Grotta Ferrata. Son frère, qui venait de se promener et transpirait peut-être un peu, s'assit quelques minutes auprès d'elle pour corriger son dessin. Il sentit une fraîcheur agréable : cette imprudence fut suivie d'un accès de fièvre de trente heures. »

Rien n'est plus curieux en Italie, rien n'est en même temps plus propre à démontrer la nécessité de l'étude des lieux, que les changements qui surviennent dans la constitution physique et morale des habitants de ces endroits, suivant les conditions hygiéniques dans lesquelles ils se trouvent. Indépendamment de ce qu'Albano et ses environs, Frascati et d'autres endroits nous offrent d'intéressant sous ce rapport, les limites qui séparent, au nord, la campagne de Rome de la Romagne et de la Toscane, fournissent des sujets d'observation fort intéressants. Là, on se croit devant une nouvelle nature, devant une nouvelle race d'hommes ; la baguette enchantée ne cause ni plus d'admiration ni plus de surprise. Les champs sont sillonnés par des ruisseaux d'irrigation ; on ne voit que des fruits brillants, des plantations de vignes et d'oliviers, arrangés comme des parterres ; à chaque pas il se représente des chaumières, des fermes bien entretenues ; partout on rencontre l'expression de la vie ; des insectes, des oiseaux qui dévastent les champs, des chevaux qui hennissent, des chiens qui aboient ; et ce qui plus est, une population d'hommes saine, belle, vive, un sang rouge qui injecte une peau basanée, brûlée par le soleil. Ce ne sont plus là les teints blêmes, les lèvres pâles de Rome, les visages tristes et hâves de sa campagne, les figures affreuses des marais Pontins : c'est, nous aimons à le répéter, toute une autre variété d'hommes, peut-être la plus belle du monde actuel.

M. Valéry dit : « Un large ravin (près d'Aquependente), des déserts mêlés de torrents, de bois, de rochers, forment une limite naturelle et imposante entre l'État romain et la Toscane. A peine a-t-on touché à cette dernière contrée, qu'un parfum de civilisation semble s'exhaler et se répandre : les champs, les chemins, les maisons, les physionomies surtout ne se ressemblent plus, et l'on sent une certaine culture physique et morale qui manque à l'état voisin. La barbarie du cadran romain (1), ajoute l'auteur, cesse. La douane raisonne et n'est plus vénale; le peuple sait lire et le pain est excellent, dernier et infaillible symptôme de bien-être et d'amélioration. » — Chaque fois qu'en Italie on arrive entre des montagnes blanches, sur des terrains agrestes, on rencontre des joues creuses, des corps amaigris, des expressions farouches. Mais un village, une petite ville se présentent-ils entourés de champs cultivés et fertiles, la colline sur laquelle ils sont assis est-elle couverte d'oliviers, de figuiers, on est sûr d'y rencontrer les maisons, les tourelles en bon état; on est sûr d'y trouver de la beauté dans les formes, de la fraîcheur dans les teints, de la bienveillance dans les regards.

Chose étonnante, c'est que dans ces lieux même où aujourd'hui il se dégage tant d'éléments pestilentiels, on trouvait autrefois de superbes habitations et des routes sur lesquelles s'agitait une population nombreuse.

On se refuse à croire qu'une ville comme Rome, qui comptait plus de deux millions d'habitants (2), se serait trouvée isolée comme elle l'est aujourd'hui. Il y avait dans les marais Pontins un canal qui conduisait à Brindes (Brundesium), ville célèbre, où mourut, dit-on, Virgile (né à Mantoua). On a fait voir que les hommes qui primitivement ont habité ces lieux, les Ruttiles et les Volsques, constituaient un peuple robuste et courageux. Horace, est-il dit, s'embarqua sur ce canal le soir, et Pline établit, sur le témoignage d'un ancien écrivain, que vingt-trois beaux villages avaient occupé les terres actuelles des marais

---

(1) Il compte vingt-quatre heures dont la succession varie d'après les phases du soleil.

(2) Il est dit par Tacite que le recensement de la population romaine, fait sous Claude, a donné un chiffre de six millions neuf cent mille. On peut lire Platner pour des chiffres plus probables.

Pontins. Il en est de même de la campagne de Rome : tout concourt à prouver que de vastes faubourgs s'étendaient sur cette plaine ; il y avait là une suite d'habitations magnifiques dont on trouve encore sur plusieurs points les traces non équivoques. Salluste y avait sa villa. Non loin de Tibur étaient les délices de Cicéron, le séjour d'Horace, de Catulle, de Mécène ; Agrippa y avait ses bains qui rendirent la santé à Auguste ; Adrien y plaça sa villa, dont encore aujourd'hui on admire les imposants débris. Toute la voie qui conduit à Ostia, longue de quatre lieues, était, dit-on, couverte de brillantes habitations, parmi lesquelles Pline avait sa maison de plaisance.

L'opinion des hommes qui ont fait les recherches historiques sur ces lieux, est qu'autrefois l'air du Latium était moins malsain qu'il ne l'est aujourd'hui. Il paraît même que l'insalubrité de ces endroits s'est accrue fortement depuis qu'on a fait disparaître de fort grandes forêts derrière les montagnes d'Albano et ailleurs. En effet, les masses de feuillages devaient rendre l'air beaucoup moins pernicieux, par l'absorption de l'humidité et des gaz intoxicants qu'elles favorisaient; elles devaient aussi contribuer à rendre l'action des vents moins intense, puisqu'ils venaient s'y briser et s'y engouffrer.

Une absence de bois et de forêts se fait remarquer généralement en Italie : ce sont presque partout d'immenses vallées coupées par de hautes montagnes. Toutefois, aujourd'hui encore, on rencontre derrière Albano et Vélétri des terrains boisés et de fort beaux arbres. Entre Cisterna et la mer, tout le long du littoral, jusqu'au Golfe de Terracine, le terrain est couvert d'arbres et de broussailles. A Ostie se trouvent encore les restes d'un bois antique.

Aussi long-temps que Rome et sa banlieue nourrissaient une population active et étaient couvertes d'habitations nombreuses, ces terrains étaient cultivés et les eaux trouvaient des écoulements faciles. Après l'invasion des peuples du nord, après la destruction des édifices, on a cessé de fouiller la terre, et l'élément pestilentiel n'a plus trouvé d'obstacle à son développement. C'est là l'opinion dominante de tous ceux qui se sont occupés de l'étude de ces lieux.

Ce que nous disons ici n'est toutefois pas applicable aux temps primitifs de Rome; car les premiers habitants de cette ville ont trop bien connu l'effet des miasmes, pour qu'il nous soit permis de croire qu'ils n'en aient point été fortement atteints.

Ils vouaient, inspirés probablement par la crainte, un culte aux déesses *Cloacina* et *Mephitis* (Lancisi) et à la *Dea febris* (De Mattheis). Au rapport de Cicéron, Rome se trouvait à son origine dans un lieu fort malsain, ce qui est prouvé encore par un passage de Strabon, rapporté par Lancisi. Il dit : « Omne latium felix est » et omnium rerum ferax, exceptis locis, quæ palustria sunt » atque morbosa, qualis est Ardeatinus ager, inter Antium et » Lavinium usque ad Pometiam et secius agri quidam et circa » Tarracinam et Circæum. » L'ancienne vallée, appelée le Vélabre (1), était du temps de Romulus un marais profond, formé par le débordement du Tibre, qu'on passait en bateau, *a vehendis ratibus*. C'est là, est-il dit, que le berger Faustulus trouva Rémus et Romulus; tout l'espace compris entre le mont Palatin, le Forum et le grand cirque comprenait un terrain vaseux. Cicéron dit que « locum delegit Romulus et fontibus abundantem, et *in regione pestilenti* salubrem : colles enim sunt qui cum perflantur ipsi tum adferunt umbram vallibus. (De re publica.) Et Ovide : *sed fuit ante lacus* qua velabra solent in circum ducere pompas. » (Voir Donius et Lancisi) — Tarquin dessécha les marais entre le Capitole et le mont Palatin. Un des monuments les plus respec-

---

(1) Le grand Vélabre, c'est la partie de terrain qui se dirige entre le mont Palatin et le mont Aventin; le petit Vélabre, c'est l'espace qui est entre le Capitole et le mont Palatin. (Voir la carte de Brocchi.)

tables de Rome, et en même temps le plus ancien, le *cloaca massima*, annonce clairement l'intention de ceux qui ont administré d'abord ce pays. Ce grand égout est une voie d'irrigation colossale par laquelle les eaux bourbeuses des marais primitifs avaient, avec d'autres immondices, leur écoulement dans le Tibre. Denys d'Halicarnasse atteste que les aborigènes ont abandonné l'air malsain du mont Palatin, qui avait à ses pieds un vaste marais, pour chercher un terrain plus sain. — Le mont Esquelin fut peu habité du temps des Romains par rapport aux exhalations du cimetière du peuple qui se trouvait en cet endroit (Brocchi). — Différents faits historiques attestent que les marais Pontins ont fait souvent l'objet de la sollicitude des gouvernements de Rome (1).

---

(1) Dans les divers ouvrages que nous avons eu occasion de consulter, nous avons trouvé les faits suivants : Le préfet *Cornelius Cethegus* fit de grands travaux pour dessécher les marais Pontins. *Auguste* fit creuser de nouveaux canaux. *Lucius Antonius* donna ces terrains en partage afin d'en assurer la culture. C'est à *Trajan* que l'on doit le pavé qui traverse ces marais. A la chûte de l'empire, *Théodoric* les céda à *Decius*, et il paraît, d'après une vieille inscription de la cathédrale de Terracine, qu'il réussit à assainir ces lieux. *Boniface VIII* y fit creuser un nouveau canal. *Léon X* céda ces terrains à *Julien de Médicis*, à condition de les dessécher: il n'atteignit le but qu'en partie. *Sixte V*, comme nous l'apprend une inscription encore debout sur les lieux, compléta le *Fiume Sisto;* il mit tous ses soins à assainir Rome par la restauration des aqueducs et la construction de nouveaux quartiers: c'est ce que témoigne Lancisi. Après la mort de ce pape, les digues se rompirent et les terres se couvrirent derechef d'eaux stagnantes. Sous *Pie VI*, on fit de nouveaux efforts, on opéra de grands dessèchements, mais comme le gouvernement d'alors n'avait pas d'idée d'économie politique, il forma, dit M. de Stendhal, du terrain arraché à l'eau une seule propriété indivisible. Il eût fallu le distribuer par petites portions aux cultivateurs qui auraient voulu s'y établir. Pie VI donna à son neveu ces vastes terrains, qui sont demeurés presque aussi déserts et aussi malsains qu'auparavant. Le gouvernement français, pendant sa domination en Italie, conçut de grands projets; on dressa des plans, mais l'exécution en resta là.

Brocchi croit que les anciens habitants de ces lieux ont été moins souvent atteints des maladies causées par les miasmes, et que l'usage de porter généralement la laine a dû les préserver beaucoup, et surtout de la fièvre. On pourrait se rendre raison de cette opinion, s'il était prouvé que l'arrêt seul de la transpiration doit être envisagé comme cause des fièvres à Rome. Mais le froid qui est intense à Naples et à Gènes, à certaines heures de la journée, y cause des inflammations

Le mal doit avoir augmenté, selon le témoignage de bien des auteurs, quand la guerre, l'abandon de Rome et les terres tombées dans les mains d'un petit nombre de propriétaires négligents, ont fait abandonner cette campagne à la nature. Ainsi le manque de culture aurait produit en grande partie les maladies, et diminué et chassé les populations (1).

Il faut, sans contredit, accorder une grande part au défaut de culture dans la génération des miasmes, et on ne peut que gémir sur la situation de la campagne de Rome, tandis que tous les jours on voit jeter des masses considérables d'engrais dans le Tibre, faute de pouvoir en faire emploi. Cependant ce n'est pas au défaut de culture seul qu'il faut rapporter la formation de ces miasmes : s'il en était ainsi, le grand désert de l'Arabie, au centre duquel était jadis la fameuse Palmyre, ne devrait être qu'un immense foyer d'infection ; et cependant il n'en est

---

et n'y produit pas de fièvres intermittentes. Il faut donc admettre une condition morbide autre que la suppression de la transpiration, condition que l'on doit trouver dans le mode d'agir d'un air miasmatique. Toutefois, il est juste de dire que l'impression du froid cause à Rome des fièvres intermittentes et qu'un des bons préservatifs de cette maladie, c'est l'usage des vêtements chauds. Nous ne nions point non plus que les onctions de la peau, si fortement en usage parmi les anciens, n'aient point dû contribuer à rendre la peau moins apte aux absorptions.

(1) M. De Stendhal dit « La campagne de Rome appartenait aux deux puissantes familles Orsini et Colonna. Les Orsini possédaient les terres au couchant du Tibre; les Colonna celles qui sont à l'Orient et au Midi de ce fleuve. A cette époque de bravoure et de force, les Orsini, les Colonna, les Savelli, les Conti, les Santacroce, etc., étaient tous Condottieri... Les guerres acharnées des Colonna contre les Orsini avaient chassé les agriculteurs de la campagne (1499), déjà dépeuplée par les barbares lors de la chûte de l'empire d'Occident. Voilà l'origine de cette solitude des environs de Rome qui contribue tant à sa beauté et fait l'étonnement des voyageurs. Non-seulement les soldats des Orsini tuèrent les hommes et les animaux qu'ils trouvaient sur les terres des Colonna, mais encore ils arrachaient les vignes et brûlaient les oliviers. L'année suivante les Colonna usaient de représailles sur les terres d'Orsini. »

rien, car les populations nomades de cette vaste mer de sable, les caravanes qui la traversent, stationnent dans les ruines de cette célèbre cité romaine, jouissent de la meilleure santé, quoiqu'elles passent les nuits couchées sur la terre et éprouvent souvent les plus rudes privations. C'est pour cela que nous disons qu'il ne faut point attacher une importance trop exclusive au manque de culture considéré comme cause génératrice des miasmes terrestres; c'est ce que Brocchi a également dit. L'humidité de l'air et son défaut de circulation, les eaux restant stagnantes à la surface de la terre, soit par défaut d'écoulement, soit par toute autre cause, devront toujours être considérés comme les grandes sources de ces émanations, dont l'effet est si puissant et si délétère sur l'organisme de l'homme; mais il faut, ce qui plus est, le concours d'un agent spécial tout-puissant, de la chaleur atmosphérique, pour que l'effet puisse se compléter. Il faut probablement aussi quelque agent occulte que nous ne connaissons pas. Une riche végétation peut toutefois contribuer à l'assainissement des lieux paludeux, en favorisant l'agitation, le brisement de l'air atmosphérique et surtout sa décomposition. On ignore le véritable élément générateur, la cause intime de ces miasmes (1).

---

(1) On peut, je crois, établir en principe que la chimie, malgré les nombreuses recherches qui ont été faites, n'a pas encore jeté tout le jour désirable sur la question. On a voulu trouver la cause des fièvres de Rome dans les terres volcaniques qui composent son sol: mais comment se fait-il que ces maladies ne règnent pas également et avec la même intensité depuis Naples jusqu'au Vésuve et tout autour de ce cratère, où les terrains sont si évidemment volcaniques? Il n'y a pas long-temps encore qu'on a cru trouver l'agent de l'intoxication marécageuse dans la génération d'un gaz hydrogène sulfuré. Mais ni les expériences de Boussingault, tentées dans les marais d'Amérique, ni celles que Moschati a faites à Milan, ni celles de Rigaud dans les marais Pontins, ni celles de Brocchi dans la campagne de Rome, n'ont eu aucun résultat concluant. Morichini y a vu un gaz hydrogène carboné. Quelques-uns ont admis une décomposition putride de la terre, même là où les eaux de mer viennent se mêler aux eaux douces (Giorgini). Une autre opinion parle en faveur d'une décomposition putride de matières animales et végétales. Mais il y a long-temps que nous avons fait voir qu'il y a bien des terrains paludeux qui fournissent des émanations pestilentielles, sans qu'ils renferment des corps végétaux ou animaux,

Eu égard à ce qui précède, il n'est presque pas nécessaire de dire que les maladies qui se développent dans Rome et ses environs doivent présenter un caractère de spécialité qui en rend l'étude intéressante, au milieu des affections inflammatoires si brusques, si fréquentes, si intenses en Italie; c'est ce dont on peut s'assurer en visitant les hôpitaux de Rome, et en consultant les écrits de ceux qui ont étudié sur les lieux même la constitution médicale de cette ville et ses maladies. Il est vrai, quelques écrivains, guidés par un esprit local, ont soutenu que l'air de Rome n'est nullement nuisible, même celui qu'on respire aux environs du Vatican (Celoni). On y rencontre des fièvres intermittentes sous toutes les formes possibles, et l'opinion de M. De Mattheis est que les fièvres ont régné de tout temps dans Rome et sa banlieue.

Elles affectent principalement les campagnards, les soldats montant la garde, et se déclarent chez eux après de grandes fatigues et des refroidissements subits quoique légers, après un séjour tant soit peu prolongé dans l'air nébuleux, l'exposition aux vapeurs matinales, à la rosée crépusculaire.

---

du moins en quantité suffisante pour qu'on puisse leur rapporter la génération de l'agent intoxicant dont la nature est aussi peu connue que celle des poisons en général. Ce que l'on peut raisonnablement avancer, c'est qu'il faut le concours de quelques agents spéciaux, pour que les miasmes puissent se former : la terre non remuée, des eaux stagnantes, des eaux de la mer surtout, et une chaleur atmosphérique assez élevée. Mais ce qui a lieu dans la combinaison intime de ces éléments, voilà, nous ne cessons de le dire, ce que nous ignorons complétement. Or, l'observation apprend que cet agent intoxicant porte principalement son action sur les fluides, en produisant la décoloration des tissus et que par cette influence il déprime fortement l'agent vital, surtout l'irritabilité.

Elles règnent principalement en été et en automne.

Il paraît même qu'à différentes époques ces maladies revêtent le caractère épidémique, s'annonçant sous la forme de fièvres malignes. Lancisi a décrit une épidémie qui régna en 1645 ; il fait mention d'autres épidémies observées dans Rome et les terrains environnants. L'opinion de M. De Mattheis est que les nombreuses pestes qui ont souvent ravagé le Latium, n'ont été que des fièvres intermittentes de nature plus ou moins pernicieuse, produites par le mauvais air de ces contrées et aggravées par une constitution médicale particulière. Une excessive chaleur, les débordements du Tibre peuvent avoir donné lieu à ces influences spéciales.

Selon Bailly, un dixième au moins de la population romaine est atteint soit de fièvre intermittente, soit de pneumonie, ou de ces maladies existant simultanément. Les deux tiers des maladies sont des fièvres intermittentes.

Il paraît que les fièvres intermittentes sont endémiques dans certains quartiers de Rome, tandis que d'autres parties de cette ville restent plus ou moins à l'abri de ces affections. Lancisi a décrit avec soin ces endroits malsains, et il existe une carte dressée par M. le professeur Metaxa, indiquant les lieux attaqués par la fièvre, carte que nous sommes au regret de ne pas avoir pu nous procurer pendant notre séjour en Italie. Sur les hauteurs, comme déjà Petroni l'a fait observer, on se trouve généralement à l'abri, tandis que dans les parties basses, voisines du Tibre, où l'air est épais, brumeux et moins souvent renouvelé, la fièvre règne presque continuellement en été, là surtout où le sol est humide et marécageux. La constitution médicale varie dans cette ville à chaque pas : on m'a assuré que parfois l'un côté de la rue est rempli de malades, tandis que l'autre est tout-à-fait sain. Depuis, j'ai trouvé la confirmation de cette observation chez des voyageurs et des auteurs qui ont visité ces endroits. D'ailleurs, Doni en fait l'observation. Platner assure que la Via del Babouino et la Villa Sestina, bâties au pied du mont Pinceo, sont dans ce cas. On nous a cité comme malsaine la Via Margutta, la Porta Pinciana, la Santa-Maria-Maggiore. Bailly rapporte qu'à la Villa Medici, à l'Académie de France, la moitié des pensionnaires contractent la fièvre, au point que plusieurs d'entre eux sont obligés de quitter Rome pour ce motif. Pendant mes relations avec les artistes, je fus souvent témoin des craintes que leur inspire cette maladie : plusieurs d'entre eux en étaient atteints depuis des mois.

Les fièvres tierces sont surtout fréquentes dans Rome ; les pernicieuses s'y observent assez souvent. La fièvre algide, si bien décrite par une célébrité italienne, Torti, n'y est pas rare.

On constate souvent des symptômes cérébraux. La fièvre pernicieuse apoplectiforme s'y présente. Lancisi l'observa à Rome ; et il y a douze ans, Bailly eut occasion de la voir aussi dans ces lieux. On nous a cité des cas qui prouvent, à Rome, la tendance des fièvres à se compliquer de symptômes cérébraux. Baglivi avait également observé de son temps cette tendance morbide ; il dit : *Levi de causa capite afficiuntur* (*habitantes*). Cœlius Aurelianus, qui vivait au deuxième siècle, rapporte, sur l'autorité d'Asclépiade, que du temps de Pompée, il régnait à Rome une fièvre soporeuse et cataleptique (De Mattheis). Lancisi avait dit qu'il suffit de passer par des endroits où les gaz miasmatiques s'échappent, pour être pris tout d'un coup d'une violente douleur de tête ; et il ajoute que son ami, l'archevêque Betelli, s'abstenait pendant une épidémie de fièvres pernicieuses de se rendre à la basilique du Vatican où il devait le soir chanter les vêpres, parce qu'en passant par cet endroit, qui était le foyer du mal, il se sentait subitement pris d'une forte douleur de tête. Lancisi dit : « Neque sane illud negligendum videtur capitis incommodum, quod multi eo tempore salubrium etiam regionum incolæ, quod *transiissent solum aut perambulassent* loca corruptis iis aquis inquinata, pertulerunt. » Bailly attribue cette détermination morbide à l'action dévorante du soleil dirigé sur la tête. « Il faut, dit-il, s'être trouvé en plein midi dans les rues de Rome, pour connaître l'action d'un soleil qu'on brave impunément ; au milieu du jour, toutes les boutiques sont fermées, les affaires sont suspendues, les rues sont désertes ; on n'y voit pas même des chiens. » — Pendant mon séjour dans Rome, je pus apprécier cet effet étourdissant du soleil, surtout en passant sur les ponts et à l'heure des fortes chaleurs, et je serais disposé à admettre l'opinion de Bailly, si l'observation ne m'avait appris, dans les lieux que j'habite, à voir dans l'effet des miasmes paludeux une tendance particulière à affecter la tête et particulièrement les méninges. Dans les poldres avoisinant nos Flandres, on a souvent occasion de constater ces déterminations vers l'encéphale, et, il y a quelques années, les hôpitaux de Gand furent remplis de malades atteints d'encéphalites occasionnées par le dégagement des gaz miasmatiques provenant d'un ancien terrain marécageux à travers lequel on avait creusé un canal long de dix lieues (canal de Terneuzen).

On peut à cet égard consulter le Bulletin de la Société de Médecine de Gand du mois de mai 1839, dans lequel nous avons fait connaître notre opinion sur la nature de certaines inflammations. On peut aussi dans les observations du docteur Maillet, faites en Corse et dans les possessions d'Alger, trouver une confirmation du principe établi par nous, dans ce que cet auteur dit des maladies les plus aiguës, et de la manifestation du type continu succédant promptement au type intermittent dans ces affections.

Indépendamment des fièvres franches, Rome et sa campagne offrent une foule d'affections se présentant périodiquement, des inflammations, des rhumatismes, des affections nerveuses de toute nature régnant particulièrement parmi les femmes et les constitutions énervées. (Marsilii Cognati, Fr. Vacca Berlinghieri, De Mattheis, Cancellieri).

Baglivi veut que l'air de Rome ait une influence défavorable sur les voies digestives; il dit que les digestions y sont laborieuses, que l'appétit s'y perd, et, selon son témoignage, cet effet serait promptement senti parmi les étrangers arrivant dans cette ville. Et pour ma part, je puis apporter un exemple en faveur de son opinion, ayant eu les voies gastriques dérangées dès mon arrivée à Rome. Baglivi exige que les étrangers prennent de grandes précautions, afin de prévenir ces troubles de l'estomac qu'accompagnent des douleurs gravatives de la tête, des fatigues dans les membres, la tension dans les hypocondres, etc. On y est souvent pris de flux de ventre, d'autres y souffrent d'une constipation opiniâtre. — Il m'a été assuré qu'on invoque avec succès dans ces dérangements gastriques les légers purgatifs recommandés par Baglivi.

La statistique de Rome prouve toute l'influence désastreuse qu'exerce le mal-aria sur la population de cette ville et des environs. Il y a plus d'un mort sur vingt-six habitants, au rapport de Bailly, tandis qu'en général la mortalité n'est que d'un trente-deuxième dans le reste du pays.

En 1370, d'après Caconius, Rome n'avait que 17,000 habitants; en 1513, d'après Giovo, elle était de 40,000. Elle s'éleva pendant le règne de Léon X à 90,000. Après de grandes catastrophes, elle fut réduite, sous Clément III, à 32,000, sans compter les juifs. (Platner.) Actuellement la population est de 150,000 habitants. — L'intensité du miasme est tel, qu'il fut reçu à l'hôpital Santo-Spirito, pendant les mois de juillet, août et septembre 1818, six mille malades atteints de fièvre intermittente. (Brocchi.)

La grande consommation de quinquina dans les hôpitaux de Rome prouve l'influence miasmatique de ces lieux. En 1819, à compter du mois de juin au mois d'octobre, on employa *deux mille neuf cent soixante livres de quinquina* dans ces établissements (Bailly), et selon le relevé des douanes, on consomme annuellement à Rome et dans les lieux circonvoisins *dix mille deux cent livres de quinquina* (Valentin).

On peut consulter sur la constitution médicale de Rome :

Mars. Cognatus : de Romæ aeris salubritate, Romæ. 1590.

Donius : de restituenda salubritate agri romani. 1647.

Domenico Ganarolo : acrologia. 1642.

Lancisi : dissertatio de nativis deque adventûs cœli qualitatibus; Historia Romæ epidem : De noxiis paludum ; De sylva Cysternæ. Romæ, 1711.

Baglivi : opera omnia.

Lapi : Ragionamento contra la vulgare opinione de non poter vivere in Roma nel estate. 1749.

Venuti a écrit un traité sur la nécessité de cultiver les terres autour de Rome. 1750.

Celoni : sul aere del vaticano. 1780.

Volkman : Reize door Italien.

Thouvenel : sur le climat d'Italie considéré dans ses rapports physiques, météorologiques et médicaux. 1797.

Morichini : sopra la cause dell' aria malsana dell' Agro-Romano, etc. 1803.

Platner : Beschreibung der stadt Rom. 1812.

Michel : Recherches medico-topographiques de l'agro-romano. 1813.

Gius : De Mattheis : sul culto riso dagli antichi Romani alla dea febre. Roma. 1813.

Cancellieri : lettra sopra il tarantismo, l'aria di Roma et della sua campagna. R. 1817.

Brocchi : dello stato fisico del suolo romano, etc. 1820.

Lady Morgan : Voyage en Italie. 1821.

Ce que nous venons de dire de Rome, de sa banlieue, de ses environs, est applicable à d'autres localités en Italie. Les marais du Valli, ceux de Commachio et de Civia dans les états pontificaux, sont connus pour les mauvaises qualités de l'air. Ravenne a dans ses environs des terrains marécageux ; Ferrare est dans des dispositions également défavorables ; Pesaro était malsain autrefois ; mais depuis qu'on a desséché les marais voisins, l'air y est beaucoup plus pur. Dans le royaume de Naples, la côte méridionale de la Calabre, les terres basses de Pesto, ne sont guère favorables à la santé. Bayes à trois lieues de Naples, ville maritime célèbre autrefois, n'est plus aujourd'hui qu'un amas de ruines, la plupart englouties par la mer et que tout le monde fuit à cause de l'insalubrité de l'air. Non loin de Capoue sont les anciens marais de Minturnes. Dans le Duché de Toscane, à quelques lieues de Sienne, sont les Maremmes, terrains marécageux avoisinant la mer, où le célèbre Mascagni périt d'une fièvre pernicieuse. Autrefois cet endroit paraît avoir été fort peuplé et couvert de villes magnifiques, la plupart détruites depuis les guerres du cinquième siècle. Le gouvernement de Toscane, le modèle des gouvernements pour sa sollicitude envers le peuple et ses tendances scientifiques, a fait dans ces endroits des travaux de dessèchement considérables, et déjà la plus grande partie des terrains se trouve à sec. — Autrefois, les environs de Livourne étaient malsains à cause des marécages; mais on a fait des digues qui ont assaini le pays. Pise, en été, n'offre pas de dispositions favorables à la santé. — En Lombardie, les terrains sont bas et dans plusieurs endroits servant à la culture du riz, la terre est couverte d'eaux stagnantes. Les vapeurs qui s'en exhalent, répandent au loin leur influence délétère. C'est ainsi qu'on trouve les fièvres endémiques autour de Milan et de Pavie. Vérone est dans le voisinage d'un marais célèbre dans les Fastes Militaires de la France (1). Les fièvres intermittentes se présentent même à Turin, et dans des proportions assez marquées : c'est ainsi que sur 3967 malades guéris à l'Ospédale maggiore, pendant 1834-1838, on eut à traiter 555 malades atteints de fièvres intermittentes, parmi lesquelles les fièvres tierces se présentèrent en nombre majeur. (Bernardo Bertini.) Selon Valentin, on porte à soixante mille environ, le nombre des victimes des émanations marécageuses dans les états de l'Italie. Mantoue n'est

---

(1) Là eut lieu le beau fait d'armes du pont d'Arcole. C'est non loin de Ronco que Napoléon combattit avec 17,000 hommes contre 40,000 autrichiens, après avoir attiré l'ennemi dans un *vaste marais*. Le fait eut lieu le 17 novembre 1796.

(Thiers.)

pas dans des conditions tout-à-fait avantageuses : elle rappelle les belles considérations de Ramazzini sur les fièvres de la campagne de cette ville. — La situation présente de Venise annonce qu'elle est destinée à devenir, comme tant d'autres villes abandonnées, un vaste foyer d'infection. (1).

En faisant ici ressortir les conditions hygiéniques de l'air en Italie, je ne puis passer sous silence l'habitude qu'on a conservée en plusieurs endroits d'enterrer les corps morts dans les églises et d'avoir les cimetières dans les villes même. Dans un pays où les chaleurs sont fortes et continuelles, ces lieux doivent être des foyers d'infection et des milliers de personnes pourraient attester combien est repoussante en plusieurs endroits l'odeur qui se dégage des caveaux où l'on dépose les corps morts.

Un compatriote qui a visité l'Italie, perdit l'appétit à Naples, après avoir senti cette odeur en passant devant une église dont un des caveaux venait d'être ouvert, en même temps qu'il voyait de la viande étalée dans une boutique de boucher, en face du foyer d'infection. M. De Stendhal dit : Une chose qui me donne de l'humeur à Rome, c'est l'odeur de chou pourri qui empoisonne cette sublime rue du Corso. Hier, dit-il, prenant

---

(1) Encore quelques années et cette ville remarquable par sa situation, ses monuments et sa gloire passée, aura peut-être cessé d'exister. Déjà les maisons lésardées menacent ruine sur plusieurs points. Le plus bel édifice moresque, l'église St-Marc, annonce par ses pavés onduleux un éboulement inévitable. Les eaux des canaux ne seront bientôt plus agitées ; les gondoles qui les sillonnaient en tout sens, lors des temps prospères de Venise, disparaissent de jour en jour. Les façades des maisons se couvrent de moisissures, l'herbe croît sur les places publiques. De même que Bayes, que les marais Pontins, que la campagne de Rome, Venise en ruines ne nourrira bientôt plus qu'une population misérable. Tous les ans le nombre des habitants de cette ville décroît.

une glace devant la porte du café Ruspoli, j'ai vu entrer trois enterrements dans l'église *San-Lorenzo in Lucina*, qui est entourée de maisons comme Saint-Roch à Paris. Dans la journée, il y a eu douze enterrements ; ces corps sont enterrés dans une petite cour intérieure de l'église, et il fait aujourd'hui un vent de Sirocco très-chaud et très-humide ; cette idée, à tort ou à raison, augmente le dégoût que me cause la mauvaise odeur des rues et le gouvernement de ce pays. » — Il est juste cependant de dire que généralement on ne ressent guère en Italie des odeurs mauvaises. Les émanations s'y volatilisent vite et gagnent les régions élevées de l'atmosphère. Une remarque analogue a déjà été faite par Bailly. — En quelques endroits, les cimetières se trouvent hors de la ville; Bologne, Pise, Breschia, en présentent même de fort remarquables. Presque partout, depuis le choléra, on a introduit à cet égard de salutaires réformes.

On conçoit de prime-abord combien la pratique médicale doit éprouver de modifications dans les différents endroits où la constitution hygiénique se trouve changée par l'effet seul d'un air chargé de miasmes. Traiter une maladie franchement inflammatoire, puis une autre franchement intermittente, n'offre guère rien de bien particulier ; mais diriger le traitement médical quand le mal se complique, quand deux diathèses différentes affectent à la fois la constitution, voilà, il faut en convenir, ce qui présente des difficultés réelles. Autrefois ces difficultés ont fortement préoccupé les esprits médicaux en Italie ; ce qui est prouvé par les discussions qui ont surgi entre Torti et Ramazzini sur l'emploi des toniques dans les fièvres. Il faut croire que de telles dissidences doivent souvent se présenter là où la nature des maladies varie presque dans chacun des états de ce pays. Dans plusieurs endroits j'ai pu apprécier le tact et la méthode curative des médecins italiens. Il faut croire que l'étude de ces influences diverses a dû fournir à ces hommes le sujet de méditations profondes. Il faut penser que l'observation des faits a dû contribuer beaucoup à dépouiller la doctrine des contro-stimulants de ce qu'elle peut avoir d'exclusif ou de trop peu applicable aux constitutions locales.

Ceux qui ont embrassé la doctrine des contro-stimulants sans restriction, n'admettent point dans les maladies un changement de condition morbide ; chaque fois qu'un stimulus se fixe sur un organe, la condition se propage et reste telle, sans qu'ils supposent l'existence de deux diathèses morbides agissant à la fois. Tomassini dit : « Ed era poi assurdo il pensare che due diathesi opposte potessero coesistere. » Il est cependant prouvé que la débilité peut engendrer de violentes réactions. Ainsi, si l'on ne voit dans les fièvres intermittentes qu'une diathèse phlogistique, parce que le pouls est fort, si l'on ne voit dans le mal de tête qui les accompagne qu'une diathèse sthénique, par cela seul qu'il y a douleur, on est sûr de commettre dans le traitement de ces maladies les plus graves erreurs; c'est comme si, dans un empoisonnement par l'arsenic, il n'y avait qu'à calmer la stimulation de l'estomac, sans s'inquiéter de l'action intoxicante de cet agent. Il y a peut-être dans le mode d'agir des causes morbides et des effets qu'elles déterminent dans l'organisme, mille nuances que nous sommes bien loin de connaître, et on a eu, croyons-nous, le tort de vouloir trouver seulement dans toutes les maladies deux extrêmes, la *sédation* et le *stimulus*.

Je l'ai déjà dit et j'aime à le répéter, la marche des esprits médicaux tend en Italie vers la médecine d'observation. Les médecins de ce pays sont généralement vitalistes ; généralement ils connaissent bien les différentes modifications de l'organisme vivant; aussi à tout moment mettent-ils la *vitalité* en avant dans l'explication des phénomènes morbides. C'est dans le traitement des maladies nées sous des influences locales, surtout dans celui des fièvres intermittentes compliquées d'inflammations viscérales, qu'on peut apprécier leur sagacité et leur réserve dans l'emploi des saignées, comme dans celui du fébrifuge, que commandent souvent de violentes inflammations pectorales, compliquées de fièvres intermittentes devenues continues en peu de temps.

Je ne puis non plus passer sous silence la tendance des esprits en Italie, pour peu que j'ai pu la saisir, dans l'appréciation des fièvres dites typhoïdes et putrides, tendance peu conforme généralement à ce qu'on voit en France et dans les provinces méridionales de la Belgique. Les fièvres typhoïdes y ont conservé leur nom; elles ne sont guère envisagées, chez la plupart des médecins de ce pays, comme des irritations intestinales, des affections glandulaires des voies gastriques : on trouve dans ces affections une diathèse, une condition morbide générale, inconnue le plus souvent dans sa nature, mais exigeant un traitement spécial.

Je puis citer en faveur de cette manière de voir, qui, je crois, doit être celle de tout vrai praticien, une série d'observations faites au *royal infirmary* d'Edimbourg, par le Dr Reid, attaché au service de cet hôpital, qui m'en a communiqué le résultat, lors de mon séjour en cette ville. Il a eu occasion d'ouvrir quarante-six cadavres de personnes mortes dans cet hôpital à la suite de typhus bien caractérisés, et il n'a trouvé qu'une seule fois des altérations dans la muqueuse duodénale. M. Reid, habitué aux recherches minutieuses, connu par de bons travaux sur les fonctions du système nerveux, mérite en cette occasion toute confiance.

Je pus constater un genre de maladie connue seulement en Italie et presque exclusivement dans les provinces avoisinant les Alpes, le Milanais et Venise, c'est une affection envahissant particulièrement les mains et les pieds, dont la peau devient raboteuse et acquiert une couleur grise avec des nuances d'un brun plus ou moins foncé : c'est la *Pellagra*. Les malades que j'eus occasion de voir, portaient dans leurs traits les indices d'une profonde tristesse, et il me fut facile de m'assurer, ainsi que l'ont prouvé Strambio et d'autres, que cette affection cutanée marche de pair avec des troubles profonds de l'organisme. Je ne rencontrai que quelques cas rares de cette affection à Florence et Bologne.

Cette maladie a été décrite par plusieurs auteurs, parmi lesquels il faut particulièrement citer Strambio, Levacher-De la Feutric, Mendrazato, Belloti et Brière-De Boismont. Elle s'annonce à la peau par un état de tension et un léger gonflement; elle envahit quelquefois le cou, la poitrine et le dos. La peau se gerce rarement, mais elle se couvre de pellicules. Le mal se déclare au printemps et règne principalement parmi les gens de la campagne. Mes renseignements portent qu'il se transmet de père en fils, disparaît vers l'automne et reparaît au printemps, revient ainsi quatre, cinq, six, sept fois, jusqu'à ce que le malade y succombe. La pellagre est quelquefois accompagnée de scorbut, d'une diarrhée colliquative, d'un amaigrissement général, quelquefois d'un appétit vorace et d'un trouble considérable de l'intelligence : un symptôme caractéristique, c'est le penchant au suicide. — Les uns accusent l'usage de la farine de maïs; mais on a prouvé que la maladie règne là où les paysans et les pauvres ne mangent pas de pain de maïs. Le peuple y voit une affection contagieuse; elle aurait, dans l'opinion de plusieurs, pour cause la misère. D'autres ont parlé de l'ardeur du soleil : mais à Naples et à Rome, la chaleur est plus forte que dans le nord de l'Italie et on n'y observe pas de pellagriques. Selon Thouvenel, la pellagre résulte de l'air humide. Selon les médecins que j'ai interrogés sur les lieux, il n'y a encore rien de connu sur l'origine de cette maladie, qui semble offrir quelque analogie avec la lèpre des anciens, qui règne encore en quelques endroits de l'Italie. — Valentin, lors de son voyage en Italie, a visité les lépreux de Chiavari (non loin de Gènes) : cinq ou six familles, faisant exclusivement le commerce de l'huile, en étaient frappées. On a décrit également une lèpre de Comacchio (dans les États romains), sur laquelle nous n'avons pu obtenir que des notions très-imparfaites.

—

Il est en Italie un genre de maladie qui dans sa manifestation semble être en rapport avec des dispositions particulières du climat : ce sont les calculs de la vessie et des reins ; ils y offrent une grande fréquence. On en trouve presque partout, même de formidables, dans les cabinets pathologiques. — Il n'est pas facile de déterminer la cause d'un tel rapport, dans un climat chaud qui, au témoignage de tous ceux qui ont observé beaucoup cette affection, semble peu favorable au développement des calculs : ce sont généralement les localités froides et humides que l'on indique comme favorisant la manifestation fréquente de ces affections. Sous ce rapport, l'Angleterre et la Hollande sont citées, de préférence à tout autre pays, comme présentant le plus de calculeux. Rau fit plus de 1500 tailles en Hollande ; et M. Breschet assure que les calculs vésicaux sont plus communs chez les habitants des départements du nord et de l'ouest que chez ceux du midi et de l'est. Serait-ce à ces froides nuits, à cette cause même qui produit tant d'affections inflammatoires en Italie, que l'on pourrait rapporter la source de la grande fréquence des calculs? cette cause résiderait-elle dans le régime? sont-ce les qualités particulières du vin que l'on boit dans ce pays, est-ce l'eau des sources qui en sont la cause? l'abondant usage des fruits y contribue-t-il? doit-on chercher cette fréquence dans un régime alimentaire dont est exclus le plus souvent l'usage des légumes?

J'ai vu à Edimbourg, au Musée du collège des chirurgiens, une collection de pierres intestinales, fournies chez l'homme. Les recherches faites sur cet objet ont prouvé que l'usage de la farine d'avoine donne lieu à la formation de ces corps étrangers. Or, les campagnards en Écosse font un usage assez fréquent de cet aliment destiné aux animaux, chez lesquels la formation des calculs intestinaux est une maladie qui n'est pas tout-à-fait rare. Monro a publié à cet égard quelques données. Je vis au Musée de Bonn, une pierre considérable trouvée dans l'intestin d'un âne.

Il est peut-être permis de croire que l'usage abondant des acides, des fruits non mûrs, des vins acides, de l'huile avec des acides, contribue à la génération des calculs. Dans ce cas, les acides se porteraient sur les éléments alcalins de l'urine et rendraient l'acide urique libre en le précipitant et en formant le noyau d'un calcul. Burdach explique ainsi la génération de certains calculs.

—

Il ne paraît pas que la maladie vénérienne fasse en Italie des ravages plus grands qu'en d'autres pays; il nous a même semblé, d'après les renseignements obtenus, qu'elle y présente le caractère de bénignité qu'elle commence à montrer généralement dans les différentes contrées de l'Europe. Toutefois les États romains (de même que l'Angleterre) font exception; car partout j'ai recueilli les données les plus désavantageuses sur la propagation des maladies syphilitiques, qui est favorisée dans ces états par des mesures sanitaires incomplètes ou nulles. Faisons remarquer que les maisons publiques n'y sont pas tolérées, ce qui rend les explorations régulières inutiles. Dès qu'une femme est signalée à l'administration locale comme atteinte de mal vénérien, on se saisit de sa personne, et on lui fait subir un traitement; mais nulle part on ne fait des visites d'office régulières. Dans les autres états de l'Italie, les mesures prises contre les femmes publiques sont plus ou moins analogues à celles que l'on suit ailleurs.

—

Sous le rapport historique de la science, l'Italie offre des sujets d'étude fort intéressants. Les maladies épidémiques la ravagèrent souvent et y eurent souvent leur foyer de développement: ces maladies se sont déclarées plus fréquemment en Italie que partout ailleurs, et il ne faut pas s'en étonner, quand on songe à son voisinage de l'Orient, avec lequel elle a toujours eu de nombreuses relations. La peste qui a bien des fois décimé les populations Européennes a causé en Italie de bien plus grands désastres qu'en tout autre pays.

L'histoire fait mention d'une peste qui ravagea toute l'Italie, 650 ans avant notre ère. — Une autre peste se déclara, 514 ans avant la même époque.—Une peste affreuse décima la population romaine, 451 ans avant l'ère chrétienne; des temples furent, en cette circonstance, dédiés à la Déesse *Salus*. A dater de cette époque jusqu'au premier siècle, onze pestes eurent encore lieu à Rome. — La fameuse peste qui provoqua la fuite de Galien, eut lieu l'an 165. — Au *sixième siècle*, on constata une peste générale en Europe. — Au *septième siècle,* il y eut à Rome, une peste qui s'étendit sur le reste de l'Italie (630). — Au *huitième siècle*, une peste très-meurtrière éclata à Breschia, une autre en Sicile et plus tard dans la Calabre. — Au *neuvième siècle,* une peste régna partout en Italie. On eut, en 964, une peste à Milan; en 984 et 986, elle se propagea par toute l'Italie. — Au *douzième siècle*, Milan, Venise et Naples furent ravagées par des pestes. — Au *treizième siècle*, la peste sévit en Italie pendant quarante années consécutives, et devint générale en Europe. — Au *quatorzième siècle*, les ravages de cette maladie ne furent pas moins déplorables ; Milan resta préservée. En 1348, eut lieu la terrible peste de Florence, celle qui exerça de si grands ravages partout en Europe, en Angleterre et en Belgique particulièrement. — En 1505, on vit une fièvre pétéchiale en Italie ; elle y occasionna de grandes calamités. — Au *dix-septième siècle*, la peste régna pendant trente ans, tantôt à Venise, à Vérone, à Florence, à Padoue ; tantôt à Naples, à Rome, à Gènes. Elle s'étendit à d'autres pays et produisit une forte mortalité en Angleterre (la grande peste de 1664-1666) et en Belgique. — M. Metaxa fait mention, d'après Severino, d'un anthrax épidémique de la bouche qui régna chez les animaux dans les États Vénitiens en 1618, et qui se répandit de-là en plusieurs provinces de l'Italie. — Lancisi a décrit une épizootie observée à Rome, en 1712, et fit périr plus de trente mille buffles. — M. Metaxa parle d'une autre peste bovine observée à Rome, en 1736. — Rasori a décrit une maladie pétéchiale qui a régné à Gènes. — En 1804, la fièvre jaune se déclara à Livourne ; elle a été décrite par Tomassini. — En 1814, il y eut une peste bovine à Rome (Metaxa). — En 1817, le typhus qui s'observa sur plusieurs points de l'Europe, se déclara aussi en Italie. — Dernièrement, le choléra et le croup y ont occasionné de grandes calamités.

—

De ce que nous venons de dire, nous pouvons conclure, sans en vouloir exagérer les conséquences logiques, que l'Italie n'offre point les qualités hygiéniques qu'une croyance vulgaire lui accorde cependant partout. Je m'y suis trouvé souvent en rapport avec des malades étrangers à ce pays. Dans les voitures, sur les bâteaux, dans les hôtels, partout j'ai rencontré des voyageurs types, des personnes maigres, pâles, toussant beaucoup, ne mangeant presque pas, ne buvant que de l'eau ou du thé. Ces personnes venaient chercher en Italie un remède à leurs maux. J'en ai vu d'autres qui se hâtaient de quitter ce pays, parce qu'elles y avaient perdu une santé robuste, et je puis assurer que parmi les impressions que j'y ai reçues, celle que j'éprouvai à la vue de ces êtres maladifs ne fut pas la moins profonde. Parmi les artistes surtout qui sont forcés de parcourir les lieux malsains, j'ai trouvé beaucoup de constitutions délabrées.

Ce n'est pas la première fois qu'on attire l'attention sur cette habitude d'envoyer les malades et surtout les poitrinaires au-delà des Alpes. Le docteur Morgan, dans sa Notice sur l'Italie, ne craint pas de dire qu'il y a peu de climats moins convenables pour une personne malade. C'est avec de justes motifs que M. Requin dit, dans une Notice sur Naples, insérée dans la *Gazette Médicale :* « Que l'atmosphère de cette ville peut paraître plus funeste que les brouillards de la Seine et de la Tamise, aux individus tuberculeux qui forment, dit-il, la grande majorité du cortège envoyé en Italie par ordre de la faculté. » Et il est dit dans le *Bulletin général de thérapeutique,* que M. Journé a prouvé par des données statistiques, faites dans les hôpitaux de différentes villes, telles que Florence, Rome et Naples, que la phthisie y exerce au moins d'aussi grands ravages qu'en d'autres climats. Or, on peut facilement concevoir, et nous en avons fait la remarque , combien doit être pernicieuse l'action d'un air vif et chaud sur des poumons déjà enflammés; les variations atmosphériques qu'on éprouve dans ce pays exigent d'ailleurs des précautions continuelles. Il est donc évident qu'on s'est trompé sur le compte de ce pays ; qu'on a confondu ses dispositions hygiéniques avec l'éclat de son ciel, la beauté de ses sites et l'aspect pittoresque de son sol. — Malgré le sentiment exprimé par les médecins que nous venons de citer, peu de personnes connaissent l'Italie sous le rapport hygiénique. Mon but dans les considérations qui précèdent a été de contribuer ponr ma part à éclairer sur un tel sujet l'opinion des hommes de l'art et ceux du nord de l'Europe principalement.

SECONDE PARTIE.

ESSAI SUR LA CONSTITUTION MORALE DE L'ITALIE, CONSIDÉRÉE DANS SES RAPPORTS AVEC LE DÉVELOPPEMENT DES MALADIES MENTALES.

LADY MORGAN dit, en parlant du royaume de Naples, que la grande masse de la population est Arabe par ses habitudes et ses principes, et Grecque par sa subtilité et ses talents (1); en effet, l'Italie est un confluent de caractères physiques et moraux divers qui viennent y opérer une fusion réelle. Elle est par sa température un pays méridional; par ses costumes, par ses mœurs, elle présente une nuance levantine fort prononcée; par ses produits végétaux et par ses hommes, elle n'appartient plus exclusivement à l'Europe. Évidemment, l'Italie est une terre de transition, un lien unissant l'Europe à l'Afrique, à l'Asie, lien rompu, il est vrai, par la mer, mais que cinquante lieues de terrain complèteraient dans le détroit que forme la Sicile avec le sol de l'ancienne Carthage.

---

(1) Elle dit : Le royaume de Naples et la Sicile ont été habités dans les temps les plus reculés par une race purement Ionienne par les formes et le caractère. Leur esprit fin, subtil, rapide dans ses perceptions, était philocophique et sophistique suivant la tendance du siècle.... C'est un fait incontestable, ajoute-t-elle, que les Italiens du sud, les Napolitains et les Siciliens ont encore le même caractère que du temps de Pythagore ; c'est la même intelligence, la même finesse d'instinct, la même tendance aux disputes métaphysiques, le même zèle pour les recherches philosophiques et la même résistance à l'imposture et aux prétentions mal-fondées. (*Traduction française.*)

La végétation prend en Italie un aspect nouveau : l'élément colorant acquiert plus d'éclat et l'arôme plus de force. Un grand nombre de plantes croissant dans nos jardins sont originaires d'Italie : le maïs, employé pour le confectionnement du pain, le mûrier donnant un produit considérable, la vigne par sa qualité et son mode de culture, sont en Italie, à proprement parler, des espèces de transition. Les cotonniers, les grenadiers, les amandiers, les chataigniers s'éloignent davantage de la végétation du nord. Ce sont les oliviers, les citronniers, les cédrats, les figuiers, les orangers, le frène fournissant la manne, qui annoncent un pays méridional. Le médecin y rencontre la plupart des plantes dont il est souvent parlé chez les anciens, et il les y trouve dans toute la force de leur développement. L'euphorbium *antiquorum*, plante égyptienne, y est fort grand. Le romarin, le thym, la sauge, le cyprès, le myrthe, le genevrier y remplissent l'air de leurs odeurs pénétrantes. Mais ce sont les cactus, croissant presque partout dans les ruines, les aloës avec leurs tiges élancées, couvertes de fleurs et de fruits, les admirables pins ombellifères, originaires d'Asie, qui donnent à ce pays une face tout expressive et contrastant avec notre végétation du nord. Toutefois, au milieu des terrains jaunes, des montagnes blanches qui donnent à l'Italie un aspect si africain, si asiatique, la rareté des palmiers annonce encore une terre européenne : ces arbres, propres au sol asiatique et africain, ne commencent à se montrer abondants que dans quelques îles de la Méditerranée, voisines du littoral d'Afrique. — Au milieu de cette végétation, on rencontre quelques espèces animales qui ne sont propres qu'aux climats chauds ; beaucoup d'insectes, la célèbre tarentule, fréquente surtout dans la Calabre, le scorpion d'Europe, qu'on trouve déjà à Rome, une grande quantité de lézards, quelques espèces de serpents ; la plupart des poissons et des mollusques de la Méditerranée et quelques poissons propres à la mer d'Italie.

Au milieu de la population hybride dont les souches ont été fournies par les peuples septentrionaux, on trouve actuellement encore un type d'hommes tenant originairement à l'Italie ; tout concourt même à prouver que sur différents points on rencontre encore les descendants de l'ancienne tige pélagique qui a primitivement habité le littoral napolitain et sicilien, l'Étrurie et le pays des Volsques.

En voyant ces hommes d'antique race, leur front large, leur nez dont les proportions sont remarquables, on n'éprouve plus de doute sur leur origine. Le nez n'a pas de creux à sa racine, il est toujours long, droit, presque vertical; sa pointe surbaissée projette sur la lèvre supérieure une ombre forte : ce prolongement de la pointe du nez donne aux narines une direction descendante. La distance du nez au menton est plus courte que chez aucun peuple. Le menton n'est pas large, il offre une légère saillie, tandis que la bouche, ayant de belles proportions, est relevée au milieu et admirablement arquée. Les yeux sont noirs, grands, ouverts, scintillants, les joues plutôt creuses que pleines. La tête est osseuse, la poitrine est large, les épaules sont fortes, ainsi que les bras et les jambes. Le ventre est rarement saillant. Dans les villes, ce beau type se perd généralement ; les traits sont moins expressifs et les formes moins sveltes. La ligne du nez fuit en arrière, l'espace sous-nasal s'allonge; là sont des expressions celtiques, germaniques. La tête de Napoléon, si belle, si italienne, n'est toutefois qu'un type de progression, qu'une variété d'un type plus antique qui se voit encore, avec ses formes classiques et ses souvenirs mythologiques, sur quelques points du sol romain et dans les environs de l'ancienne Parthénope (Naples). A Rome, parmi les transtévérins, il constitue un caractère vraiment frappant. Les traits, les formes imposantes, le maintien romain de ces hommes, en font encore réellement un peuple particulier ; et rien n'est frappant comme leur analogie avec les statues antiques et les peintures qui recouvrent actuellement encore les murs de Pompéia. Chose non moins remarquable, c'est que ce même type s'est conservé en Suisse, dans le canton de Bâle surtout, dans le pays de Vaud, même jusque dans l'Alsace : je le trouvai très-prononcé à Mulhouse. Toutefois, dans ces derniers endroits, la peau est moins rembrunie et les cheveux ont perdu la couleur d'ébène des Italiens ; la différence porte sur le nez et la forme du menton, et ces caractères sont surtout remarquables chez les hommes, tandis qu'en Italie ils m'ont semblé généralement plus prononcés chez les femmes. — En Sicile, en Sardaigne, ce type pélagique cède à un type plus méridional, à une physionomie plus africaine, plus grossière, plus sauvage. Or, c'est en Toscane et dans les provinces avoisinant les Alpes que l'on retrouve surtout le facies des peuples germaniques. — Au milieu de la population italienne, on rencontre sur différents points le type arabique représenté par les juifs; à Turin, à Livourne, à Rome, à Ancone, à Ferrare, on les trouve en grand nombre. Ils occupent des quartiers séparés et offrent partout la physionomie de leur grande famille : le nez sans creux, sortant directement du front, mais formant une voussure; les sourcils surbaissés, le menton saillant et rétréci, les lèvres fines. Cependant, au fond de leurs traits on retrouve le facies italique : ce sont là des juifs, mais il est facile de voir qu'ils n'appartiennent point au nord de l'Europe. J'ai pu faire la même observation en Angleterre, à Londres surtout, où les juifs habitent un quartier spécial : ils présentent le tempérament de l'Anglais, son aspect général; mais ils offrent aussi l'expression hébraïque, le nez de leur race. Tel est aussi le cas des juifs hollandais.

Parmi les richesses qui rappellent l'époque brillante de la renaissance, ce qui frappe en Italie, ce berceau des sciences et des arts, c'est je ne sais quel aspect étrange, annonçant presque une absence de faste moderne et d'éclat plébéien. C'est même sur plusieurs points un air de dénuement au milieu des pompeux édifices qui couvrent la surface de ce pays, où tout rappelle le plus souvent la fortune passée de quelques castes.

Les villages, les villettes plus populeuses, mais plus rares et moins rustiques que les nôtres, annoncent généralement moins d'ordre, moins de propreté et moins d'aisance. Presque partout le long des routes, on cherche en vain nos chaumières, nos petites fermes, nos maisons de campagne, dans les provinces même où la terre est le mieux cultivée. On ne rencontre guère nos petits jardins et nos mille précautions pour garantir nos plantes et nos arbres de l'inclémence des saisons, (ce qui fait que les fruits sont, en Italie, moins bons qu'on ne serait porté à le croire). — Dans les villes, dans celles même qui sont les plus grandes, les regards ne sont pas attirés par l'expression d'une aisance populaire : généralement les maisons n'y ont pas cet air de propreté qu'elles ont chez nous ; elles sont mal badigeonnées, les portes, les fenêtres y sont mal peintes et desséchées par une chaleur continuelle ; rarement on trouve dans les boutiques de vastes étalages; on n'y voit presque jamais de ces vitrines encombrées de marchandises, de masses d'or, d'argent et de pierres précieuses, indiquant les valeurs considérables, les superbes travaux des boutiques de Londres et de Paris (1). On n'y retrouve pas nos restaurants élégants, nos somptueux cafés (2), nos enseignes formidables, nos immenses glaces et nos grotesques affiches, expressions charlataniques de nos mœurs modernes; généralement on y dîne à midi, à une heure, on soupe le soir après l'angelus. Les rues sont mal éclairées; les soirées ne sont pas animées, elles sont tristes à un haut point ; on y cherche en vain cette vie vespérale qui agite nos cabarets, nos estaminets. L'intérieur des maisons est peu riant en général; elles sont éclairées le soir par des lampes à huile projetant une lumière indécise qui inspire la mélancolie. Il règne partout une grande simplicité dans l'ameublement; on y trouve moins souvent les riches tentures de nos gens de goût; chez les familles opulentes même, on rencontre peu de meubles choisis et travaillés avec soin. L'uniformité dans les habillements, annonçant chez nous l'empire des modes, ne semble même pas avoir pris de fortes racines en Italie, du moins dans les provinces méridionales. Tout porte dans ce pays, et dans des proportions croissantes à mesure qu'on s'éloigne du nord, comme en Suisse, en Hollande, en Écosse, un air de vétusté qui s'annonce dans le geste, le costume, les habitudes et les constructions; tout y

---

(1) Livourne fait exception : on y trouve un superbe magasin de marchandises chinoises et un magnifique dépôt d'albâtres. Florence, Milan, Turin, ont quelques belles boutiques.

(2) On peut excepter le café Pedrocci à Padoue, le café de la place St-Charles à Turin. Le café Ruspoli à Rome est passable.

rappelle des temps passés, et nos pères seuls n'y chercheraient peut-être pas ce que nous voudrions y trouver aujourd'hui, ce facies des nouvelles générations du siècle présent. Les expressions des choses, fort énergiques dans le cœur de l'Italie, permettent à l'étranger de saisir presque au premier instant les caractères du peuple; la conversation la plus intime, les renseignements les plus nombreux, la lecture de bien des livres, ne parleraient pas à l'attention comme ce langage objectif.

Ce qu'on ne trouve pas généralement en Italie, c'est la physionomie expressive de notre industrie moderne, avec son luxe, ses exigences et ses prodigalités; le bruit de ses machines, de ses roues, de sa fumée; le tumulte de ses ouvriers. Dans les ports de mer, il règne une certaine activité commerciale, à laquelle toutefois l'intérieur du pays ne profite qu'en de très-faibles proportions. Sur quelques points, on trouve des fabriques de soie, d'objets en fer, des manufactures de draps, etc. (1) Mais elles ne se présentent que comme des exceptions. Ce n'est plus aujourd'hui, comme aux jours prospères des républiques, où le marchand occupait en Italie des palais somptueux.

Il y a dans la tournure et les habitudes du peuple italien un ensemble qui frappe et que l'étranger sent, mais qu'il éprouve de la peine à définir au premier aperçu. Ce caractère local qui ne s'annonce pas d'abord dans la haute Italie, devient de plus en plus saillant

---

(1) Les tendances industrielles se rapportent en Italie à la fabrication des soieries, des damas, des velours, des tapis, des draps; à des travaux en marbre, pierre, bois, cire, coraux, mosaïques et laves des terrains volcaniques, à la fabrication des porcelaines, des fleurs artificielles, des chapeaux de paille, des cordes de boyaux, des instruments de musique, des drogues pharmaceutiques et des bijouteries, etc.

à mesure qu'on s'éloigne de ses limites septentrionales. Les masses y gagnent des allures au milieu desquelles préludent les mœurs du Levant.

Ainsi, il est facile de voir, dès qu'on arrive dans les provinces méridionales de l'Italie, que le caractère sérieux des nations germaniques n'y a point établi son empire. Il est évident que le souffle de la politesse et de la galanterie n'a fait, parmi le peuple, que l'effleurer sur plusieurs points, malgré la domination alternative des hommes placés à la tête de la civilisation moderne. Toutefois, on trouve en Italie beaucoup de bonté de caractère, beaucoup d'indulgence; on ne blesse guère les étrangers en les raillant sur leur costume, leur accent français, anglais ou tudesque. Parmi les vieux préjugés il y a même encore partout de grands égards et une vénération profonde pour la hiérarchie des gens riches, les hommes du pouvoir et les sommités nobiliaires surtout, que l'on rencontre encore tels en Italie qu'ils étaient au vieux temps, évitant le contact avec la classe bourgeoise. Nulle part peut-être, excepté en Allemagne, les noms propres ne reçoivent des qualifications plus brillantes; on règle avec soin la parole et les inclinaisons respectueuses sur le degré d'élévation sociale qu'on suppose chez l'individu à qui l'on parle, et très-souvent on les lui adresse dans l'unique but de captiver sa bienveillance, bien qu'on soit certain qu'il ne possède aucun des titres dont on l'honore si volontiers. Ces démonstrations d'une servilité affectée sont au point parfois qu'elles étonnent celui qui vit au milieu des tendances démocratiques : tel est le baiser que vous porte sur la main le cicérone ou le valet à qui vous payez son salaire, de même que le marchand qui vous vend ses denrées. Ces manifestations, annonçant un caractère doux et soumis, se retrouvent parmi les individus de toutes les classes; mais c'est une chose curieuse à voir aussi, que l'importance momentanée que donnent au Lazarroni quelques pièces de monnaie qui lui permettent de se gorger de melons et de macaroni; c'est une scène vraiment amusante pour un étranger, que les déclamations entremêlées de qualifications sonores, que les hommes du peuple, les voiturins et d'autres lui adressent dans l'espoir d'en obtenir quelque bonne récompense. — L'Italien de bon ton est essentiellement galant, complimenteur et souvent esclave de l'étiquette. L'homme du peuple même affecte de faire choix de paroles pompeuses et de textes poétiques dans les discours les plus ordinaires; il aime à se draper; il prend des attitudes élégantes, mais académiques et théâtrales; il affectionne les décorations, les couleurs vives, les ornements brillants, les perles, les peignes d'or et de corail, les plaisirs et les fêtes, partout fréquentes et la plupart religieuses en Italie. En tout cela, il montre des tendances orientales. Ainsi, rien ne ressemble en Italie à l'amour-propre intelligent des Français, rien n'y ressemble non plus à l'énergique, mais cruelle ambition de l'Espagnol, comme rien n'y ressemble aux allures, à l'indépendance et à la fierté extatique de l'Anglais. — Rien n'annonce sur la plupart des points en Italie une nationalité réactionnaire; l'Italien est fortement comprimé dans ses tendances politiques; il ne vante point ses institutions gouvernementales (excepté en Toscane, où le peuple paraît sincèrement attaché au souverain, du moins en ce moment); il ne parle avec orgueil que de ses ancêtres, de ses ruines et de ses monuments. On aime à voir la joie expansive qu'il éprouve à réciter les grandeurs passées de sa nation;

il met dans la balance des importances nationales, ses statues, ses tableaux, son histoire. Excepté cette classe brave et généreuse qui médite la régénération d'une Italie libre et policée, le peuple vit presque au-dehors des mœurs et des idées dominantes de ses voisins. Vraiment, c'est une chose frappante que le peu de sympathie que montre la nation italienne pour les Français ainsi que les Allemands, ses plus proches voisins. Dans les écoles, dans les colléges, il y a négligence pour tout ce qui tient à la culture de la langue française, qui, cependant a fourni la moitié des éléments de l'idiome italien. Dans les universités, il n'y a nulle part de chaires pour la littérature française (et l'on s'explique d'autant moins cet éloignement que la littérature italienne est fort goûtée en France). Dans les spectacles, ni vaudevilles, ni comédie, ni opéra français, et partout dans les masses répulsion forte, mais cachée, pour tout ce qui sent l'influence allemande. S'il était possible de trouver les sympathies du peuple italien, je crois qu'il faudrait tenter la comparaison avec les Anglais, mais par cela seul qu'ils jettent leur or au milieu des populations pauvres de l'Italie. Il est toutefois juste de dire que les hommes éclairés de toutes les classes (et ils sont en Italie au moins aussi nombreux qu'ailleurs), ont su dans ce pays vaincre les préjugés et se mettre au-dessus de ces répugnances; mais entre le peuple proprement dit, et les classes supérieures de la société, il y a une distance énorme. Ce qui distingue surtout ces dernières, c'est leur haute philanthropie, cette charité touchante qui a créé en Italie ces immenses établissements de bienfaisance que l'on ne retrouve plus dans aucun pays du monde. La classe des commerçants et le clergé ont toujours été les plus fermes appuis de ces institutions. Des villes se distinguent par leur attachement aux nations policées et savantes; les sciences et les arts sont partout cultivés avec un rare succès : Bologne doit surtout être citée. A Turin, ville grave et savante, les langues étrangères sont en usage. A Milan, on trouve des mœurs françaises; les savants parlent français, quelques-uns sont familiers avec la langue anglaise, d'autres sont plus ou moins au courant de la littérature allemande. — Mais pourquoi exiger du peuple italien qu'il se familiarise avec les vocalisations dures de nos langues du nord, lui qui parle la langue la plus mélodieuse du monde!

Les dernières classes du peuple, en général, sont partout pauvres et sans instruction. Partout la première éducation sociale, intellectuelle et morale manque dans toute la force de l'expression; elle est nulle, absolument nulle, sur plusieurs points; c'est un fait dont tous ceux qui ont visité l'Italie ont pu se convaincre et qui est confirmé par les hommes instruits, même par ceux qui l'habitent. Il est vrai, les divers gouvernements de ce pays ont organisé sur plusieurs points des établissements considérables, où les pauvres et surtout les orphelins reçoivent une bonne instruction et une éducation artistique : ce sont des institutions qui honorent infiniment l'Italie. C'est en Toscane surtout que l'instruction publique a fait des progrès en se répandant jusque dans les classes les plus pauvres. — Aux yeux de l'étranger, l'homme du peuple malgré sa belle langue, ses chants harmonieux, ses improvisations spirituelles et ses danses champêtres, offre quelque chose d'inculte dans le caractère, d'âpre dans l'expression, de sauvage dans le regard et les allures, qui rappelle des temps déjà bien loin de nous. Toutefois sa finesse d'instinct, sa cauteleuse prudence, sa timidité même, sont passées en proverbe; et malgré cette absence d'instruction, malgré une nonchalance, une inertie, une insouciance à laquelle conduit un climat continuellement chaud et une monotonie, une uniformité dans les mœurs, l'Italien est doué d'une intelligence, d'une vivacité, d'une subtilité d'esprit qui frappent tout le monde : c'est là le dernier débris moral qu'il offre de sa grandeur passée. La pénétration de l'homme du peuple et du campagnard même est remarquable; leur physionomie, leurs traits mobiles et prononcés, expriment toujours une attention forte et un intérêt profond, surtout lorsqu'ils écoutent. Partout l'imagination s'annonce avec des facultés étonnantes; elle dispose essentiellement les habitants de ce pays aux exagérations poétiques de toute nature, surtout dans ce qui a trait aux beautés de leur pays, et cette faculté mentale s'est toujours exhalée par les arts et les sciences : c'est elle qui a élevé ces grands palais, ces superbes églises qui couvrent le sol italique; c'est elle qui inspire, aujourd'hui encore, ces belles idées musicales, goûtées dans toutes les parties du monde. C'est l'amour du beau qui a formé en Italie ces magnifiques collections admirées de tous ceux qui les visitent. Non, aucune nation, comparativement aux masses et aux circonstances, n'a produit tant de grandeurs que ce peuple enthousiaste.

Croirait-on qu'avec une telle prédominance intellectuelle, le peuple italien soit moins sujet à un genre de maladie qui prend, au moment actuel, une si forte extension parmi les nations placées sous l'influence de la civilisation moderne? c'est ce que du moins l'observation confirme. Or, l'aliénation mentale est une maladie plus rare en Italie qu'en Allemagne, en France, en Belgique, en Hollande et en Angleterre.

Nous autres habitants du Nord, plus que les Italiens peut-être, nous nous livrons à des exercices intellectuels, mais nous suivons une impulsion opposée en quelque sorte à celle qui dirige l'Italien dans la voie qu'il parcourt; les soucis, les mécomptes, les chagrins l'attendent moins souvent que nous; il est impressionné par une belle nature qui engendre chez lui les idées gracieuses et les sentiments gais; sa vie est uniforme, ses désirs sont moins variés que les nôtres, ses besoins sont en même temps moins impérieux; les exigences sociales ont beaucoup moins d'empire sur lui et éveillent bien moins souvent le sentiment de la dignité personnelle. Généralement la terre qu'il cultive est féconde; elle lui procure une nourriture à peu de frais. La température sous laquelle il vit n'exige point les soins nombreux et continuels de l'habitant du Nord. Le peuple italien, celui de la Basse-Italie surtout, vit au grand air, dans les champs, dans les rues, sur les places publiques; aujourd'hui comme autrefois, il y satisfait sa curiosité, il y travaille, il y cause, il y exhale ses chants.

La vie de l'habitant du Nord est plus casanière, plus concentrée, mais plus soucieuse; ce n'est qu'à force de précautions qu'il parvient à se préserver des rigueurs atmosphériques. Ce que nous nommons opinion publique, n'a pas en Italie la signification énergique qu'a parmi nous cette désignation. Des cris d'insurrection et de guerre frappent continuellement nos oreilles, notre moral est dans un état d'effervescence croissante ; nous sommes, comme on dit, des hommes progressifs : l'Italien est à nos yeux stationnaire. La commotion intellectuelle qui ébranla si violemment l'Europe à la fin du siècle dernier eut un retentissement prolongé chez nous. Un besoin incessant nous domine, celui de sortir de la condition où nous a placés la naissance ; on prétend s'élever en grade, on court à la gloire, on veut y arriver vite. C'est, dit-on, assurer à ses enfants un bel héritage que de les placer sur un théâtre où la considération et les honneurs les attendent, mais où malheureusement ils n'arrivent que par des efforts inouis. Chez l'Italien, il y a vénération pour le pouvoir et les titres ; ce sentiment est distinct de ce que nous voyons chez la jeune génération européenne, qui veut l'égalité dans les conditions et qui, souvent injuste et systématique, foule aux pieds des droits acquis au prix du plus noble dévouement. Il y a chez l'Italien soumission aux tendances aristocratiques, chez nous besoin d'affranchissement, mais en même temps soif de pouvoir et de grandeurs, même factices. Travaillé par le désir de satisfaire aux exigences du siècle, l'homme de nos contrées se crée mille besoins et mille obstacles à la fois qui le mettent dans un état de tourmente, de tension continuelle. C'est ainsi que tout un peuple nourrit des idées de renversement et que poussé par des idées généreuses, il se rue sur ses dominateurs. C'est ainsi que s'établit au milieu de ces efforts de dévouement, la tendance au nivellement des classes, d'autant plus nuisible dans ses effets sur le moral, que ceux qui le désirent, les uns par des vues de conservation, les autres par des vues d'égoïsme, se trouvent le plus souvent déçus dans leurs anxieuses prévisions. C'est au milieu des fortunes compromises, des avenirs manqués, des projets avortés, au milieu des regrets, des haines, des vengeances de toute nature, que nous trouvons une grande source d'aliénations mentales. En se passionnant pour la liberté comme pour le luxe et l'autorité, en nourrissant le désir de jouer un rôle important dans le monde, on se crée bien des sources de revers! On acquiert une délicatesse de sentiments extrême, une impressionnabilité morale d'autant plus passionnée, que c'est sur la sphère de l'amour-propre que l'on agit le plus souvent. C'est ainsi que les moindres atteintes y déterminent des secousses violentes. Nous gagnons de cette manière un tempérament d'affections et de vues intéressées que nous transmettons à nos descendants, avec toute la faiblesse de notre organisme et toute la force de nos passions. C'est en entourant cette progéniture de trop de soins, de trop de caresses, de trop d'égards, en éveillant chez elle les facultés de la raison, alors que les sens seuls demandent à être excités, qu'on prépare son esprit à bien des maux futurs! et c'est ainsi que la *prédisposition* aux maladies mentales s'infiltre dans le domaine moral.

L'Italien, doué d'un esprit vif, vivant sous une latitude continuellement chaude, se livrant avec ardeur aux plaisirs des sens; l'Italien dont la complexion est plus sèche, plus nerveuse que celle des habitants du Nord, ayant des formes presque féminines, des habitudes presque asiatiques, offre cependant des dispositions beaucoup moins prononcées aux troubles intellectuels. Il est continuellement sous l'influence des idées religieuses, et ces idées, si puissantes cependant, dans le développement des troubles intellectuels n'augmentent point la somme des aliénés. Chez l'Italien, les probabilités de la misère native sont plus fortes que chez aucune autre nation; nulle part on ne rencontre tant de gens qui tendent la main, tant d'êtres qui vivent de rapine et de brigandage; et l'indigence ne produit point en Italie un excédant de folies comparativement à ce que nous voyons en d'autres pays. Il est permis de croire que peut-être la pauvreté héréditaire, qui arrête l'intelligence dans son développement, qui neutralise toutes les tendances vaniteuses, qui imprime une coercition permanente à la volonté et aux fortes passions, est un véritable antidote contre la folie : c'est ce que les statistiques des établissements d'aliénés sembleraient prouver; car presque rien n'est plus rare que de voir dans ces établissements des aliénés appartenant à des familles dans lesquelles la misère est une condition qui s'est transmise de père en fils. Il n'en est pas toutefois ainsi de la perte de la fortune et de la dégradation sociale qui lui succède et dont l'influence est toute-puissante sur le moral. — Chez l'Italien, la contagion des cœurs gangrénés de vices trouve une occasion fréquente de se développer; et cependant ce ne sont encore ni le vice ni le crime qui portent dans son esprit un état d'égarement. Quelle est donc chez lui la condition qui le préserve plus que toute autre nation? Nous l'avons dit, l'Italien imprime à son esprit une direction opposée à nos tendances; dans un certain sens, le cœur souffre et saigne moins souvent chez lui; quoique intéressé et avide d'argent à un haut point, il trouve moins souvent son bonheur dans des spéculations hasardeuses et au-dessus de ses forces; sa vie offre plus d'uniformité; il cherche une espèce de calme, capable de laisser un libre essor à son imagination; les mots de progrès, d'émancipation ne sonnent pas avec force à ses oreilles. Les affaires publiques ne passent guère dans l'esprit des masses. Le peuple ne connaît point les nouvelles des autres pays; il ne lit point les journaux, ces violents excitateurs des sentiments politiques; il ne se passionne point pour ce que nous nommons un nouvel ordre de choses, et s'il lui arrive d'élever la voix et de murmurer, la discipline gouvernementale, lourde et ombrageuse, sait vite étouffer ces manifestations populaires. Le génie de l'Italien, étudié parmi les masses, tend vers le beau idéal; il est vraiment oriental, il est religieux, et tout-à-fait identifié actuellement avec les combinaisons artistiques.

Le génie parmi les peuples modernes tend vers le calcul, vers les spéculations financières et industrielles; il vise aux conquêtes, il crée des passions, il acquiert un laisser-aller et un oser-faire qui compromettent tous les intérêts de l'individu. Nous nous croyons heureux lorsque les principes libéraux s'infiltrent dans les masses, lorsque nous entendons le bruit des machines, lorsque l'argent circule; et le résultat de tant d'efforts, de tant d'espérances et souvent de bien des intrigues, c'est que les établissements de bienfaisance se remplissent d'êtres dont la raison est égarée, et que l'homme devient souvent insupportable à lui-même et met un terme à ses maux par une mort violente. — Ce que nous disons ici est confirmé par les recherches de M. Brière-de Boismont sur l'influence de la civilisation dans le développement de la folie, insérées dernièrement dans les Annales d'hygiène: il est établi par des chiffres que la folie suit une proportion arithmétique basée sur l'activité de l'intelligence, l'énergie des passions et le degré de liberté. On a démontré par des calculs statistiques une marche accroissante dans les suicides, d'autant moins active que les peuples sont placés plus en dehors de la civilisation moderne, dite progressive. Or, il résulte des tableaux rapportés par M. Quetelet, que le suicide se présente à Paris, centre d'effervescence intellectuelle, une fois sur

3,000 habitants, tandis que dans les départements où l'instruction est négligée, il s'offre dans des proportions beaucoup moins fortes : 1 sur 25,000. Dans quelques endroits le rapport est seulement de 1 sur 47,000, et dans la Haute-Loire de 1 sur 163,000, tandis que dans la Seine-Inférieure, où le développement intellectuel acquiert plus de perfection, le suicide se présente une fois sur 5,000, sur 9,000 habitants. On a fait voir, d'après Guerry, que le suicide s'observe à Londres dans les proportions de 1 sur 5,000. Dans un rapport sur l'établissement de Glasgow, qui m'a été remis dernièrement par M. le médecin de cet établissement, on voit figurer sur 146 aliénés, le nombre considérable de 29 individus atteints de propension au suicide. Il résulte des renseignements fournis par M. Valery, dans son voyage en Italie, que les suicides observés en 1828, à Naples, ville de 370,000 habitants, étaient seulement de 14, nombre qui alors semblait élevé et qui habituellement était loin d'y atteindre.

M. Brière-de Boismont a, le premier, fait ressortir la disproportion entre le nombre des aliénés observés en Italie et celui des pays connus par leurs tendances sociales. Toute l'Italie réunie, à l'exception des îles, d'après un calcul fait par lui, donne une population de 16,789,000 habitants, sur laquelle on compte 3441 aliénés, renfermés dans des établissements publics ou privés : ce qui fait un aliéné sur 4,879 habitants. D'après un calcul de M. Esquirol fait en 1834, il y aurait en Italie 1 aliéné sur 3785 habitants, tandis qu'en Angleterre, en Belgique, en France, en Allemagne, on en compterait 1 sur 1000 habitants, et selon les calculs récents de Friederich 1 sur 900. La Belgique, sur 4,000,000 d'habitants, compte près de 2000 aliénés ; la province de la Flandre-Occidentale présente même 3 aliénés sur 1000 habitants ; tandis qu'il n'y a dans le royaume de Naples, non compris les îles, que 800 aliénés sur une population de 5,720,000 habitants.

L'étude de cette statistique offre des résultats curieux dans son application aux sexes, et fournit une preuve de plus en faveur du principe que nous venons d'établir.

Le nombre des hommes aliénés est quelquefois égal à celui des femmes, dans le nord de l'Italie; à Turin, d'après les calculs de M. Bonacossa, les hommes fournissent plus de cas d'aliénation mentale que les femmes : il a recueilli de 1831 à 1836, 650 hommes aliénés et seulement 416 femmes. A Milan, j'ai trouvé à-peu-près les sexes représentés dans les établissements d'aliénés dans des proportions égales. A Venise, à Bologne, à Florence, à Rome, la proportion des femmes ne surpasse guère celle des hommes; au contraire, ces derniers se présentent souvent en plus grand nombre. Mais dans le royaume de Naples, j'ai trouvé la population des hommes aliénés essentiellement plus forte.

Si nous mettons cette statistique en regard de ce qui a lieu en Allemagne, nous verrons que l'Italie offre avec cette contrée certaines analogies sous le rapport des différences sexuelles; là le nombre des hommes aliénés l'emporte le plus souvent sur celui des femmes, quelquefois même les calculs statistiques font ressortir des différences considérables. C'est ainsi qu'un tableau fourni par M. Jacobi, fait voir, pour les provinces rhénanes de la Prusse, 1,180 hommes aliénés et 835 femmes. M. Parchappe fournit un calcul dressé par M. Leuret et qui contient le relevé de neuf établissements allemands et russes visités par lui et donnant 541 hommes et 459 femmes seulement. En Angleterre, les hommes aliénés séquestrés dans les maisons particulières sont au nombre de 4,461, tandis que les femmes de la même catégorie sont seulement de 3,443. En Amérique, dans les États-Unis, sur 4,510 hommes, on ne compte que 2,481 femmes aliénées. En France, au contraire, et en Belgique, le nombre des femmes aliénées est plus considérable que celui des hommes. En 1826, le nombre total des aliénés était en Belgique de 850 hommes et de 1,019 femmes. En Hollande, sur une série d'années, on compte 2,157 hommes et 2,363 femmes aliénés. — Selon M. Pétrequin, le nombre des hommes aliénés était à Lyon (de 1833 à 1834) de 111, tandis que celui des femmes s'élevait à 156. — Or, partout où nous trouvons la femme marchant sur la même ligne que l'homme, partout où son émancipation se fait sentir avec force, nous la trouvons au moins aussi souvent atteinte d'aliénation mentale que l'homme. Sur d'autres points, elle semble moins sujette au trouble intellectuel, et alors nous sommes sûrs de constater des différences dans sa situation sociale. C'est ainsi qu'en Italie, la femme est loin d'avoir ce relief qu'elle présente chez nous, ainsi qu'en France.

En Italie, plus on se dirige vers le sud, plus la femme s'efface, plus son éducation intellectuelle et morale semble présenter de l'infériorité. Elle ne joue nulle part de rôle actif dans la société ; on ne la rencontre guère là où des affaires importantes se traitent. On ne la voit point dans les magasins présider à la vente des denrées; on ne la trouve point dans les comptoirs, dans les cafés; dans les salons même, elle ne semble point faire l'objet de ces soins empressés et pleins de déférence qu'on lui voue dans nos contrées.

C'est ce que Volkman avait déjà fait observer, lorsqu'il dit: « In groote gezelschappen spreken de mannen geduerig onder elkanderen en toonen het schoon geslacht weynig agting. »

Dans les provinces avoisinant les Alpes, les mœurs italiennes se ressentent des habitudes des pays voisins, et la femme considérée dans notre état social, gagne à cet échange de mœurs ; c'est surtout à Turin, Milan, Venise et Bologne, qu'on s'aperçoit de ce revirement; Bologne s'est même acquis de la célébrité par ses femmes savantes. La dame Novella d'Andrea y a laissé une haute réputation; Laura Bassi y occupa une chaire de philosophie à l'université; Clotilde Tombroni y enseigna la littérature grecque; Anna Manzoli s'acquit une grande renommée par ses préparations en cire et ses leçons d'anatomie et d'accouchements données à l'université. Mais dans la Basse-Italie, la femme ne ressemble presque plus par ses mœurs aux femmes du nord de l'Europe. On est tout étonné, en venant dans ce pays, où le geste est au moins aussi expressif que la parole, de ne pas trouver chez la femme des airs affectés, des allures de pruderie; il y a même le plus souvent chez elle, du moins s'il est permis d'en juger par un aperçu rapide, une absence frappante de coquetterie : elle m'a semblé offrir une simplicité extrême dans sa toilette, et j'oserai même dire, quelquefois dans la parure un manque de goût qui contraste avec la mise soignée, la tournure d'importance des hommes. L'Italienne, la Napolitaine surtout, est restée telle que la nature l'a faite; elle présente sous le rapport des préoccupations intellectuelles un contraste réel avec nos femmes, le plus souvent savantes, toujours avides d'influence, se mêlant de tout, même de politique, étant partout un objet d'adoration et dominant en vraies souveraines tout notre état social. Lady Morgan dit en parlant des femmes de Florence : « Si c'est une fille, on l'envoie dès la première enfance dans un couvent, pour y rester jusqu'au moment où une alliance sortable se présente pour elle. Quand il ne s'en présente aucune, elle retourne dans la maison paternelle, et là, confinée dans l'attique, elle passe sa vie loin du monde et des plaisirs, privée des douceurs des affections domestiques. Prisonnières de l'étiquette pour toute leur vie, les femmes non mariées et d'un rang élevé ne sont jamais vues dans les cercles, et leur sang et leurs espérances se glacent dans un couvent ou dans les greniers d'un palais. »

Ce que nous disons a besoin de preuves et ne peut être mieux corroboré que par le témoignage non suspect d'un homme connu dans la science, vivant sur les lieux et dont les paroles ont été recueillies par le docteur Requin. M. le professeur Vulpes, de Naples, s'exprime ainsi : « Les Napolitaines ne reçoivent en général aucune éducation dans la maison paternelle. Comme on les marie fort jeunes et presque dans l'enfance à des hommes faits, elles ne deviennent jamais les confidentes et les véritables compagnes de leurs maris. Le mariage n'unit ici que le corps, non les âmes ; le mari seul tient la boutique, seul gouverne et connaît les affaires financières de la communauté ; il agite bien rarement l'esprit de sa moitié par le récit de ses profits ou de ses pertes, de ses espérances ou de ses craintes. Les Napolitaines passent donc la plupart de leur temps seules et désœuvrées dans leur intérieur, d'où elles ne sortent guère que pour aller chez leurs parents ou à l'église. Étrangères à toute inquiétude, comme à tout enthousiasme littéraire ou politique et même à toute exaltation, elles n'ont pour passion dominante que l'amour. »

La conclusion scientifique à laquelle conduit un tel état de choses, est très-importante ; elle indique, à ne pas pouvoir s'y méprendre, les vraies sources des maladies mentales, qu'il ne faut point chercher de préférence dans quelques altérations préexistant dans les organismes, dans des agents appartenant au monde physique, mais dans des conditions du moral, notamment dans la sphère des affections, dans celles surtout qui compromettent nos plus chers intérêts. Un mot flamand désigne merveilleusement cette sphère, c'est le *gemoed*, (le *Gemüth* des Allemands) qui est d'autant plus expressif que les peuples font des progrès dans leur système de civilisation. Quelques médecins psycologues, en Allemagne, ont fait de grands efforts pour combattre cette croyance, en alléguant que les plus grandes sources de l'aliénation mentale doivent être cherchées dans des organes éloignés du cerveau.

Le Dr Flemming veut trouver l'origine du trouble moral dans des anomalies des organes de la digestion; c'est là, dit-il, qu'éclatent les premiers troubles, tels que la constipation, un accroissement dans l'appétence alimentaire, et c'est là «*die häufigste, ergiebigste und wesentliche Quelle der Geistes Verwirrung, der Melancholie und des Wahnsins.*» Selon le professeur Nasse, de Bonn, il faudrait chercher la cause première du trouble intellectuel dans le système ganglionaire ; il faudrait dire avec Lobstein : « Quæ olim obstructionibus viscerum adscribebatur » potissimum lienis atque infarctibus vasorum, ea hodie majore » cum jure ad nervorum mutatam indolem referuntur. Nec » vapores ascendunt in caput, nec atrabilis movetur in istis » morbis, sed plexus solaris seu cerebrum abdominale in cere- » brum cephalicum ita reagit ut ejus temperies plane mutetur. » *Zeitschrift für die Beurth*, etc. 1838. Dans la manière de voir de ces auteurs, la prédisposition à l'aliénation mentale, si puissante dans le développement de cette maladie, a sa source dans des anomalies viscérales. Or, ce que nous venons de faire voir pour les influences morales dans leurs rapports avec le trouble intellectuel, en Italie, prouve ce que nous avons dit en d'autres endroits. (*Traité sur l'Aliénation mentale et les hospices d'Aliénés; Traité sur les phrénopathies.*) La prédisposition à l'aliénation s'acquiert principalement sous l'influence des causes morales; ce sont les secousses du moral souvent répétées, qui rendent l'individu de plus en plus impressionnable et de moins en moins apte à supporter les stimulants moraux ; et les états morbides des viscères ne peuvent être considérés que comme des cas rares, le plus souvent comme la source des délires sympathiques et non des aliénations proprement dites, dont les véritables facteurs émanent des impressions morales. J'ai dit dans mes

Phrénopathies : « Presque inconnue des peuples nomades et des » sauvages, l'aliénation mentale se montre et se multiplie dans » les foyers même de la civilisation, là où les désirs et les besoins » toujours renouvelés se heurtent et se repoussent sans cesse. » Esquirol avait fait ressortir l'influence des circonstances politiques, des idées religieuses sur la production du trouble intellectuel. M. Brière-de Boismont, dans ses remarques sur l'Italie, a fort bien fait ressortir l'influence de la civilisation sur le trouble intellectuel, et depuis, dans un superbe Mémoire déjà cité, sur *l'influence de la civilisation sur le développement de la folie*, il a donné à ce sujet plus d'extension. Ce que nous venons de dire de l'Italie, tend donc à confirmer ces excitations directes du moral dans le trouble de l'entendement. Esquirol n'a-t-il pas fait voir que la conscription militaire augmenta considérablement le nombre des aliénés en France? N'avons-nous pas dans l'ouvrage de M. Browne un rapport qui prouve que les laboureurs sont moins disposés à la folie que les autres classes? N'avons-nous pas fait voir qu'un accroissement considérable eut lieu dans la population des établissements d'aliénés en Belgique, lors de 1816-1818, temps d'agitations morales; ce que l'époque de 1831 à 1833 vient encore de confirmer? N'a-t-on pas partout signalé l'influence des idées religieuses sur le développement de la folie? N'est-ce point à l'âge de la puberté que commencent à se déclarer les maladies mentales? N'est-ce point à l'âge des passions et des effervescences intellectuelles qu'elles acquièrent leur summum d'intensité? N'est-ce point au cerveau qu'on en trouve les traces les plus fréquentes? Comment se fait-il qu'au Mexique les fous sont en petit nombre, qu'au Chili il n'y en a point? Dans l'Amérique du sud, on ne connait pas la folie. En Chine, l'aliénation mentale est très-rare. En Mongolie, la folie est inconnue. Au Japon, on ne parle point de fous. Les aliénés sont à peine connus dans le Turkestan. Aux Indes, on n'observe que l'aliénation religieuse. (Voir Brière-de Boismont.) Eh bien, peut-on soupçonner chez ces peuplades des conditions du système ganglionaire, du système veineux abdominal, autres que chez les hommes des centres de la civilisation? — Le mal, c'est d'avoir converti l'exception en règle; et l'exception, nous aimons à le répéter, se rapporte en grande partie aux délires sympathiques qui succèdent à des affections de l'utérus, de l'intestin, du foie, du cœur, etc. D'ailleurs, notre manière de voir est celle de Cullen, d'Esquirol, de Cox, Haslam, Georget, Gall, Voisin, Calmeil, Bayle, Muller, Bonacossa, Ellis et d'autres.

TROISIÈME PARTIE.

COUP-D'ŒIL SUR LES TRAVAUX MÉDICAUX DE L'ITALIE.

Il n'est pas de pays où les connaissances médicales aient été cultivées avec un si éclatant succès qu'en Italie, long-temps la terre classique de ces sciences. Je parle de cette époque surtout où tant de grands hommes illustrèrent ce sol.

C'est en Italie que l'on vit sortir l'ANATOMIE de son état d'enfance, sous l'impulsion que lui communiqua une illustration étrangère, VESAL (de Bruxelles) qui, appelé à Padoue par le sénat de Venise, plus tard à Bologne et à Pise, enseigna cette science avec un succès extraordinaire (1543).

FALLOPE, son élève (Modène, Pavie, Padoue), découvrit d'importants organes de l'appareil générateur. Il entrevit aussi les lymphatiques du foie. VAROLI attacha son nom à un organe cérébral, INGRASSIA (Naples) à un os du crâne, ARANZIO (Bologne) à une des veines du foie, EUSTACHI (qui le premier à Rome ouvrit des cadavres) à l'oreille et à une des valvules du cœur ; il découvrit le canal thoracique.

ASELLI (Padoue) s'illustra par ses découvertes sur les vaisseaux chylifères.

COTUGNO (Naples) fit connaître l'humeur du labyrinthe auriculaire.

C'est à MASCAGNI, appartenant au siècle dernier, que nous devons la connaissance de l'ensemble du système lymphatique, et une foule de recherches minutieuses sur le système glandulaire. Il appartient à la fois à Florence et Sienne.

Luppi, le nestor des médecins actuels de Rome, et Autommarchi, élève de Mascagni, célèbre par son dévouement au prisonnier de Sainte-Hélène, ont marché sur les traces de leur grand maître.

Lippi, de Florence, élève de Mascagni, mort il y a peu de temps, a occupé le monde savant de ses recherches sur les communications du système lymphatique avec le système veineux dans le mésentère.

Rossi a écrit sur la *communicazione dei vasi linfatici colle vene.* (*Parma*, 1825.)

Panizza, professeur actuel à Pavie, a enrichi la science d'importantes découvertes sur les cœurs lymphatiques (*Osservazioni antropo-zootomico-fisiologiche; di Bartolomeo Panizza*, *Pavie*, 1830. *Sopra il sistema linfatico dei rettili*, 1833.) C'est à lui que nous devons des notions précieuses sur les nerfs, et surtout sur ceux de la langue. Déjà antérieurement, Santorini s'était distingué, en Italie, par des recherches sur le système nerveux et sur le système musculaire, et Caldani, professeur à Padoue en 1787, est encore un modèle à suivre. Caldani (Padoue, 1780) a publié : *Commentationes acad., anatomen spectantes* et *Opuscula anatomica.* Mais c'est Scarpa, ce grand anatomiste, dans son temps professeur à Pavie, qui a donné à l'Italie un nom immortel par ses recherches sur l'*Anatomie du système nerveux.*

Rusconi, à Pavie, s'occupa de la structure des salamandres. (*Monografia del Proteo*, 1819.) Ransani s'acquit une juste renommée par ses recherches zoologiques. Floriano Caldani (Padoue) a publié, en 1824, l'*Anatomia del corpo umano.* Metaxa, professeur à Rome, a fait paraître un *Memorie zoologiche* (1821), et des notions sur les serpents de Rome (*Monografia de' serpenti di Roma*, 1823). Alessandrini, professeur à Bologne, donne à l'anatomie humaine et comparée une impulsion salutaire. De Folio s'occupe de recherches sur l'oreille interne. De Michelis (Turin) a publié : *Trattato element. de anat. gen. et descrittiva.* Dimitri (Naples) a traduit Meckel, Lucarelli (Naples) a traduit une anatomie de Grimaldus ; ils donnent aux sciences anatomiques une direction heureuse.

En parlant de ces sciences, pourrait-on oublier les noms de

Valsalva et de Morgagni (1723-1771 Padoue et Bologne), les créateurs de l'anatomie pathologique?

La physiologie eut aussi des hommes du plus grand mérite en Italie. Rudius (Padoue, 1588) publia un ouvrage: *De usu totius corporis humani;* Montalto (Naples 1591) traita: *De homine sano.* Brisiani (Venise) a publié une *Physiologia.*

Ce fut à Padoue que l'on conçut les premières idées sur la circulation du sang. Fabrizio d'Aquependente y découvrit (1603) les valvules. Cesalpino constata à la même époque l'effet des ligatures sur le cours du sang, et décrivit la petite circulation. Harvey fut étudiant à Padoue, et il est naturel de croire qu'il y arriva à ces notions sur la circulation du sang, dont l'Angleterre eut plus tard tous les honneurs. Malpighi (Bologne, 1661) donna son nom à une trame cutanée et découvrit la circulation des capillaires dans le mésentère des grenouilles. C'est à Gusman Galeoti et Vicenti Menychini (Bologne, 1790), que nous devons de très-importantes recherches sur l'existence *du fer dans le sang et les tissus animaux.*

Santorio (Padoue, 1614) a rempli le monde de ses essais sur la sécrétion des sueurs. — Caldani a publié des *Institutiones physiologicæ.*

Et combien d'expériences du plus haut prix ne devons-nous pas à l'illustre Spallanzani, professeur à Pavie (Modène, 1770)! C'est lui qui a introduit dans les sciences physiologiques la méthode de l'*expérimentation;* c'est à lui que nous devons une foule de notions précieuses sur la *circulation*, la *respiration*, la *digestion* et surtout sur la *génération.* — *Opuscula di fisica animali e vegetabili.*

Fontana (Pise, 1760) nous a légué ses découvertes sur les *globules du sang*, sur *l'irritabilité musculaire*, sur les *fonctions de l'iris*, sur *l'action de plusieurs substances vénéneuses.* On possède de lui *Richerche filosofiche sopra la fisica animali;* Firenze, 17 *opusculi scientifici.* — Traité sur le *venin de la vipère*, sur les *poisons américains*, sur le *laurier-cerise*, etc. Florence.

Fondateurs de l'école Iatro-mathématique, Borelli et Bellini (Pise, Florence, Bologne), sont cités tous les jours pour leurs doctrines appliquées à l'explication du système musculaire; le dernier n'est pas moins remarquable par ses découvertes sur les vaisseaux séminifères. Et quels résultats n'ont pas eu pour la physiologie les expériences de VOLTA et de GALVANI (Pavie)? — BIANCHI (Turin) se présente comme antagoniste de la doctrine Hallérienne. — MOSCATI (Pavie) s'occupe de plusieurs questions physiologiques. — PACCHIONI fait d'importantes découvertes sur les tissus glandulaires. — MICHELOTTI dit de bonnes choses sur les sécrétions. — CROMADILLI (1780, Rome) a écrit : *Nova physiologiæ elementa*. ATTUMONELLI (1790, Naples) a publié : *Elementa di fisiologia medica*.

PRESCIANI (1800, Milan) est auteur d'un *Discorsi elementari di anatomia e fisiologia*.

TOMASSINI écrivit (en 1803) *ses Lezioni critiche di fisiologia e patologia* (Parme). GALLINI (1808, Padoue) a publié ses *Elementi della fisica del corpo umano* et *nóvo saggio d'osservazioni fisiologiche*. JACOBI (1810, Naples) *Elementa di fisiologia e notomia comparativa*.

De nos jours, nous avons vu ROLANDO (Turin) publier une *Anatomie physiologique* (1819); placer dans le cervelet un moteur électro-vital (*saggio sopra la struttura del cervello etc.* 1809. *Della struttura degli emisferi cerebrali* (1830, Turin). — *Rech. sur la moelle allongée*, 1822). BELLINGERI (Turin) donna au sang des qualités électro-dynamiques (*sull' elettricita del sangue nelle malattie*). Il a fait d'importantes recherches sur la *moelle épinière* et sur les *nerfs de la face* (*de medulla spinali nervisque ex ea prodeuntibus*. (Torino, 1823.) Parmi les contemporains, MATEUCI tenta des expériences sur la *digestion*, confirmant l'opinion de Wilson Philip sur l'influence électrique du pneumogastrique dans la digestion et surtout dans la sécrétion du sac gastrique. LINARI (de Sienne) s'est occupé de *l'appareil électrique de la torpille*. DELLE CHIAJE (de Naples) a donné des vues intéressantes sur la respiration, la circulation de quelques zoophytes, sur les vaisseaux et les nerfs de l'œil de la sèche; tandis que VIVIANI (Naples) a dirigé ses vues sur la *struttura degli organi elementari nelle piante et loro funzioni* (1831). MEDICI, professeur à Bologne, a publié un bon manuel de physiologie, intéressant surtout par des considérations sur les lois vitales (*Manuale di fisiologia*, 2 éd. 1835). DOMENICO MENICHINI, professeur à Naples, a publié un grand travail sur la physiologie, sous le titre de : *Elementi di filosofia umana*, 3 vol., dont la troisième édition vient de paraître. Mais c'est le professeur MARTINI, de Turin, dont les idées physiologiques se sont le plus propagées non seulement en Italie, mais à l'étranger. On a de lui : *Lezioni di fisiologia.* 1826, 2 vol. ; *Element. physiologiæ*, 2 vol. ; *Manuale di fisiologia.*

Il vient de paraître : *Lettere fisiologiche dirette al signor professore* F. T. PIACENZA, *dal* D. MICHELE MEDICI (1838).

L'HYGIÈNE a de dignes représentants en Italie. DONI (*de restituenda salubritate agri romani* (*Florence*, 1647) a laissé à la postérité un écrit remarquable sur les marais ; et nous ne croyons pas que LANCISI ait été surpassé dans ses belles observations *De nativis romani cœli qualitatibus*, *de noxiis paludum effluviis.* Ses ouvrages sur la *peste bovillâ*, les *épidémies*, celui sur les *morts subites*, portent le cachet d'une sagacité qui le place à la tête des hommes remarquables de son siècle. RAMAZZINI fit une *hygiène des artisans.* MOSCHATI, publia d'excellentes considérations sur *l'hygiène.* BALDANI s'occupa de *l'allaitement artificiel,* et MURATORI publia un ouvrage remarquable sur les *moyens de se préserver de la peste* (1714). Parmi les contemporains, MANNI (Rome), marchant sur les traces de LANCISI, a publié un volumineux traité sur l'asphyxie, rempli de vues neuves et très-utiles : *Manuale pratica per la cura degli apparentemente morti* (1835). GIANELLI (de Padoue) a mis au jour des recherches sur les *secours à donner aux asphyxiés.* METAXA (Rome) a publié un traité fort estimé sur les *épizooties* (1816), et dernièrement il a enrichi la science d'un traité fort curieux, dans lequel il s'efforce de réduire à une unité morbide tous les germes des maladies contagieuses : l'*Antrace i contagi, le intermittenti*, 1837. Le même auteur a publié un *regolamenti di sanita pel publico macello di Roma*, 1836. Les docteurs NAMIUS (de Venise) et NOVATI (de Pavie) viennent de prouver par des expériences ce que le professeur METAXA avait établi en théorie.

BERTINI (de Turin) a écrit des *Relations statistiques sur l'hôpital majeur de Turin.* Il est auteur d'un *Voyage médical en Allemagne.*

MARTINI de Turin (*introduz. alla med. leg.*, 1828, 2 vol.), DE FORMO, de Naples, ont publié des travaux sur la *Médecine légale ; l'Histoire de la Médecine légale*, par GIANELLI fut couronnée par la Société de Médecine de Paris. BARZELOTTI, a fourni une *Médecine légale,* avec des notes de ROSSI (Milan) ; c'est un ouvrage très-estimé qui a eu jusqu'à huit éditions.

La chirurgie prend depuis quelque temps de l'extension en Italie.

C'est de Bertapaglia (Padoue), de Vianio de Maida, de Branca, de Severin, que date la chirurgie en Italie; ce dernier surtout fut un célèbre chirurgien à Naples, à la mémoire duquel on a rendu hommage en créant un Journal portant son nom. Antoine Benivini (de Florence) fit plusieurs opérations remarquables.

C'est par Santoro (Naples), que nous connaissons les instruments de chirurgie trouvés dans les fouilles de Pompéia et d'Herculanum.

Parmi les modernes, on doit placer en première ligne Scarpa, dont les travaux universellement connus sur la *cataracte,* la *hernie inguinale, l'opération de la taille,* ont illustré à jamais ce grand chirurgien. Après lui vient Vacca Berlinghieri, (de Pise, mort depuis quelque temps) qui s'est fait connaître par divers traités chirurgicaux, tels que des mémoires sur la *fracture des côtes,* sur les *anévrismes*, sur les *maladies des artères*, sur la *fracture du col du fémur,* sur les *tumeurs lacrymales;* par différentes découvertes chirurgicales, une méthode recto-vésicale dans l'opération de la taille, la rescision de la mâchoire inférieure, et la création d'instruments de chirurgie adaptés au traitement de l'*anévrisme de l'artère poplitée, à l'opération de la taille, à l'œsophagotomie, à la trachéotomie*, etc. — Regnoli (Pise) jouit comme chirurgien d'une réputation méritée en Italie : on m'a cité de lui un bon mémoire sur *l'extirpation de la langue.* Baroni (Bologne), directeur général du corps sanitaire de l'armée pontificale, Venturoli (Bologne), Signoroni (Padoue), Riberi (Turin), sont principalement cités en Italie comme opérateurs. Nous connaissons de ce dernier *Element di therap. operativ.* 1833. *Nóv, obs. sulla litotris.* 1835. *Trattato di blefarottalm.* 1835. Signoroni vient de publier un *prospetto clinico della scuola di chirurgia pratica dell' S. R. Universita di Padova*, 1838.

La pathologie interne. — C'est dans le nord de l'Italie que les connaissances pratiques firent les premiers progrès. Jacques De Forli (Padoue), Pierre De Tussignana (Bologne), Hugues Bencio (Sienne), Mathieu De Gradi (Pavie), Sigismond Polcaster (Padoue), Michel Savonarola (Ferrare) et d'autres sont cités comme les premiers médecins qui ont laissé un nom en Italie. Parmi tous FRACASTOR (1540), qui a écrit sur les jours critiques, occupe un rang distingué. —TORTI (Modène) s'est acquis une réputation colossale par ses observations pratiques sur les fièvres intermittentes et l'emploi du quinquina dans ces affections, que VALLISNIERI (Padoue), recommanda dans le typhus. RAMAZZINI (Modène et Padoue) écrivait à la même époque et fit valoir de grands motifs contre l'emploi de ce fébrifuge. GEORGES BAGLIVI (Raguse, Rome), un des grands hommes de son siècle, opéra une réforme médicale qui devança les belles idées que Barthez et Bordeu tentèrent plus tard de convertir en lois et qui conduisirent au système nosologique de Pinel et de son école. FRANC. VACCA BERLINGHIERI (Pise), le père de celui qui se distingua par ses connaissances chirurgicales, marcha dans la voie tracée par Baglivi et, le premier, détermina bien la réaction de nos tissus. — SCUDERI a écrit une *introduzione alla storia della medecina* (Naples, 1794). STRAMBIO, ZANNETI, GHIRARDINI firent les premiers connaître la *Pellagra.*

Déjà SAVONAROLA (practica majoris) traita fort bien *des Maladies Mentales.* TRINCAVELLA, également connu par un écrit sur la *médecine des Égyptiens* (1602, Padoue), MONTANUS, MERCURIALIS, PROSPER ALPINUS (*Vicence*), donnèrent de bons préceptes sur ces affections. CHIARUGGI (Florence, 1793 *della Pazzia in generale et in spezie*), fut la première spécialité qui traita en Italie des affections mentales. GUALANDI s'est occupé d'une manière spéciale de *l'organisation des établissements d'aliénés*, et nous a donné des vues salutaires sur cet objet dans son ouvrage intitulé : *Osservazioni sopra il celebre stabilimento d'Aversa.*

TROMPEO a donné un aperçu sur l'*établissement des aliénés à Turin.* (*Saggio sul regio manicomio di Torino*, 1829.)

FERRARESI, à Naples, a publié un Traité *delle malattie delle mente.* Napoli, 1830, vol. 2.

Actuellement, BERTOLINI (Turin) publie des Recherches pratiques et des données statistiques fort intéressantes : *Rendiconto statistico del regio manicomio di Torino*, 1837. *Prospetto statistico clinico psichiatrico con classificazione, etc.*, 1832. BONACOSSA (Turin) a imprimé un *Saggio di statistica del regio manicomio di Torino*, dans lequel il fournit des renseignements précieux. — ROCHETTI (Milan) s'est attaché à décrire les affections de la moelle épinière. (*Della strutt. della fonzione, della malattie della medolla spinale*, 1816.) Bellingeri a donné de fort importantes considérations sur le même sujet.

Paoli : *Sull ottalmia che hanno sofferti i militari di Livorno.*

Quadri (de Naples) a publié un recueil de faits pratiques relatifs à l'ophthalmie.

Baratta : *Oss. prat. sulle principal. malattie degli occhi.* Milan, 1828.

Frari a publié une description de la *febbre petech. de spalatro;* il a écrit : *della cognoscenza di prezervazione e cura della peste.*

Omodei : *Prospetto nosografico statistico comparativo della febbre petechiale* (1817).

Metaxa, de Rome, a publié un opuscule sur la Grippe.

Fulcco a publié une *Materia medica practica.*

Monogeardini (Gènes), un *Breve saggio di materia medica.*

Stellati, une *Materia medica botanica.*

Semmola, un *Saggio chimico medico sulla preparazione, facolta et usu de' medicamenti.*

Ricca, un *Trattato di chimica applicata.*

Barberi, un *Manuale di Tossicologia.*

Comelli a écrit sur l'action des médicaments.

Gozzi a fourni des mémoires sur le même sujet.

Giannini a publié (Milan, 1805) *della natura delle febbri*, *del miglior metodo curarle*; 2 vol.

Brera (Padoue), homme d'une grande réputation, dont la plupart des travaux sont traduits, a écrit des *Commentaria medica*, et a fait des recherches sur l'action des médicaments; il a écrit : *Saggio clinico sull'jode*, 1822 et a publié un opuscule sur le *Solanum pseudochina;* on a de lui les *Prolegomini clinici*, et un Traité de Médecine pratique.

Ré a écrit sur un *Nóvo succedano della Cortec. Peruv* (Turin, 1820).

Dalla-Decima a publié, en 1822, un *Trattato di Patologia* (Padoue).

Miccolli et Gordini : sur l'usage du *piperin.* (*Observ. sull' uso del Piperino.*)

Bardzelloti et Montavini se sont occupés de l'action des médicaments.

Meli : *Sulla febbre biliosa* (Milan, 1822) ; *Sulla condizione patologica della febbre biliosa nòvi fatti*, 1824.

Sachero a publié des observations sur les *fièvres pernicieuses périodiques ;* il a écrit un *uscito rendiconto clinico*, 1833-1836 ; il a étudié l'action du piperin dans les fièvres intermittentes.

Valentini (Rome) a mis au jour un *Traité de médecine élémentaire.*

Acerbi (Milan) a écrit sur la médecine pratique : *Annotazione di medicina pratica*, 1819.

De Mattheis (Rome) a écrit un *Ratio Instituti clinici romani.*

Postiglion a écrit une *Clinique médicale*, un *Traité sur le Croup*, un *Traité de matière médicale.*

Lippi, de Modène, a publié un *Dictionnaire de Médicaments.*

Golia a publié une *Pathologie.*

Buonarotti a écrit sur les *Fièvres pernicieuses.*

Gatti a fourni des idées nouvelles sur le sang et l'inflammation (Turin, 1824).

Martini a publié des *Annali clinici.*

Griffa a fait différents ouvrages médicaux.

Chiesa a fait connaître les *Éléments de méd. prat.* de son père, 1837.

Vulpes a imprimé une *Pathologie générale.*

Au milieu de ces noms recommandables, il en est deux dont la réputation est européenne : Rasori et Tomassini. Rasori a publié : *Storia della febbre petecchiale di Genova.* Les principaux ouvrages publiés par le dernier sont : *Della necessita di unire in medicina la filosofia alla osservazione*, 1816. — *Delle febbri contagiose*, 1817. — *Sull insegnamento medico clinico*, 1821. — *De congruentia et discrepantia inter anglicam et italicam medendi rationem.* — *Della necessita di sottopore ad una statistica*, 1822. — *Sulla febbre di Livorno*, etc. — *Della infiamazione et febbre continua.*

Borda (Pavie), Buffalini (Florence) (*fondamenta di patologia analitica*) ont contribué à propager la doctrine des contro-stimulants. Le dernier y a apporté des modifications.

Fantonetti et Cervetto ont fait des expériences cliniques sur l'action de l'acide hydrocyanique, sur le laurier-cerise.

Domenico-Minichini a publié une *Scuola del guovine medico*, vol. 2, seconde édition, 1838.

En fournissant ici des données sur la littérature médicale de l'Italie, mon intention n'a pas été de faire une bibliographie médicale complète des auteurs italiens ; mon but a été d'indiquer quelques noms qui honorent ce pays et les ouvrages qui y sont le plus répandus, ceux surtout qui m'ont été indiqués sur les lieux. Je ne puis même pas me rendre responsable des légères inexactitudes qui ont pu se glisser dans cette énumération, et je dois croire qu'il en existe ; mais j'ai voulu fixer l'attention sur une source féconde de matériaux qui ont très-souvent un caractère de spécialité et dans lesquels on pourrait puiser avec un avantage réel. Depuis que les médecins n'écrivent presque plus que dans la langue de leur pays, les ouvrages médicaux, excepté ceux de France, ne passent plus les frontières. Nos remarques auront peut-être l'avantage de diriger l'attention sur l'indispensable nécessité qu'il y a actuellement de cultiver les langues étrangères.

Il se publie en Italie des journaux médicaux et des recueils des sciences accessoires : ces journaux ont peu d'abonnés à l'extérieur, et ce n'est le plus souvent que par de simples extraits, insérés dans les journaux français ou allemands, que nous les connaissons.

A Turin on publie : le *Giornale delle scienze mediche*, le *Repertorio médico-chirurgico*, les *Mémoires de l'Académie des Sciences*. — Milan : le journal intitulé : *Omodei, Annali universali di medecina*, qui jouit en Italie d'une grande réputation ; le *Strambio*. — Pavie : *Giornale delle scienze medico-chirurgiche*. — Venise : *Giornale di Patologia*. — Bologne : *Rendiconto del Academia delle Scienze del instituto di Bologno. Bulletino delle Scienze mediche*. — Toscane : *Archiv: delle Scienze medico fisiche*. — *Giornale de' Letterati di*

Pisa. — Rome : le docteur Metaxa, fils, vient de publier un nouveau journal intitulé : *Annali medico-chirurgici.* — Naples : *Il filatre sebesio, Giornale delle Scienze mediche ; il Severino, Giornale medico-chirurgico ; Osservatore medico ; Esculapio ; Mémoires de l'Academie ; Memoriale delle medecina contemporanea.*

Ce que nous disons ici de la littérature médicale en général, est applicable aux associations scientifiques de l'Italie : les travaux de ces institutions ne sont point répandus dans le monde savant comme ils mériteraient de l'être ; et l'exclusivité de la langue fait que ces établissements ne sont guère fournis de travaux étrangers, et que plusieurs d'entre eux périssent faute d'être alimentés. M. Pétrequin a émis le désir de voir la langue latine plus généralement cultivée ; et il faut croire réellement que l'indifférence pour cette langue scientifique, la langue de Stoll, Rega, Hoffman et Baglivi, aura un effet de plus en plus nuisible sur les communications scientifiques. Lorsque les médecins écrivaient généralement en latin, lorsque dans leurs assemblées ils parlaient cette langue, pour eux les limites des nations disparaissaient, et les travaux publiés par les savants devaient se répandre partout. Au moment actuel, tout l'avantage de l'exportation est pour la France ; aussi les travaux scientifiques des médecins français sont généralement reproduits et traduits en Italie.

L'énumération qui suit contient les associations scientifiques médicales et celles qui sont liées à la médecine par la culture des sciences accessoires. Si parmi ces associations il en est dont les travaux sont peu nombreux ou à peine connus, elles attestent cependant hautement du zèle qui anime les hommes de science de ce pays. On ne saurait citer de contrée qui, en proportion de sa population, renferme un nombre si imposant d'institutions de cette nature.

Turin a une Académie des sciences qui compte quarante membres.

Milan a un institut impérial et royal, le Cæsario royal qui a ses sections à Vérone, Padoue et Venise.

Venise, a son Athénée qui se compose d'une société médicale et de l'Académie des filareti.

Bologne a une Académie des sciences et une société médico-chirurgicale.

Ferrare, une Société médicale.

Perouse, une Société médicale.

Arezzo, *Montevarchi*, *Carrare*, des Sociétés médicales.

Florence, l'Académie de Georgofili, la Societa fisico-medica.

Sienne, l'Académie des Fisiocritici.

Rome, l'Académie des Lyncés.

Veletri, l'Académie des Volsques.

Naples, l'Académie médico-chirurgicale, l'Académie royale des sciences, une Société médicale.

Pour la première fois, l'Italie vient de voir un congrès scientifique, et c'est le grand-duc de Toscane qui a autorisé cette réunion à Pise.

En général, les gouvernements sacrifient, en ce moment, peu de fonds en Italie à l'encouragement des sciences; les professeurs des universités sont sur plusieurs points mal rétribués. Excepté à Florence, on accorde peu de fonds pour la formation des cabinets;

et si l'on trouve quelques bonnes collections, elles sont plutôt dues au zèle particulier de quelques hommes qu'à l'encouragement des gouvernements. Ainsi le cabinet anatomique de Rome doit son existence aux efforts de M. Metaxa, et sans M. Alessandrini, à Bologne, que serait le cabinet d'anatomie comparée de cette université? — Ce que l'on fait dans les hôpitaux sur différents points pour la conservation des pièces pathologiques, est digne des plus grands éloges.

Presque partout, dans les états d'Italie, les médecins sont placés sous une espèce de surveillance quant à leur pratique; c'est une commission, nommée le Conseil *proto-medico*, qui est chargée de vérifier les titres de ceux qui se livrent à la pratique médicale et de déterminer les mesures à prendre en cas d'épidémie. Cette institution est analogue à nos *Commissions médicales;* elle n'a cependant pas le défaut d'être composée d'un nombre de membres trop limité.

LETTRE DEUXIÈME.

SUR LES HÔPITAUX, LES ÉTABLISSEMENTS CHARITABLES ET LES INSTITUTIONS SCIENTIFIQUES DE L'ITALIE.

TURIN (1).

C'est la générosité des particuliers qui en Italie crée et soutient, en grande partie, les établissements charitables.

Les témoignages sont unanimes pour proclamer les bons résultats de cette manière de venir au secours des nécessiteux. A cette occasion, on peut citer la Suisse, l'Angleterre, l'Amérique et d'autres pays, où l'attention publique reste fixée sur les besoins des pauvres. — En beaucoup d'endroits, la charité est du ressort des administrations locales, là surtout où depuis l'invasion des Français, les anciennes institutions ont été renversées.—Ce que nous voyons autour de nous, nous prouve qu'en réduisant les devoirs de l'humanité à un acte essentiellement administratif, toujours proportionné au chiffre du budjet, on détruit toute source d'impulsions généreuses dans les masses, on éteint chez elles

(1) *Torino*, capitale des états Sardes, patrie du célèbre Lagrange; 88,000 habitants; y compris la banlieue, 110,000.

le sentiment de la commisération, ce lien puissant sans lequel l'état social ne peut exister. C'est en pénétrant dans les établissements charitables de Turin, les premiers que je visitai lors de mon entrée en Italie, que je fis ces réflexions : plus tard j'eus occasion de les faire encore en visitant successivement les établissements publics des divers états de ce pays.

Hôpital Saint-Louis (1). — C'est un hospice consacré au soulagement des malades atteints d'infirmités incurables; c'est l'établissement philanthropique le plus remarquable de Turin. On ne peut guère se faire une idée bien parfaite des soins de toute nature qui ont présidé à la création et à l'organisation de ce magnifique hôpital. Ce n'est point par le grand nombre des salles, par la grande étendue du terrain et le total considérable des malades qu'il se distingue; car il est seulement destiné à un nombre de patients assez restreint, et sous ce rapport nous ne pouvons qu'applaudir fortement à l'idée de ceux qui ont donné le premier plan de cet hôpital. — Il forme par son ensemble une croix de Saint-André, et par cette disposition on a suivi un système déjà exécuté en partie dans l'*Ospedale de' poveri* de Naples, comme nous avons pu nous en assurer plus tard. Ainsi l'ensemble de cet édifice se compose de quatre ailes formant chacune un système de salles assez grandes et tendant vers un centre (*voir planche* I) isolé seulement des salles par un élégant

(1) Je joins à mes descriptions quelques dessins pris sur les lieux : on voudra ne pas voir toujours dans ces lignes l'expression d'une mensuration, encore moins celle d'une exactitude dans l'ensemble et les détails. C'est tout bonnement un moyen auquel j'ai eu recours pour soulager ma mémoire et que je reproduis afin de faciliter mes descriptions. En quelques endroits, j'ai trouvé des plans que j'ai pu copier; en d'autres lieux on a bien voulu me les fournir.

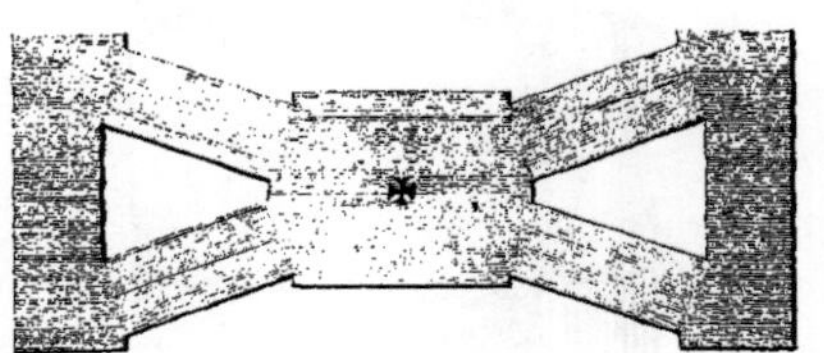

Plan de l'Hôpital St Louis à Turin.

Pag. 112.

vitrage occupé par un autel que couronne une belle statue représentant Saint Louis agenouillé et priant. Cette partie centrale, qui constitue une chapelle, contribue à donner à l'intérieur de cet établissement un air de majesté religieuse, capable d'agir fortement sur l'esprit des malades, qui, tous atteints de maux incurables, doivent voir dans un avenir embelli par la foi un terme à leur situation douloureuse. Cette influence et les soins nombreux dont on les entoure, ont servi de base à l'organisation de cet hôpital. Un calme, une résignation sont empreints dans les traits des malades; ils frappent puissamment l'observateur qui pénètre dans cet asyle, peut-être le mieux approprié, le plus beau du monde actuel. Les lits sont d'une propreté extrême; confectionnés en fer et sur un modèle fort élégant, ils sont pourvus de rideaux et de couvertures d'une étoffe rayée bleu et blanc (*Pl.* 2); ils offrent, par leur ensemble, rangés dans chaque salle sur deux files contre les murs, un coup-d'œil charmant que relèvent l'éclatante blancheur des draps et les masses saillantes des matelas et des coussins, au milieu du demi-jour mystérieux qui règne dans l'intérieur des salles.

De chaque côté, les salles sont en rapport, par leurs murs latéraux, avec une espèce de corridor, salle dans laquelle se passent la plupart des travaux nécessités dans l'hôpital proprement dit. C'est, nous aimons à le dire, dans cette disposition ingénieuse que brille principalement le savoir de l'architecte qui a été chargé de l'ordonnance de cette fabrique. Derrière chaque lit est une porte de communication contre laquelle celui-ci est adossé; ainsi, s'agit-il d'administrer au malade un bain, il ne faut pas le faire souffrir en l'enlevant de son lit, en le portant d'une salle dans une autre, en l'exposant au froid et à des accidents de toute nature : on ouvre la porte qui est derrière lui, et le lit qui marche sur des roulettes, passe dans la salle attenante où le bain est préparé pour le recevoir. Faut-il qu'il subisse une opération, le lit y passe sans qu'il soit nécessaire de le déranger en rien, sans que les autres malades qui occupent le même endroit souffrent de ses gémissements ou de ses cris. On a voulu, par cette sublime disposition, éviter également chez ces malades l'effrayant aspect des agonisants : les rideaux attachés à un ciel-de-lit se ferment dès que les derniers instants approchent, et le lit porte le moribond ou bien le cadavre dans la pièce voisine. On ne distribue point les aliments dans la salle: une ouverture spéciale sert à les passer, et si ma mémoire ne me trompe pas, à côté de chaque lit se trouve un siége percé qu'on vide par un procédé analogue. — Des ventilateurs sont établis sous les lits ; ils attirent dans des conduits souterrains les gaz les plus pesants, tandis que d'autres ventilateurs sont pratiqués dans le haut des salles. Là ne se borne pas cette angélique sollicitude : je vis dans cet institut des servants occupés pendant le jour à rafraîchir l'air autour des malades et à écarter les insectes qui auraient pu les inquiéter au lit de mort!......

O vous, sur qui la fortune accumule toutes ses faveurs, quittez le sol où vous restez immobiles et oisifs ; vous, riches, dont tous les instants sont employés à entasser des trésors, vous ne connaissez point les misères de l'homme pauvre et malade ; et l'on ne saurait assez attirer votre attention sur lui et vous accuser d'indifférence à son égard. Allez en Italie, à Turin surtout, et à l'aspect des incurables de Saint-Louis, il surgira peut-être de vos entrailles une voix dont vos pères connaissaient mieux que vous la puissance bienfaisante ; et si aucune corde de commisération ne vibre plus dans votre cœur, votre vanité sans doute s'en exaltera et tournera au profit de l'humanité souffrante ; l'idée vous viendra peut-être d'immortaliser votre nom en l'attachant à la création de quelque hospice, de quelque refuge, de quelque hôpital... Et c'est dans un pays comme le nôtre, dans le centre que j'habite, qu'une conduite si charitable, si généreuse, si pleine de grandeur, trouverait le plus d'à propos!.... C'est dans Gand surtout, que le sort des infirmes et des malades pauvres est digne de la plus profonde pitié. Oui, quand ma ville natale se sera acquittée des plus impérieuses obligations, elle aura donné la mesure de sa moralité et de sa sagesse : jusqu'ici elle n'a étalé le plus souvent qu'un luxe superflu et, il faut le dire, presque barbare.

Cet hôpital, dont on a mis les fondations il y a vingt ans à peu près, n'est pas encore arrivé à son entier achèvement. Les fonds y prennent un accroissement considérable, fournis qu'ils sont par des legs particuliers et par la munificence royale. Les fondateurs ont droit d'y placer un nombre de malades proportionné aux sommes fournies individuellement.

L'Ospedale de' Pazzarelli, il regio manicomio : l'hôpital des aliénés est un autre établissement nouvellement bâti à Turin et qui, par des dispositions heureuses, est digne d'attention. Il fut seulement ouvert aux aliénés en 1834, lors de l'achèvement des travaux.

Le plan de ce nouveau local a été fourni par le Chevalier Talucchi, le même, m'a-t-on dit, qui a fait l'hôpital Saint-Louis. Il remplace un vieux dépôt, affecté autrefois aux aliénés, dont les docteurs Clarke et Morgan ont fait, dans le temps, une affligeante peinture, exagérée, si l'on doit en croire les hommes que j'ai consultés sur les lieux.

Je trouvai dans ce pieux établissement 375 aliénés, parmi lesquels les hommes étaient plus nombreux que les femmes. On y comptait des campagnards en grand nombre.

Il faut, pour que les malades y soient admis, 1° l'attestation de deux témoins, faite devant l'autorité judiciaire, constatant l'identité de la personne et la nature des actes désordonnés commis par elle; 2° celle d'un médecin ou d'un chirurgien faisant connaître l'état morbide; 3° un extrait de l'acte de naissance; 4° un acte de l'autorité locale indiquant les moyens d'existence de l'aliéné.

L'érection de cet établissement est due en grande partie à des legs particuliers ainsi qu'à l'intervention royale.

L'emplacement se trouve dans la ville, mais dans un endroit écarté. Il forme un vaste enclos, circonscrit par un mur peu élevé et dont l'élégante construction annonce ce goût architectonique qui est propre à l'Italie.

Au milieu de l'enclos couvert de plantations d'arbres, est l'établissement proprement dit, constituant un carré oblong en forme d'⌶, ainsi que M. Esquirol appelle ce genre de plans.

Le centre est occupé par le personnel de l'administration : il renferme les appartements réservés aux médecins, les magasins, les dépôts de linges, etc., le tout faisant un ensemble d'habitations élégantes, entourant une jolie cour qui est au milieu, comme on peut le voir dans les esquisses formées par quelques

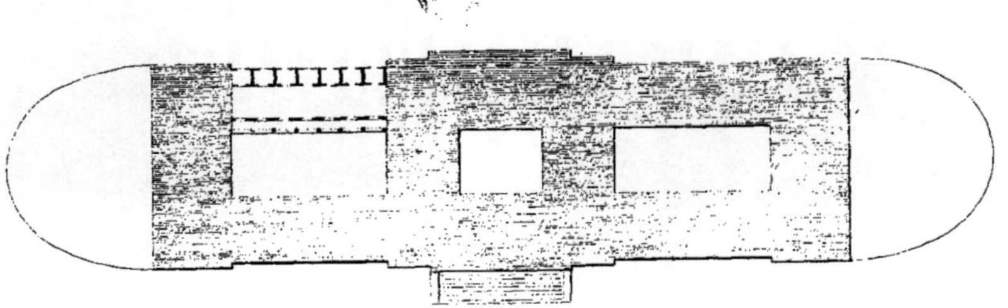

Plan du Mausolée à Cumes

Pag. 117

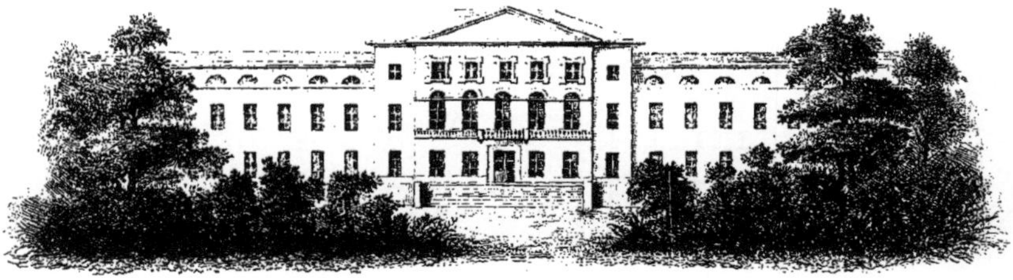

Manicomio di Torino.

Pag. 117 Pl. 5.

Façade des Cours intérieures du Manicomio de Turin.

Pl. 6.

lignes prises, à la hâte, sur les lieux et indiquées dans les pl. 3 et 4.

Du centre partent deux corps de bâtiments qui se prolongent en formant deux ailes latérales, laissant un espace ouvert qui constitue de chaque côté une cour alongée, limitée à son extrémité opposée au centre par un bâtiment terminant les ailes latérales.

Les hommes sont de l'un côté, les femmes de l'autre.

La disposition de chaque aile est telle, qu'elle forme un rez-de-chaussée et deux étages. Le rez-de-chaussée forme avec les cours un souterrain, tandis qu'à l'extérieur il constitue un plein-pied avec les jardins attenants. La disposition des étages est telle qu'il y a, au milieu, sur chacun d'eux et dans chaque aile, un vaste corridor, fort large, qui sert en même temps de réfectoire et de salle de réunion. Les cellules, les dortoirs viennent s'ouvrir dans cette salle-corridor par des portes spacieuses. Le système du plan est tel que les salles se répètent deux fois dans chaque aile, sans compter le rez-de-chaussée, dont les constructions ne sont point encore entièrement achevées, et dans lequel on trouve la cuisine et ses pièces accessoires. On m'a dit que ce souterrain sera habité par les alienés agités et les furieux.

Les cours sont entourées de galeries ouvertes, fermées seulement par des claires-voies et un lattis en bois. La façade intérieure des cours est originale, mais d'un bon goût. (*Voir Pl.* 5). Les fenêtres sont fermées sur un seul étage par des chassis de fer représentant des fleurons sortant d'une espèce de vase; et il est facile de voir que l'architecte a voulu cacher aux malades et aux visiteurs l'aspect des barres de fer qu'il a été obligé d'employer. Plus tard nous avons trouvé une disposition semblable à Averza. (*Voir Pl.* 6). Pour quelques fenêtres, la toile remplace les vitrages, système de cloture tout italien.

Les escaliers, protégés par un grillage composé de tiges de fer délicates, sont larges, bien placés et commodes. Ils se trouvent à l'extrémité la plus avancée des ailes latérales, sous un vaste vestibule, conduisant dans une cour attenante, demi-circulaire et qui se prolonge dans la direction latérale du bâtiment.

On communique avec l'intérieur au moyen de sonnettes, dont les cordons, passant dans les murs, sont fermés à clé.

Partout on a suivi un bon systême de ventilation au moyen de courants d'air établis d'une part dans la voûte des salles et de l'autre sous les fenêtres des cellules, à l'instar des nouveaux hôpitaux en Angleterre.

L'emplacement des latrines est toutefois peu favorable au dégagement des gaz fétides.

Les bains, en marbre blanc, sont superbes, et les salles qui y sont affectées offrent un luxe peu commun. Les baignoires sont disposées en croix aboutissant à un piedestal élevé, placé au milieu et surmonté d'un vase servant de réservoir à l'eau des douches, qui descend sur chaque baignoire. — La douche violente est proscrite.

Une mécanique à poulies sert à monter les aliments de la cuisine aux étages.

L'infirmerie est bien appropriée à sa destination; elle est surtout bien aérée.

La chapelle est élégante et sert aux malades des deux sexes.

Le parloir, peint par un aliéné, constitue un joli salon.

Les cellules sont spacieuses, les fenêtres pratiquées en face des portes, ont de belles proportions et sont à la hauteur de bras d'homme.

Les lits sont grands, les matelas épais, les linges blancs. Les gâteux, peu nombreux, couchent sur de la paille. — La division des femmes se distingue par une grande propreté.

Le classement des aliénés est comme suit : — *Incurables.* — *Manie furieuse.* — *Aliénés tranquilles.* — *Épileptiques.* — Les *pensionnaires* occupent les bâtiments qui terminent les ailes latérales. — La *Manie* constitue un caractère dominant dans cet établissement. La *Paralysie générale* y est fort rare. La *Mélancolie religieuse* s'y présente fréquemment; elle comprend presque le tiers des cas reçus, au témoignage des médecins de l'établissement. La *Démonomanie* y est fréquente.

Comme moyens de répression, on fait usage de bandes de cuir, le plus souvent employées pour fixer le malade dans son lit; à cette fin, on se sert aussi de moyens plus rigoureux. Les furieux sont liés dans leur lit et occupent des salles particulières. Les lits des épileptiques sont garnis de tringles en fer élevées au-dessus des malades et s'ouvrant à charnière.

Un fonctionnaire public, le vice-président du sénat piémontais, est chargé des attributions d'Inspecteur royal. Des Directeurs sont choisis parmi la *Confraternita del SS. Sudario*, dont les membres ont été les premiers fondateurs de cet établissement charitable. Ces hommes ont la haute surveillance de tout le service et se remplacent tous les mois dans l'exercice de leurs fonctions.

L'administration intérieure est confiée à un Régent, en même temps directeur spirituel de l'établissement.

L'administration médicale se compose d'un Médecin primaire et d'un Médecin assistant ; un Chirurgien *flébotome* est chargé des petites opérations.

C'est M. le docteur *Bertolini* qui occupe le premier emploi ; M. le docteur *Bonacossa* est chargé des fonctions d'assistant ; ce dernier était en voyage au moment où je visitai l'Italie. M. Bertolini m'a parlé de la difficulté qu'il éprouve à faire travailler les malades et surtout les hommes ; toutefois plusieurs aliénés sont occupés au service intérieur : ils transportent de la terre, du bois, sont employés à l'infirmerie, sont chargés de l'entretien des salles et des corridors ; mais pour atteindre ce but, il leur faut d'assez fortes récompenses. — Ce docteur m'a dit obtenir un tiers de guérisons complètes; mais le nombre des malades sortis est plus grand que ce chiffre, vu que plusieurs d'entre eux sont réclamés par leurs familles sans être guéris. — L'*insolation* et l'*abus des spiritueux*, l'*emploi du mercure* ont donné fréquemment lieu à l'aliénation mentale. Mais l'avis de M. Bertolini est que le développement de cette maladie est souvent dû à l'action réunie d'une *série de causes* préparant de loin le trouble moral et intellectuel, observation judicieuse que l'étude des faits confirme. — Ce médecin a trouvé souvent après la mort des *congestions sanguines et séreuses* dans le cerveau, les membranes ou leurs cavités. Il a constaté des *inflammations intestinales*, surtout dans la mélancolie et le suicide. Je vis dans son établissement quelques aliénés pellagriques. — M. Bertolini a créé un traitement tout spécial, que je n'ai trouvé nullepart et qui consiste dans des *bains narcotiques*, dont l'emploi est adapté, surtout par lui, au traitement des aliénés agités et des maniaques : il m'a dit en obtenir de bons résultats, et faire un grand usage de cet agent, auquel douze personnes sont soumises presque tous les jours. Un appareil à coction est destiné à l'ébullition des plantes, composées d'hyosciamus, de laurier-cerise, de belladone, de ciguë, etc., qu'on emploie dans la proportion de deux livres de décoction pour un bain. — Les malades exposés à l'action de ces agents, éprouvent d'abord de la répugnance à se soumettre à leur influence; on observe toutefois qu'ils deviennent dociles en peu de temps — Les bains tièdes simples constituent la plupart du temps la base du traitement. On a quelquefois employé avec succès les bains froids dans les pertes séminales. — Je vis des malades soumis à la méthode Rasorienne, et il paraît qu'on a souvent dans cet établissement recours avec avantage au tartre stibié à haute dose. — Les déplétions locales sont mises fréquemment en usage; on met plus de réserve dans l'usage des saignées générales. — Une chambre obscure, matelassée, est employée chez les furieux comme agent de répression.

L'établissement est desservi par les Sœurs Grises, organisées sous l'invocation de Saint-Vincent de Paul; elles ont la direction spéciale de la division des femmes aliénées; toutefois une de ces religieuses fait les fonctions de Gouvernante dans la division des hommes, disposition excellente qu'on voudrait voir imitée partout. Ces sœurs étaient, lors de ma visite, au nombre de cinq seulement. Elles ont sous leurs ordres des infirmiers et des infirmières; les premiers portent l'uniforme, et ont au collet un petit galon qui les distingue des malades.

On peut pour de plus amples détails sur la statistique de cet établissement, consulter les opuscules de MM. Bertolini et Bonacossa (*Voir notre première lettre*).

Un médecin français a trouvé les cours intérieures de cet établissement étroites, et il a ajouté que le rez-de-chaussée ne lui a point semblé assez éclairé. Nous avons trouvé son observation juste, mais elle ne nous a pas semblé importante; car il existe autour de l'établissement une étendue de terrain suffisante où les malades peuvent au besoin s'exercer de toutes manières. Nous dirons que cette fabrique, dans son ensemble, renferme de bonnes dispositions et sans pouvoir le recommander en tout comme modèle, nous pensons que parmi les établissements existants il est un de ceux dont les lignes architectoniques présentent le plus d'harmonie et dans lesquelles on pourra trouver des inspirations heureuses. Nous ajouterons toutefois que la disposition des *salles-corridors* nous a semblé défectueuse : elles constituent des points de réunion qui nous ont paru devoir trop concentrer les aliénés, tandis qu'il est plus salutaire de les éparpiller. D'ailleurs les cellules, les dortoirs sont en pleine communication avec ces salles, ce qui fait que les malades qui sont dans leurs chambres, participent à tous les bruits que font les aliénés réunis dans ces lieux. Ainsi, le tumulte qui doit y régner et qui y règne réellement, est une condition essentiellement contraire au but curatif qu'on doit se proposer chez ces malades; cette agitation n'est guère propre à porter dans leur esprit, ce calme, cet état négatif sans lequel on ne fait aucun pas dans le traitement, surtout à la première période de la maladie, alors que l'impressionnabilité morale est si fortement accrue.

Il y a à Turin d'autres établissements charitables qui n'exigent point une mention spéciale. — Les hôpitaux y sont au nombre de sept. M. Bertini a donné, dans deux opuscules différents, des aperçus sur l'Hôpital des Chevaliers, le *Spedale maggiore del sacro ordine equestre de SS. Maurizio et Lazzaro,* dont la fondation date déjà de 1553. Cet hôpital, qui est loin d'être vaste, loge des malades appartenant à la classe nécessiteuse, ainsi que les soldats de la Garde royale. On y est à la veille de constater les résultats d'un appareil de chauffage, le *thermosyphon,* employé déjà avec succès à l'établissement royal de l'Ergastole; il semble promettre une économie de combustible et a l'avantage d'entretenir une température égale en faisant disparaître toute crainte d'incendie. — La mortalité est seulement dans cet établissement de 4 $\frac{2}{3}$ sur 100 (Bertini).

L'Hôpital Saint-Jean, fondé au treizième siècle, peut contenir quatre cents malades; il n'offre rien de remarquable, ni sous le rapport des dispositions du bâtiment, ni sous celui de son administration. Le local forme une croix grecque; les salles sont voûtées, les fenêtres opposées. C'est dans cet hôpital que se donne la clinique : des salles séparées sont destinées à l'enseignement médical et à l'enseignement chirurgical. Il en est de même de l'Hospice de la Charité, dans lequel sont reçus de quinze cents à deux mille indigents infirmes des deux sexes qu'on occupe au travail, ainsi que des orphelins, des enfants abandonnés, à qui l'on apprend des professions mécaniques, qu'on initie même à la culture des beaux arts. Ce local offre quatre cours et quatre étages bas et humides.

C'est à l'hôpital celtique, Martinetto, que sont traitées les femmes affectées de maladie vénérienne. On y trouve une centaine de lits.

Tuirn a un Hospice pour les femmes en couche et les enfants trouvés.

—

Turin possède une Université, la *Reale Universita*, très-renommée et qui occupe un rang distingué parmi les institutions scientifiques. Elle est un établissement primaire, c'est-à-dire qu'on y confère tous les grades académiques : on y fait des docteurs en médecine, des docteurs en chirurgie, des chirurgiens et des petits chirurgiens. — Presque partout en Italie, après le Lauréat, commence l'étude pratique, excellente institution qui dure vingt mois dans un hôpital et sous les yeux du maître ; on ne délivre le diplôme qu'après un examen pratique, nommé libre pratique. Les études du doctorat durent cinq ans, celles du chirurgien quatre ans, celles de la petite chirurgie trois ans. — Chambéry possède une école où l'on peut recevoir les premiers grades ; Gènes, autre université des états sardes, ne donne point les grades pratiques ; elle a une université secondaire.

Sous le rapport du bâtiment, l'université de Turin offre de belles dispositions ; comme presque partout en Italie, elle forme une cour carrée, ayant sur ses quatre faces des galeries couvertes qui se répètent sur l'étage. Elles sont ornées d'un nombre considérable d'antiquités trouvées dans les environs de Turin et consistant en pierres couvertes d'inscriptions romaines et grecques. Une horloge est au milieu. — Les classes y sont spacieuses et s'ouvrent sous les arcades, ainsi que la salle des actes, qui est belle. La bibliothèque, composée de deux salles, est grande et richement organisée; elle compte plus de 80,000 volumes, 112,000 au rapport de Valery. Autrefois cette université avait plus de 2,000 élèves; aujourd'hui, depuis les derniers évènements politiques, ce nombre est considérablement diminué. — Les facultés y sont au grand complet, y compris la théologie. La faculté de médecine est instituée comme suit :

MM. *Martini* enseigne la médecine légale et donne un cours d'hygiène.
» *Gallo* est chargé de l'enseignement théorique et pratique de la chirurgie.
» *Riberi* est professeur des operations chirurgicales.
» *Moris* enseigne la matière médicale.
» *De Michelis* est chargé du cours d'anatomie.
» *Griffa* donne la médecine théorique.
» *Pasero :* la clinique externe.
» *Scina* : les institutions chirurgicales.
» *Berruti :* la physiologie.
» *Sachero :* la clinique interne.
» *Alliprandi :* les accouchements.
» *Bursa :* la chirurgie.
» *Girola :* les institutions médicales.

Turin a un Cabinet anatomique et un Musée d'histoire naturelle : des travaux qu'on était occupé à faire au premier ne m'ont pas permis de le voir. — Le cabinet d'histoire naturelle, sans être remarquable sous le rapport des choses rares, est cependant digne d'être cité. La collection des Oiseaux est belle et nombreuse : les Rapaces surtout attirent l'attention. Les Poissons sont nombreux et fort bien conservés; la couleur de ces animaux offre une vivacité, une fraîcheur peu communes; on y voit un beau Coryphène, des Trigles, des Torpilles, des Scorpions d'une belle conservation. Les Crustacés composent une collection peu remarquable. Les Insectes sont nombreux et classés avec soin. La collection de Mollusques est assez complète. Les Mammifères, peu nombreux, sont entassés et semblent attendre un meilleur emplacement. On y distingue un beau squelette de giraffe et un squelette d'hippopotame. Ce musée possède un Éléphant en carton, bien fait et de forte proportion. — La collection des Minéraux est au grand complet; on la considère comme la plus considérable de l'Italie.

Turin possède une autre collection : celle du Musée Droveti, du nom de son fondateur, consul en Égypte du temps de l'empire; composée d'antiquités égyptiennes; elle surpasse en richesses la fameuse collection des momies et statues égyptiennes du Musée Britannique de Londres. Elles comprend des pièces qui sous le rapport zoologique et physiologique inspirent un intérêt réel.

Il y a à Turin, un *Collège de médecins*, composé de trente membres, médecins et chirurgiens. Pour y être agrégé il faut soutenir une thèse (Valentin).

—

Turin est une ville remarquable et, par son ensemble, réellement une des plus belles villes d'Italie. Ses rues principales, tirées au cordeau et aboutissant à la grande place, présentent le caractère d'une grandeur tout-à-fait monumentale; elles forment une suite de portiques sous lesquels la population se réfugie et s'accumule pendant les chaleurs et les pluies. Les maisons, ayant toutes l'air d'être construites sur un même plan, ont plusieurs étages; les fenêtres ont des balcons et des frontispices et sont généralement garnies, en été, de pavillons d'une étoffe rayée dont l'effet est fort agréable. Il y a partout dans les édifices des percées qui permettent de voir l'intérieur des cours; l'architecture en est pompeuse et présente partout un air de palais. Le soir, au clair de la lune, on y jouit de coups-d'œil admirables. Toutefois on nous a assuré que l'intérieur des maisons ne répond pas à leurs façades extérieures, et qu'elles ont été ajustées à d'anciens bâtiments lors d'un plan suivi pour l'embellissement général de cette ville. Le tout a sur plusieurs points un air noir et enfumé. Quelques grands édifices, le palais Carignan par exemple, sont en briques rouges, noircies, il est vrai, par le temps. On admire toutefois les ressources qu'on a su tirer de ces matériaux dans la construction des corniches, des pilastres, de leurs bases et de leurs chapiteaux, ainsi que dans celle des frontons qui couronnent les fenêtres. — Turin a un beau pont sur la Doire. Ses principaux théâtres sont celui du Roi et le théâtre Carignan. Je trouvai ce dernier extraordinairement mal éclairé, et la présence de soldats ayant l'arme au bras, mêlés aux spectateurs du parquet, me causa une surprise d'autant plus grande que j'observais pour la première fois ces précautions d'un pouvoir ombrageux.

Les églises ont à Turin un aspect tout-à-fait italien; partout on a soin d'en exclure la lumière; elles présentent une profusion de marbres rares, beaucoup de décors, et ont presque toutes des dômes. — Le palais d'Aoste contient une belle collection de tableaux, parmi lesquels figurent les premiers maîtres de l'école flamande. — En sortant de Turin par la rue longue et belle qui conduit au temple della Madona di Dio, construit en marbre blanc sur le modèle du Panthéon de Rome, on passe devant une maison de plaisance de la reine et l'on a à sa gauche la *Superga*, église placée sur une haute montagne, admirable par sa perspective et sa verdure. Ce temple se trouve à une petite lieue de la ville et sert de sépulture aux rois piémontais; il présente une grande richesse de construction et de décors.

—

De Turin à Gènes on compte 48 lieues, en passant par Asti, patrie d'Alfieri. A mi-chemin est Alexandrie, ville ayant une forte citadelle, et, à quelques pas plus loin, la célèbre plaine de Marengo.

On passe les Apennins, qui sont là nus et tristes, et on arrive à Bochetta, où l'on jouit d'un beau coup-d'œil. A ma droite et dans le lointain, je vis la Méditerranée que je distinguai de loin comme une lame de cristal. Le ciel présentait cet aspect enchanteur qui est propre à l'Italie; quelques nuages s'offraient, mais élevés, éparpillés, argentés; à la fin du jour, j'en vis à l'horizon qui se dessinaient par les couleurs les plus vives et les plus variées, d'un beau jaune et de l'écarlate le plus intense. — Je contemplais pour la première fois une nuit en Italie! Le ciel était d'une pureté extrême, d'un bleu très-foncé; sur sa voûte presque noire ressortaient avec éclat des myriades d'étoiles et la lune, plutôt blanche que jaune et scintillante de lumière.

Manicôme à Gênes.

(Vue prise de la hauteur du Palais [illegible])

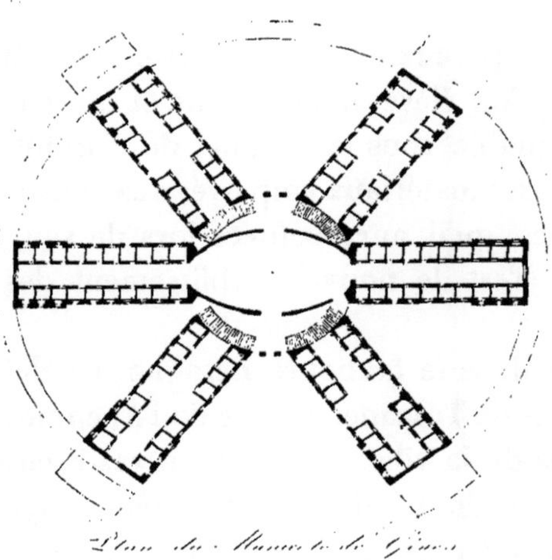

Plan du Manicome de Gênes

Pag. 129

Pl. 8

GÈNES (1).

On admire à Gènes ses élégants palais, son superbe théâtre et les riches marbres employés à la construction de ses monuments, sa population belle, forte et active, ainsi que son commerce qui prend, de jour en jour, une extension de plus en plus croissante.

Parmi les somptueux édifices de cette ville célèbre, il en est un qu'on élève actuellement et qui n'est pas moins remarquable sous le rapport de l'architecture que sous celui des matériaux employés à sa construction et des sommes qu'il aura coûtées lors de son entier achèvement : c'est le nouvel établissement des aliénés, le MANICOLO.

Il se trouve dans le faubourg Besagno, en Hebrera, près de la route de Toscane, en face de l'Apennin, à une des extrémités de la ville. Il forme un vaste ensemble de bâtiments, ordonné d'après le système rayonnant proposé dans le temps par le docteur Esquirol, et représente un hexagone dans lequel six bâtiments tendent vers un centre commun qui est une rotonde à cinq étages y compris le rez-de-chaussée, surmontée par une espèce de dôme couvert en cuivre rouge (*Voir planches 7 et 8*). Ce centre présente sur chaque étage un ves-

---

(1) *Genova*, patrie de Christophe Colomb; y compris les faubourgs, elle a près de 130,000 habitants.

tibule, espèce de salon autour duquel tournent les escaliers.

Les six ailes laissent entre elles des cours triangulaires, formant des angles brisés dans leur jonction avec le bâtiment central.

Chaque aile se compose, indépendamment du rez-de-chaussée et du souterrain, de deux étages et d'une mansarde. Il y a trois étages complets pour les avant-corps. — Chaque rayon forme un bâtiment qu'un corridor traverse dans toute sa longueur entre deux séries de cellules ou de dortoirs. — Les portes des cellules (*Pl.* 9, *fig.* 2) tournent dans les corridors. — Les fenêtres, spacieuses et à hauteur de bras d'homme, sont opposées aux portes et réalisent ainsi cette belle disposition préconisée à juste titre par M. Esquirol. — Tantôt les cellules sont complètes, tantôt elles ont des communications larges entre elles. — Les fenêtres ont à l'intérieur des volets et des lattes en fer disposées en losanges (*Voir Pl.* 9, *fig.* 1). Un observatoire est dans le milieu de la porte, et la serrure peut en même temps s'ouvrir à l'extérieur et à l'intérieur. — Les cellules sont spacieuses. — On compte dans chaque aile de bâtiment et sur chaque étage, une rangée de dix croisées; ce qui fait environ seize à dix-huit cellules pour chaque étage et dans chaque rayon. — Les portes de communication sont à claires-voies et faites avec élégance (*Voir Pl.* 9, *fig.* 3). — Tout le bâtiment est voûté sur chaque étage, ce qui a nécessité des murs d'une solidité considérable, vu la hauteur de l'édifice. — Il paraît que primitivement, les latrines se trouvaient dans les angles des cours; maintenant on les a portées vers l'extérieur. — Lors de ma visite, les baignoires taillées dans le marbre blanc, étaient sur

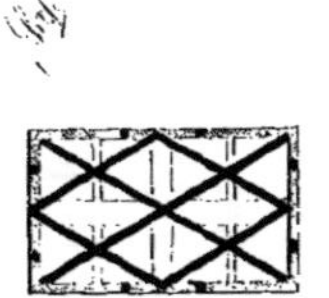

Fig. 1

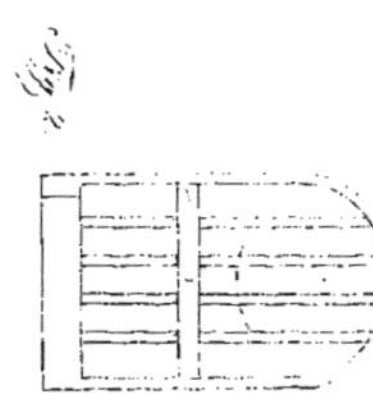

Fig. 2

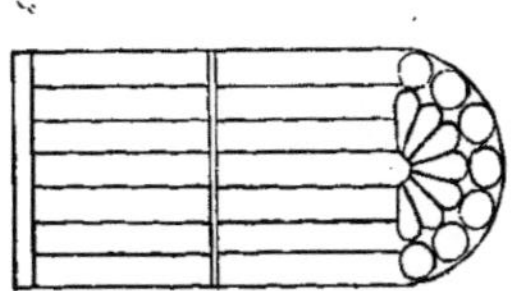

Fig. 3

le point d'être placées et de superbes colonnes, également de marbre, allaient décorer le portique d'entrée.

Sous le rapport de la solidité et de la beauté des constructions, sous celui du luxe qu'on a mis dans l'ordonnance de l'ensemble, ce bâtiment ne laisse rien à désirer : on y travaille continuellement dans le but de faire des changements utiles et de corriger les défauts existants. Cependant à travers ce luxe monumental on reconnaît l'absence d'une impulsion médicale ; il est facile de voir que les renseignements pratiques ont manqué lors de la combinaison primitive du plan, et jusqu'ici on n'a pas encore désigné le médecin qui sera chargé du service médical.

Les salles de réunion manquent dans cet établissement ; les corridors sont trop étroits et les fenêtres des cellules sont mal disposées ; elles ont des volets qui se ferment à l'intérieur. Les châssis de protection, faits en fer, n'empêcheront pas les aliénés de casser les vitres. La serrure s'ouvrant des deux côtés de la porte, est une disposition défectueuse, parce qu'elle permet à l'aliéné de l'obstruer par des ordures. Je n'ai rencontré rien de convenable pour les latrines intérieures. D'un autre côté, la construction des cellules destinées aux aliénés agités et aux furieux est entièrement négligée. Les cellules sont dallées, disposition fort mauvaise sous un climat comme celui de l'Italie, où le moindre froid des pieds cause si souvent des symptômes formidables. — Ce qui plus est, il paraît que le terrain sur lequel est bâti cet établissement est bas et humide et que déjà on est obligé de faire des changements importants pour l'écoulement des eaux souterraines. Il se trouve peut-être trop près d'un quartier populeux; les aliénés dans les corridors, dans les cellules, auront partout vue sur les maisons environnantes; mais il est vrai de dire que cet inconvénient est compensé par le coup-d'œil dont on jouit sur les étages supérieurs, en face des Apennins dont l'aspect est délicieux, ainsi que celui de la Méditerranée.

La forme rayonnante, telle qu'elle a été établie à Gènes, n'existe point encore ailleurs, quoiqu'on l'ait invoquée souvent dans l'ordonnance des bâtiments, d'abord pour les prisons, et en dernier lieu pour les établissements d'aliénés. C'est pour la grande prison de Gand qu'on a choisi d'abord cette forme, où elle constitue un octogone. A Londres, dans la prison de Milbanck, l'établissement forme un hexagone dans lequel chaque corps de bâtiment est isolé et constitue un pentagone flanqué de tourelles. La maison de force de Brixton, près de Londres, comprend la moitié d'un octogone, avec des divisions multipliées qui tendent vers un centre. Près de Liverpool, dans la prison de Kerkdale, une courbe remplace les angles du demi-octogone, avec sept divisions allant vers un centre. Dans le Pénitentier de Genève, comme nous le dirons, le bâtiment forme un demi-cercle divisé par deux corps de bâtiments. A Glasgau, l'établissement des aliénés forme une croix grecque; les cours sont subdivisées par des lignes médianes. Dans la division des aliénés au Guy's hospital, à Londres, les logements sont disposés circulairement autour d'un centre. La forme rayonnante a encore été employée dans quelques autres établissements, mais dans ceux qui ont été érigés dernièrement, on l'a abandonnée totalement, ou bien on en a fait un système mixte; c'est ce système qui est principalement suivi en ce moment en Angleterre. Dans différents établissements de ce pays, le plan se compose de deux croix grecques dont les branches de la croisée se confondent sur le milieu. Tel est le plan de Wakefield et celui du nouveau local de Dumfries. Dans l'établissement de Hanwell, près de Londres, c'est un long bâtiment ayant deux avant-corps latéraux, avec des radiations en dehors formant les cours; c'est encore un système mixte dans lequel on a conservé, en grande partie, les lignes droites et les carrés.

Or, un des grands inconvénients du système rayonnant, c'est le peu de ressource qu'il présente pour la multiplication des cours, et c'est ce dont on peut s'assurer en examinant l'établissement de Gènes. Dans l'ordonnance du plan de cet établissement, on a eu trop en vue le *centre de surveillance;* mais cette disposition est précisément celle qui crée le plus d'obstacles : elle force à établir des étages, à moins qu'on ne donne aux lignes du rayonnement un prolongement hors de toute proportion, et dans tous les cas on est dans l'impossibilité de multiplier les cours. Ainsi, dans ce nouveau manicole, il y a six cours: c'est trois cours seulement pour chaque sexe; c'est moins encore, car il faut décompter une cour qu'on accordera au service de la maison. Ainsi, on ne voit point dans cet établissement le local destiné aux aliénés payants, celui où l'on classera les convalescents; une troisième division devra comprendre les aliénés tranquilles, une quatrième renfermer les agités; il faut une division spéciale pour les furieux, éloignée des autres, afin d'assurer la tranquillité dans la maison; il faut un classement spécial pour les déments, les paralytiques, les épileptiques; il faut une infirmerie avec ses divisions pour les agités, les immondes et les aliénés tranquilles; il faut surtout que toutes ces divisions soient doubles, puisqu'il faut y loger les deux sexes : et l'on ne conçoit réellement pas la possibilité d'arriver à cette fin dans le système suivi. En abandonnant l'idée de la surveillance centrale unique, on atteint sans difficulté le but, on crée de belles lignes architectoniques, ce que l'on n'a pas en suivant la forme rayonnante, qui conduit à avoir des cours triangulaires, rétrécies, sombres et humides le plus souvent, comme l'a fait observer, avec beaucoup de justesse, le docteur Jacobi.

En déplorant ces dispositions défectueuses, on n'en est pas moins rempli d'admiration pour la conception grande et généreuse qui a guidé ceux qui les premiers ont conçu, à Gènes, le plan d'introduire une réforme radicale dans l'état des aliénés de cette ville. Ce n'est qu'après avoir constaté de coupables négligences dans la plupart des pays que nous avons parcourus, après avoir rencontré presque partout un esprit d'indifférence inconcevable pour tout ce qui se rapporte aux besoins matériels et moraux de ces malades, qu'on peut, dis-je, apprécier les difficultés qu'on a dû vaincre et les grands sacrifices qu'on a dû s'imposer pour arriver à l'érection d'un établissement qui, lors de son entier achèvement, aura coûté des sommes considérables. Sous ce rapport, les Génois ont hérité de l'esprit des Anglais ; chez ces derniers aussi, les établissements d'aliénés sont érigés avec un luxe de solidité, une abondance de matériaux de construction et des vues larges qui témoignent hautement de leur génie de bienfaisance. On nous a parlé à Gènes de dons extraordinaires faits par des particuliers en faveur des établissements charitables, et on nous a cité des exemples qui honorent au plus haut point les habitants riches de cette ville. — Dans les hôpitaux, des bustes, des statues, frappantes par leurs dimensions colossales, sont placés dans les salles occupées par les malades, et rappellent les noms et les qualités des donateurs de ces instituts. Ce témoignage de reconnaissance a quelque chose de bien touchant.

Jusqu'à l'achèvement des travaux du nouvel établissement, les aliénés continuent à occuper dans l'hôpital des incurables l'ancienne division affectée aux fous : c'est l'Ospedaletto, où j'ai trouvé ces malades au nombre de 270, le 10 août 1838. Le beau portique en marbre blanc qui sert d'entrée à cet établissement, cache bien des amertumes, et c'est avec raison que M. Brière de Boismont en fait une peinture affligeante; car on ne peut voir rien de plus extraordinaire et de plus pénible en même temps, que les salles basses, mais vastes que les alienés, sans ordre aucun, courant pêle-mêle, remplissent de leur babil, de leurs vociférations et de leurs cris. Tous pâles, portent des vêtements blancs; leurs cheveux noirs d'ébène flottent en désordre sur leurs épaules; tous ont un air effrayant. Nullepart je ne vis tant de tumulte, tant de dégradation, de malpropreté et d'obstacles à la guérison. Quatre salles sont occupées par les hommes et deux par les femmes. — Les furieux sont attachés dans leur lit avec des chaînes. — C'est avec un désir bien motivé que les médecins de cet établissement attendent avec impatience l'achèvement des travaux du nouveau manicole.

Des infirmiers et des infirmières sous la direction d'un chef laïque font le service de cet hospice.

Je vis dans la division des incurables, un individu qui, atteint d'un accès de manie, s'était amputé les testicules. Il était remarquable, depuis cet évènement, par un embonpoint excessif; son aliénation s'était dissipée, le timbre de sa voix n'avait subi aucun changement et sa barbe avait continué à croître comme auparavant. J'ai cherché en vain dans cet établissement des cas de *paralysie générale* bien caractérisée.

L'Hopital Pammatone. C'est un établissement destiné au traitement des maladies aiguës; il est érigé sur des proportions très-grandes et peut contenir une population de malades considérable, évaluée à mille, à dix-huit cents. Les salles en sont immenses et garnies de statues colossales représentant les donateurs. Sous le rapport de l'architecture, cet hôpital est un des édifices les plus remarquables de Gènes; aussi le trouve-t-on reproduit plusieurs fois dans les recueils des monuments distingués de l'Europe. Son escalier spacieux, ses beaux portiques attirent surtout l'attention des architectes par leurs belles et imposantes proportions.

Les lits, sans rideaux, se trouvent dans les salles sur des rangs doubles et donnent par leur ensemble l'idée d'un vaste camp de malades; ils sont faits en fer, mais d'une ordonnance fort simple. — Cet hôpital est loin d'être proprement tenu.

Les hommes habitent l'étage inférieur; de l'un côté sont les fiévreux, de l'autre les blessés; les femmes sont en haut, au second étage; au troisième sont les femmes en couche.

Il y a dans cet hôpital, comme dans la plupart des établissements italiens en ce genre, une coutume qui, dans ses résultats, doit être nuisible aux malades. C'est la faculté qu'on accorde aux familles et aux connaissances, même au public sans distinction, d'avoir entrée tous les jours dans l'hôpital à des heures fixées par le réglement. De-là résulte dans les salles une agitation, un tumulte extraordinaire, qui les fait ressembler sous bien des rapports à des marchés publics. La vue de ce monde causeur, au milieu des malades et des mourants, fait sur l'étranger qui n'est point habitué à de pareils spectacles, une impression singulièrement douloureuse. D'ailleurs, le peuple qui est toujours prompt à trouver, dans les souffrances physiques, des pertes de forces, a soin de faire passer clandestinement aux malades des aliments, malgré le système de surveillance établi à la porte d'entrée.

Des moines ont la direction supérieure de cet établissement. Un de ces pères occupe un bureau placé à l'entrée des salles. Le service est, dit-on, confié à des orphelins et des enfants trouvés.

Dans une chapelle attenant à cet hôpital, remarquable par une grande richesse, on voit le corps de Sainte Cathérine, renfermé dans une châsse de cristal, parfaitement conservé et à l'état de momie. La peau de la face n'est nullement rembrunie.

Gènes a un Hopital de la marine et un hopital militaire. On y trouve une école de sourds-et-muets, fondé par le père Assaroti. Son albergo de' poveri est un établissement colossal, placé dans un endroit fort pittoresque, constituant un vaste atelier, où plus de quinze cents personnes, orphelins et pauvres, reçoivent une éducation artistique. On y fabrique des rubans de soie, des tapis, des étoffes de coton, etc.

L'université de Gènes est, comme il a été dit, secondaire; elle ne compte en tout que deux cents élèves, y compris la théologie; la faculté de médecine n'en présente que cinquante.

MM. *Garibaldi* enseigne la matière médicale.
» *Mazzini* l'anatomie et la physiologie.
» *Tavella* la pathologie spéciale et la thérapeutique.
» *Molfino* les opérations chirurgicales.
» *Gherardi* la clinique externe.
» *Pedimente* la pathologie spéciale et la thérapeutique chirurgicale.
» *Bo* la pathologie générale et l'hygiène.
» *Botto* donne une clinique chirurgicale au grand hôpital.
» *Viviani*, professeur de botanique et d'histoire naturelle, est également attaché à cet hôpital.
» *Mongeardini* y est professeur de clinique interne.

Le bâtiment de l'université est un édifice remarquable; son grand escalier, avec ses deux célèbres lions en marbre blanc, est du plus bel effet; il en est de même de la cour, entourée d'arcades qui reposent sur des colonnes accouplées.

La Bibliothèque de l'université est vaste et contient une riche collection d'ouvrages remarquables. Elle se compose, dit-on, de 150,000 volumes : on m'y fit voir des manuscrits fort précieux.

Les cabinets de physique et d'histoire naturelle ne méritent point une mention spéciale.

—

Gènes, considérée dans son ensemble, n'est pas ce que l'on peut nommer une belle ville; car en dehors de ses palais et de ses églises, elle n'offre absolument rien de monumental; mais elle est intéressante sous le point de vue de son aspect général, et sous ce rapport elle est peut-être propre à donner une idée des villes du Levant, avec lesquelles, s'il faut en croire ceux qui ont pu en juger, elle offre une grande ressemblance. Ses rues tortueuses, étroites et obscures ont un aspect singulier, nullement agréable, attristant même; ses boutiques sont généralement petites et obscures, là où, au milieu du jour, elles ne sont point éclairées par des lampes à huile. Ces boutiques, quoique encombrées de marchandises, ne sont pas élégantes; il y règne je ne sais quel air judaïque. — On ne trouve pas de places publiques spacieuses à Gênes; seulement trois rues se distinguent par une extrême richesse des bâtiments. Les palais Durazzo, Serra et Doria Pamfili, cités dans tous les itinéraires, bâtis dans le style dorique (qu'on retrouve jusque dans la façade du spectacle), sont fort beaux. Le palais ducal, ancienne résidence des doges de la république, est un bâtiment majestueux. — On trouve dans cette ville quelques belles églises; celle de Saint-Laurent est revêtue à l'extérieur de marbre, formant des bandes blanches et noires; à l'intérieur les chapiteaux des colonnes sont dans un style en quelque sorte moresque, offrant tous des ornements différents. Quelques églises sont richement décorées; on y voit une profusion de marbres, de belles sculptures, de Pugot surtout, et quelques beaux tableaux. — Les rues sont encombrées de monde, surtout dans les environs de la mer; il règne partout une grande activité dans le peuple; on ne rencontre guère ni charrettes, ni chevaux : tous les objets y sont portés sur les épaules. Dans les palais, la disposition des grandes portes est parfois telle qu'elles ne permettent pas l'entrée aux voitures. — Le peuple se fait généralement remarquer par ses bonnets rouges. On y rencontre un nombre considérable de religieux de tous les ordres; plusieurs d'entre eux ont d'énormes chapeaux relevés au-dessus des oreilles; des enfants, âgés de douze, treize ans, y portent l'habit ecclésiastique : ce sont ceux qui pendant leurs études se destinent à l'état de prêtre. J'eus plus tard occasion de voir souvent ce costume de collège. — Comme à Turin, on trouve à Gênes une forte garnison; partout les militaires circulent dans les rues. On y voit des galériens enchaînés, occupés à des travaux rudes. Dans le port, il règne une grande activité; un nombre considérable de navires marchands y stationnent; mais ils sont généralement d'un petit calibre. — Au Quassola, on jouit d'un coup-d'œil superbe sur les collines qui dépendent de l'Apennin.

Je partis de Gênes sur un bâteau à vapeur. — En attendant le moment du départ, au milieu d'une forêt de mâts, étourdi par le son des cloches et les chants des matelots, je pus du bord du navire, et pendant deux heures, contempler l'admirable, la poétique, la sublime situation de Gènes, bâtie en amphithéâtre au pied de l'Apennin, avec ses villa et sa belle verdure.

Bientôt le navire sillonna le golfe de Gènes, ce superbe miroir d'eau dont la limpidité est telle qu'il me fut permis de reconnaître à une profondeur considérable des poissons et de grands mollusques, lançant des flots de lumière et nageant autour du bateau, malgré la rapidité de sa marche.... Je ne m'attendais pas au changement qui se préparait dans ma position; car au bout de peu d'heures, et presque subitement, la mer fortement secouée imprima au navire des chocs violents et brusques. Les tabourets, les canettes, les plats, les verres roulaient en tout sens; les armoires s'ouvrirent brusquement; tout ce qui était renfermé dans ces custodes sautillait et tombait sens-dessus-dessous; le quinquet suspendu, après des balancements périlleux, se brisa en mille morceaux. Il n'y avait plus moyen de se tenir debout. Le navire, dont la machine ne fonctionnait presque plus, faisait entendre des craquements effrayants; les flots se précipitaient à tout moment par la poupe dans l'intérieur. — Je subissais donc les chances d'une tempête qui dura toute la nuit et dont le dénouement fut de me faire voir, non loin des côtes, un vaisseau chaviré dont l'équipage, jetant des cris lamentables, était dans la plus grande détresse et auquel le nôtre, qui se conduisit avec un noble dévouement, porta un heureux secours. — Je conserverai long-temps le souvenir de la nuit que je passai, souvenir qui n'est pas, au moment actuel, sans un agrément réel pour moi. Cette circonstance me fit apprécier les procédés honnêtes de deux excellentes personnes du Piémont qui débarquèrent avec moi à Livourne et avec lesquelles je continuai mon voyage pendant plusieurs jours. Il faut se trouver seul, exténué et malade, éloigné de tout appui, au milieu d'une population étrangère, de Juifs, de Grecs, d'Arabes et de Turcs attirés dans ce port franc; il faut ces circonstances, dis-je, et après les moments que je venais de passer, pour apprécier tout le prix de la conduite la plus obligeante.

Je visitai à Livourne un monument hygiénique fort remarquable, le nouveau *Réservoir d'eau*, qui est un bâtiment magnifique, destiné à conserver les eaux pures arrivant par des aqueducs d'un endroit éloigné de la ville. Il paraît que les eaux à Livourne sont mauvaises et qu'on est obligé de les faire venir d'assez loin pour les conserver dans cette Piscine, d'où elles sont distribuées dans les différents quartiers de la ville.

J'ai visité dans cette ville un superbe établissement de bains.

L'hôpital, que je n'ai pas vu, n'offre, dit-on, aucune particularité.

Après avoir parcouru une route large et belle, à travers des terres fertiles, après avoir vu sur mon passage des hommes presque nus, bronzés, d'une complexion athlétique, j'entrai dans Pise.

Située à deux lieues de la mer, Pise est une ville morte; c'est le Bruges de la Toscane. Elle n'a plus que 16,000 habitants, tandis qu'autrefois sa population était de 150,000 âmes. On y admire les superbes quais qui bordent l'Arno dont elle est traversée. — Pise a une cathédrale remarquable par son aspect antique et surtout par ses portes de bronze, faites par un ancien belge, Jean de Bologne, et dont les bas-reliefs sont d'une beauté surprenante. La tour inclinée, ayant 293 marches, toutes en marbre blanc, le baptistère, le campo santo sont sur la place du dôme. Cette ville porte encore un caractère de grandeur qui atteste son ancienne opulence : mais à chaque pas, dans les rues, on est arrêté par des pauvres tendant la main.

PISE.

Il n'y a qu'un seul hôpital à Pise qui mérite l'attention, le SPEDALE NÓVO, le SPEDALE GRANDE : il est spacieux, peut contenir 300 malades et se fait remarquer par ses lits décorés avec élégance. (*Voir Pl.* 10.)

L'UNIVERSITÉ de Pise jouit d'une antique réputation; elle est le seul établissement primaire en ce genre existant en Toscane, et attire encore, au moment actuel, un grand nombre d'élèves. Depuis la dernière révolution de Bologne, surtout, les Grecs font principalement leurs études à Pise. A l'époque où j'étais dans cette ville, les étudiants étrangers s'y trouvaient très-nombreux.

La faculté de médecine se compose de :

MM. *Civinini* qui enseigne l'anatomie.

» *Arcangeoli* qui donne la physiologie et la pathologie.

» *Barzelloti* qui est chargé de la médecine pratique.

» *Menici* de l'art d'obstétrique et de la chirurgie.

La *clinique médicale* qui se donne au grand hôpital, est confiée au professeur *Morelli;* c'est *Regnoli,* successeur du célèbre Vacca Berlinghieri, qui enseigne la *clinique chirurgicale.*

Les professeurs indiquent sur le programme des cours, les auteurs qu'ils suivent dans leurs leçons; ainsi on y voit figurer l'Hygiène de Rostan, l'Anatomie de Cal-

Pl. 10. Pag. 142.

dani, la Physiologie de Martini, la Clinique de Pierre Franck, la Chirurgie de Sabatier et celle de Coster.

Le CABINET ANATOMIQUE est sous la direction du professeur *Civinini;* il contient quelques pièces remarquables, déjà connues par l'exposé détaillé qu'en a fait M. Pétrequin dans ses *Fragments sur l'Italie.* Une monstruosité de l'encéphale, une anomalie dans l'artère aorte, une ossification des testicules, fixent particulièrement l'attention.

Le CABINET ZOOLOGIQUE contient des pièces remarquables. Les fossiles appartenant aux races éteintes y sont précieux. J'y ai trouvé un *Palæoterium Crassum,* les os du pied de l'*Anaplotherium Commune*, un *Ichtyosaurus Tenuirostris* fort beau, un superbe crâne et les pieds de l'*Ichtyosaurus Communis,* quelques dents de *Mastodonte.* Ces pièces rappellent la riche collection de fossiles du jardin des plantes à Paris, et le superbe *Plesiosaurus Dolichodeirus, le Pterodactyle Crassiroster,* que nous avons vus au Musée de l'université de Strasbourg, et le beau *Plesiosaurus dolichodeirus* du Musée du Collége des Chirurgiens à Londres.

Les Mammifères sont fort bien conservés et dans une attitude naturelle. — Parmi les Oiseaux, formant une collection riche, on distingue un bel Albatros. — Les Poissons comprennent environ une centaine d'espèces bien conservées.

C'est aux soins du professeur *Savi* que l'on doit l'organisation de ce cabinet universitaire.

Pise a un JARDIN BOTANIQUE, qui n'offre rien de frappant, et une ÉCOLE DE SOURDS ET MUETS.

Parti de bonne heure de Pise, je fis route pour Florence, et traversai des terres d'une richesse peu commune, où l'on jouit de points de vue superbes. Dans le lointain sont des tourelles carrées, jaunes ; des oliviers, des vignes, des pins bordent sur plusieurs points les routes. Mais ce qui rendait ce voyage peu agréable pour moi et mes compagnons, c'était la chaleur accablante. Les terrains y sont blancs: le mouvement de la voiture et le vent en détache continuellement une poussière fine et si abondante qu'elle empêche presque toute vue sur les campagnes et provoque une toux continuelle. Les rapports avec les voiturins sont surtout peu satisfaisants sur cette route : c'est un état de guerre continuelle. Heureusement que nous nous trouvions en société d'un Suisse, habitant le pays, et d'un soldat toscan, qui nous prêtaient un appui efficace contre les embûches qu'on nous tendait à tout instant. La population voiturière, celle des *facchini*, garçons d'hôtel, etc. est affreuse. Partout force nous fut de faire halte, partout harcelés, en butte aux imprécations les plus injurieuses et à des spoliations réelles, nous croyions voyager à travers un bagne, où l'on eût dit que les hommes étaient travaillés du malin esprit. Cependant leurs gestes, la mobilité de leurs traits, leur costume, annonçant des habitudes nouvelles, attirent les regards et calment l'esprit du voyageur. Partout des figures blêmes ou brunes, des barbes longues, des vestes sur une épaule, des poitrines découvertes, des chemises grossières, mais blanches; des regards insolents, des menaces qui ne se réalisent point et une poltronnerie réelle chez ces gens, dès qu'ils rencontrent de la résistance et de la force.

Nous entrâmes à Florence et ne fûmes pas inquiétés par la douane.

FLORENCE (1).

Capitale de la Toscane, Florence est une ville remarquable et d'une haute renommée, tant sous le rapport de ses anciennes tendances démocratiques et de sa civilisation avancée, que sous celui de ses goûts éminemment artistiques. Elle occupe parmi les villes d'Italie la première ligne; aussi, bien des grands souvenirs se rattachent à cette cité célèbre qui vit naître dans ses murs Galilée et Améric Vespuce, Salvino, qui inventa les lunettes, et Ferraguera, le créateur de la gravure. Florence est la patrie de Machiavel; elle est celle du Dante, de Pétrarque et de Boccace, de plusieurs peintres et sculpteurs célèbres, de Leonardo da Vinci, d'Andreo del Sarto, de Perugino et de Giotto; Brunellesco, Bandinelli étaient florentains. Michel Angelo était de Florence, Benvenuto Cellini y naquit, et Jean de Bologne, né à Douai, y acquit droit de cité. Toutefois aujourd'hui la physionomie morale a changé dans Florence; ce génie créateur, si poétique, si artistique, si puissant parmi le peuple florentin à l'époque de son étonnante prospérité, a dégénéré parmi la population actuelle, laborieuse, douce, aimable et probe, mais moins énergique qu'autrefois. Le génie de la conservation seul est en quelque sorte resté debout; aussi la beauté, le grandiose de cette ville est dans ses vas-

(1) *Firenze*, ayant 80,000 habitants.

tes collections, et l'on peut dire que, sous ce rapport, elle est sans contredit la première ville du monde. Le reste est de l'histoire chez elle ; ce sont des souvenirs d'une grandeur passée, exprimés sur tous les points dans le langage monumental, froid, mais énergique. Les palais de Florence (1), vraies forteresses qu'on dirait taillées dans le roc, d'une élégance, d'une pureté architectonique toute locale, portent tous le caractère Toscan, avec ses proportions sévères et ses ornements rustiques, calqués sur le style bysantin. Les églises (2) avec leur jour mystérieux, leurs larges dômes, leurs superbes tombes, cette Santa Maria del Fiore surtout, qui, vue de l'extérieur, semble un vaste tableau de mosaïque, avec son campanile et son baptistère (qu'on dit être un antique temple de Mars), étonnent au milieu de la population actuelle qui marche plus ou moins avec la civilisation moderne et qui est presque étrangère aux émotions que cause chez l'étranger l'aspect de tant de richesses et de grandeurs accumulées.

Au milieu de tous les chefs-d'œuvre que la sculpture et la peinture ont jamais produits, il en est un à Florence qui, par son application aux sciences naturelles et médicales, ne le cède en rien aux incalculables beautés que renferme cette ville : c'est la collection anatomique du MUSEO D'ISTORIA NATURALE, des PIÈCES EN CIRE.

Pour un anatomiste qui aime la science, ce cabinet vaut

---

(1) Les palais Vecchio, si sublime pour les souvenirs qu'il renferme, Riccardi, Strozzi, Peruzzi, etc.

(2) Santa croce, ce superbe panthéon ; San Lorenzo, avec ses statues de Michel-Ange ; San Spirito ; Orsan Mechele, remarquable par son architecture sémi-romane, sémi-gothique ; l'Annonziata, admirée pour les vastes proportions de son dôme.

le voyage d'Italie, car il n'y a dans le monde entier aucune collection de ce genre qui lui soit réellement comparable (1). Il est vrai, on déprécie beaucoup au moment actuel le mérite de ces pièces, comme on déprécie également la représentation par la gravure et le dessin. L'on a dit avec quelque apparence de raison que de telles productions ne sont jamais l'image fidèle des trames organiques ainsi que de leurs rapports, et il y a sans contredit un fonds de vérité dans cette assertion. Mais à quoi faut-il donc avoir recours lorsqu'on n'a pas de corps morts à sa disposition? Ces Collections en cire ne seront-elles pas d'un immense secours à l'étudiant dans ses répétitions, ainsi qu'à l'homme de science vivant loin des amphithéâtres et n'ayant besoin que de certaines impressions capables de raviver en lui d'anciens souvenirs? Sous ce rapport les préparations en cire l'emportent sur toutes les préparations conservées dans des liqueurs spiritueuses, qui changent de couleur et se racornissent au bout de peu de temps au point de devenir méconnaissables. Telles sont les réflexions que je fis en regard de la riche collection anatomique en cire de Florence.

Toutes les pièces au très-grand complet, sont faites d'après nature; tous les organes, toute la série de démonstrations anatomiques possibles, s'y trouvent représentés avec une fidélité qui doit étonner tout vrai anatomiste. Au-dessus de chaque pièce est un dessin colorié qui reproduit la démonstration. — J'y comptai jusqu'à quinze cents pièces, toutes distribuées dans quinze salons communiquant entre eux, et toutes dans

(1) On nous a cité la collection des cires de Vienne, comme étant une des plus belles après celle de Florence.

un état de belle conservation et avec une imitation de couleurs parfaite. Le système nerveux est reproduit avec une exactitude extraordinaire et se trouve représenté sous tous les aspects possibles. La structure des organes, leurs rapports, leurs cavités, leurs attaches y sont indiqués de la manière la plus précise. Un cabinet spécial, qui n'est point visible aux profanes, est réservé aux démonstrations de l'appareil génital et des différentes phases du développement de l'être pendant la vie utérine.

Ce qui m'a surtout frappé dans ce Musée, c'est la collection d'ANATOMIE COMPARÉE, qui est d'une beauté remarquable, quoiqu'elle soit peu nombreuse encore. J'y vis une tête de vipère, l'anatomie d'un poisson, l'anatomie microscopique du système vasculaire, l'anatomie des membranes; une démonstration des organes gustatifs du chat, de la chèvre, du chien. — Rien n'est comparable à la pièce qui représente le nerf facial, dont les rapports sont indiqués de la manière la plus rigoureuse, ainsi que ceux du glosso-pharyngien, de l'hypoglosse et du système vasculaire qui avoisine ces nerfs: ces démonstrations ont nécessité un grand nombre de pièces et un travail considérable. — Une tête de veau se distingue par la cinquième paire mise à nu et suivie dans ses différentes directions et ses rapports avec le facial: cette pièce m'a rempli d'admiration. — L'anatomie du homard, celle de la tête du coq, la démonstration de la sangsue avec ses vésicules respiratoires, probables, ses vaisseaux latéraux et ses organes hermaphrodites qu'on croit être la verge, les testicules et les ovaires, la poche d'incubation de cet animal; la démonstration du grand sympathique avec les testicules et les canaux séminifères, se continuant dans le canal déférent, sont de la plus grande beauté. — Quelques pièces font voir le passage de l'œuf dans les oviductes, le système vasculaire de l'oviducte, l'œuf avec ses chalazes. — On y voit l'anatomie de la limace; le système nerveux, les organes de la génération, l'ovaire et le testicule, le foie et les muscles des pieds sont reproduits avec une vérité frappante. — Une Sèche! Son sac est ouvert, on a mis en évidence la bourse du noir, les branchies et l'ovaire, le foie, le tube alimentaire et les trois cœurs. Dans une autre pièce on a démontré le système nerveux de l'œil du même animal, les nerfs qui vont dans les tentacules, l'anneau œsophagien, le système nerveux des branchies, les différents ganglions et la distribution de leurs filets nerveux. — D'autres préparations concernent le globe oculaire d'un oiseau, avec l'artère centrale de la rétine, et le système vasculaire de la choroïde avec les procès ciliaires.

Différents artistes ont travaillé successivement à ce musée, qui fut commencé par Fontana. Le plus grand nombre des pièces, celles de l'anatomie comparée surtout, ont été faites par *Clément Susine*, mort en 1814. Un de ses élèves, *Calendsoli*, y travaille sans relâche; cet artiste distingué expédie des pièces pour l'étranger. Un des cabinets contient une représentation en cire de la peste de Florence de 1348, décrite par Boccace; les pièces qui concernent ce fait, ont été exécutées du temps des Médicis, par l'abbé Zombo, sicilien; on les considère comme des chefs-d'œuvre. — Ce musée renferme également une très-riche collection de PLANTES en cire, occupant différents salons.

Au même local se trouvent les COLLECTIONS ZOOLOGIQUES ET MINÉRALOGIQUES.

Sans être abondamment fourni, ce musée est cependant d'une grande richesse, sous le rapport de la belle conservation et du choix des pièces, qui présentent une fraîcheur particulière et un ensemble exempt de ce désordre, de cet abandon si fréquent dans les cabinets. Parmi les Mammifères, on distingue un beau squelette d'éléphant aux grandes proportions; des *Loups*, un *Ours* de la Toscane (*Ursus Melis' Tasso*), une fort belle Girafe, un Zèbre, un Lion et une Lionne, dont la robe est d'une vivacité de couleur peu commune; des Myrmecophaga superbes et de fort beaux Singes, entre autres des Gibbons. — Par opposition à ce qu'on voit dans la plupart des cabinets, les Oiseaux sont en petit nombre, mais les Reptiles forment une belle collection.—Les Poissons sont assez bien fournis et très-bien conservés. On y remarque un bel exemplaire de Poisson-lune fort grand.—La collection des Insectes renferme de grandes richesses : toute une salle est destinée aux petits Animaux Vermiformes.—Les Crustacés sont peu nombreux. — Il ne manque rien à la collection des Coquilles.

Ce musée comprend une *Collection d'Anatomie comparée*. Des pièces conservées dans l'esprit de vin, au nombre de deux cents à peu près, ont trait aux organes générateurs, à la tête, aux appareils vocaux, au système respiratoire, aux organes de la sécrétion urinaire.

On y trouve une collection considérable de GRAINES.

Le CABINET MINÉRALOGIQUE m'a semblé au grand complet : il comprend huit salons.

Le musée renferme une division pour les ANIMAUX FOSSILES, offrant de nombreuses pièces qu'un naturaliste m'a dit s'élever à plusieurs milliers. On y trouve des Ámonites fort grands, des Belemnites nombreuses, un grand nombre de Gades; une espèce de *Razza della famiglia della torpedine fossile del monte Bolca*. Valentin a fait connaître un grand nombre de pièces renfermées dans ce cabinet, des ossements d'éléphants, et autres que j'ai vus. C'est d'après son rapport, du Val d'Arno supérieur et inférieur, fleuve qui traverse Florence, que proviennent en grande partie ces fossiles. M. Nesti s'est particulièrement attaché à décrire les pièces les plus remarquables qui concernent ces trouvailles.

Les Cabinets de physique attenants à ces collections, comprennent douze chambres remplies d'instruments et d'appareils; on y trouve aussi un *observatoire*.

C'est encore le célèbre Fontana qui est le fondateur de cet ensemble de collections scientifiques. La direction du cabinet d'histoire naturelle est actuellement confiée à M. le prof. Antimoni. Tous les jours, pendant mon séjour à Florence, j'ai été visiter ces collections et je les ai toujours revues avec le même plaisir, regrettant l'adieu que j'ai dû leur faire.

Il y a peu de temps, l'Italie était préoccupée d'une nouvelle découverte que venait de faire à Florence le nommé *Sagato*, et qui eut du retentissement jusque dans nos contrées. (*Voir les Annales et Bulletin de la Société de Médecine de Gand.*) Il s'agissait d'un procédé pour rendre aux tissus morts la *dureté du marbre*, sans altérer en rien, était-il dit dans l'éloge qu'on a publié sur cet objet, la *couleur des tissus et leurs dispositions anatomiques*, tout en assurant leur incorruptibilité. A mon arrivée à Florence, Sagato était mort depuis un an et je pus, grâce aux soins de M. Zanneti, professeur d'anatomie, voir chez M. Furnagali une collection de pièces préparées d'après le procédé en question, que l'auteur n'a jamais fait connaître. J'y vis plusieurs objets, une main, un avant-bras, un pied, des mamelles d'une femme, les intestins d'un rat et d'autres viscères; le tout bien conservé, à l'air libre, et ne répandant pas la moindre odeur désagréable. Ces pièces étaient réellement dures, donnaient même du son quand on les attaquait avec quelque corps métallique; mais elles avaient considérablement changé de couleur et subi un assez fort retrait. Une telle préparation pouvait offrir des avantages pour l'embaumement, mais ne m'en semblait présenter aucun sous le rapport de la science, et peut-être est-il vrai de dire que le procédé de M. Gannal l'emporte sur celui-ci.

Florence possède une École de médecine, placée sous la dépendance de l'Université de Pise : on n'y confère pas de grades académiques pour la médecine, mais on y délivre des diplômes de chirurgien et de pharmacien. Les hôpitaux de Florence, servent d'école de perfectionnement aux étudiants de Pise et de Sienne; ceux de cette dernière ville sont obligés de passer deux ans à Florence. On peut y faire toutes les études chirurgicales. — L'école se compose de :

MM. les professeurs *Bufallini*, chargé de la clinique médicale.

» » *Andreini*, donnant la clinique chirurgicale.

Ces deux cliniques se donnent au grand hôpital, et chacune d'elles se compose d'à-peu-près vingt malades.

MM. *Zanneti* enseigne l'anatomie humaine.

» *Betti* est chargé de la physiologie.

MM. *Delgreco* donne les institutions chirurgicales.
» *Mazzoni* professe les accouchements.

Le grand-duc a institué en 1833 des cours d'*anatomie comparée*, de *zoologie*, de *minéralogie* et de *géologie*. Il a confié à M. Mazzi, l'enseignement de l'anatomie comparée, celle de l'histoire naturelle à M. Nesti. Quatre-vingt-dix élèves à-peu-près suivent les différents cours.

Florence compte des hôpitaux remarquables.

SANTA MARIA NÓVA, destiné aux maladies aiguës, est un des hôpitaux les plus anciens de l'Italie et un des plus beaux bâtiments qu'on puisse trouver en ce genre d'édifices. Il fut créé en 1237 par Folco Portinari, homme pieux et charitable; mais c'est au XIIIe siècle que fut construit la magnifique facade, qui forme une série d'arcades, composant une galerie couverte, soutenue par des colonnes accouplées d'ordre ionique. Cet hôpital offre deux divisions, l'une pour les hommes, l'autre pour les femmes; il comprend six vastes salles au rez-de-chaussée, dans lesquelles il m'a semblé qu'on respire un air plus ou moins étouffant. Cet établissement peut compter quinze cents lits; mais il ne contient ordinairement que six à sept cents malades. Les lits sont superbes, formant par leur ensemble une belle perspective; tous sont en fer et je les ai trouvés décorés de rideaux blancs et ayant des couvertures de même couleur. — Il règne dans cet hôpital une propreté extrême et tous les employés m'ont paru animés du zèle le plus louable. — Les femmes sont soignées par des religieuses. — On y reçoit les maladies internes, particulièrement celles qui sont aiguës, ainsi que les maladies chirurgicales. — Les femmes vénériennes sont traitées dans un local spécial. — Il y a dans cet hôpital des pensionnaires, dont quelques-uns sont logés dans des chambres particulières. La pharmacie est spacieuse et belle ; il y a un amphithéâtre et une salle pour les opérations. — Un nombre considérable de médecins est attaché au service de cet établissement ; il y a des médecins en chef, des médecins de première et de seconde classe, des médecins aspirants. On m'a cité les noms de quinze médecins et de presque autant de chirurgiens ; et mes renseignements portent que c'est M. Betti qui a la direction générale de l'établissement. Lors de ma première visite dans cet hôpital, M. Buffalini était absent de la clinique et était remplacé par un médecin adjoint, dont je regrette de n'avoir pas retenu le nom ; il donnait aux élèves une leçon clinique, et il voulut bien fixer mon attention sur quelques cas particuliers, entre lesquels il y avait un malade portant les caractères d'une fièvre bilieuse dans laquelle, après avoir combattu les premiers symptômes, il passa, guidé par la considération des influences locales, à l'administration du sulfate de quinine, malgré la chaleur à la peau et l'excitation du pouls.

Une Bibliothèque spéciale et un Cabinet pathologique sont attachés aux études de cet hôpital. N'ayant point trouvé M. Betti à qui j'étais recommandé, j'y fus introduit par M. Zanneti.

J'ai vu dans le cabinet anatomique, des pièces en cire remarquables, représentant des gangrènes intestinales, des foies tuberculeux, des affections de l'utérus, etc. — Parmi les pièces conservées se trouve un cas d'invagination intestinale. — Une pièce présentait un Kyste ovarique avec un développement de poils et de véritables dents au milieu d'une masse informe. — Un énorme développement du clitoris. —Un cas de lésion cérébrale du plus haut intérêt, sur laquelle des médecins ont déjà fixé l'attention (M. Roux) : une portion de poignard qui, après avoir traversé le pariétal, resta pendant dix ans enfoncée dans la substance cérébrale à la profondeur de trois quarts de pouce. — Deux cas d'enfoncement du crâne sans fracture ; dans l'un la table externe était seule enfoncée, dans l'autre les deux tables l'étaient. — Un intestin-colon perforé dans plus de cent endroits, sans transsudation de matières fécales dans l'abdomen. — Le crâne d'un hydrocéphale qui avait contenu trente-deux pintes de liquide. — La matrice d'une femme qui avait survécu à une première opération césarienne et qui était morte à la suite d'une seconde. — Une pièce d'ossification artérielle, remarquable. — Une oblitération de la veine cave inférieure avec dilatation de l'azygos. — L'union des deux reins. — Plusieurs cas de monstruosités : un bicéphale avec deux colonnes vertébrales. — Déjà M. Roux et plus tard M. Pétrequin, dans des notices fournies sur l'Italie, ont fait connaître les principales pièces de ce cabinet. — Il y a dans ces collections une section spéciale pour les pièces anatomiques proprement dites; celles du système osseux sont très-bien conservées. — On est en train d'organiser un CABINET PHYSIOLOGIQUE, qui ne renferme encore que des pièces éparses, plutôt curieuses sous le rapport de leur préparation, qu'instructives en réalité.

SAN GIOVANI DI DIO. Un hôpital desservi par les frères de St-Jean de Dieu, qui peut contenir à peu près cent malades et qui est très-proprement tenu : il est destiné aux hommes et se trouve placé sous la direction médicale de MM. Mazzoni et Vannoni.

L'HOSPICE DE LA MATERNITÉ. C'est un établissement créé seulement dans les derniers temps, qui sert d'hôpital d'instruction aux sages-femmes. Un certain nombre d'élèves y est entretenu aux frais de l'état. A côté de cet hospice est l'ORFANOTROFO DEI TROVATELLI, l'hospice des enfants trouvés, encore nommé Hospice *degl' Innocenti*. Il constitue un vaste établissement ayant une cour carrée. — Le nombre des enfants reçus annuellement est considérable.

SANTO-BONIFACIO. C'est l'hôpital dit des maladies chroniques et incurables ; il renferme deux importantes divisions, comprenant de très-belles salles; l'une est pour les différentes espèces d'infirmités physiques, telles que les maladies cutanées, les suites de l'âge avancé, et pour les militaires invalides; l'autre comprend *les aliénés* : l'OSPEDALE DE' DEMENTI.

Les aliénés sont logés dans un vaste enclos qui, tout en rappelant des imperfections, représente cependant par son ensemble un bâtiment bien approprié à sa destination. Les corridors y sont larges, les dortoirs vastes, ainsi que les réfectoires. Les cellules sont nombreuses et partout il règne une propreté extrême, une pureté d'air qui frappe tous ceux qui visitent cet établissement, dont la création primitive date de 1387. C'est à proprement parler le renouvellement de l'air qu'on a eu principalement en vue dans ce Manicome.

Ainsi dans les cellules il y a, à côté de la porte, une fenêtre sans vitrages, fermée par un châssis en fer; au-dessous de cette ouverture il en est une seconde dans le mur, dans laquelle se meut une table de marbre, et par où l'on faisait autrefois passer les aliments au malade. En face de la porte sont deux fenêtres, l'une

basse, plus large que haute, l'autre à hauteur d'homme et toutes deux sans vitrages. Dans le fond, à droite, est un siége de latrine, nettoyée à l'intérieur par une soupape, dont déjà M. Brière-de-Boismont nous a fait connaître le mécanisme : c'est un jet d'eau qui chasse les matières dans une espèce de rigole qui est à l'extérieur le long des cellules. Des courants d'eau sont portés au moyen d'une pompe dans toutes les parties du bâtiment. — Les hommes occupent le rez-de-chaussée et les femmes sont au premier étage. Tous portent un uniforme de toile blanche bien propre ; en hiver ils ont des habits de laine. — Les lits se composent de deux supports en fer avec des planches, sur lesquelles sont étendues les literies, qui sont commodes et d'une propreté extrême. (*Voir Pl. II*). — Les moyens de répression se bornent presque exclusivement à l'emploi de manchons de cuir, que nous avons trouvés dans d'autres établissements de l'Italie et qu'on a dit être venus d'Angleterre (de Glasgow). — La direction de cet établissement est confiée à M. le docteur *Capecchi*. — Il y a vu régner *le scorbut*, qui lui a semblé provenir du trop grand encombrement des malades et qui même y a exercé des ravages considérables ; car il a vu la mortalité s'élever à 20 sur 100, tandis qu'actuellement elle n'est plus que de 9 sur 100. A son arrivée à la direction de cet établissement, on y comptait soixante scorbutiques ; mais en donnant de meilleurs vêtements et en prescrivant une nourriture plus substantielle et plus variée, en augmentant le nombre des infirmiers, il a vu disparaître cette complication fatale. *Une diarrhée*, résistant à tous les moyens, termine souvent les jours des malades de cet établissement. — Les *causes morales* y sont plus fréquentes pour les aliénés de la ville, les *causes physiques* plus nombreuses chez les gens de la campagne. — La *chaleur* atmosphérique est une cause fréquente d'aliénation mentale en Toscane, à l'époque de la moisson surtout. Chez les femmes, les cas de *nymphomanie* ne sont pas rares; ceux de trouble dans la menstruation y sont également nombreux et les pertes séminales volontaires y sont fréquentes et demandent une extrême surveillance. — La *paralysie générale* y est rare. — On y occupe les malades au travail, autant que faire se peut; quelques-uns travaillent dans le jardin qui est spacieux, d'autres se promènent dans les cours qui sont au nombre de deux seulement, mais assez grandes. — Partout il y a beaucoup de tranquillité et nul désordre ne règne dans les corridors. — La vaisselle est en étain et le régime abondant et substantiel. — Les bains sont en marbre blanc et fort beaux. J'y ai vu des douches et un appareil spécial de chauffage. — L'établissement est placé sous la surveillance et la direction supérieure de l'administration générale des hôpitaux. Les frais d'entretien de chaque aliéné montent à 2 pauls (1) par jour. Lors de ma visite, il y avait en tout 309 aliénés. — La proportion des hommes était égale à celle des femmes. M. Valentin y a trouvé 122 hommes et 108 femmes. M. Brière-de-Boismont rapporte qu'en 1829 il y avait 154 hommes et 125 femmes seulement. M. Pétrequin y a trouvé 128 hommes et 134 femmes.

Florence et cet établissement rappellent les travaux de Chiaruggi et l'impulsion communiquée par lui aux études des maladies mentales.

---

(1) Le paul de Toscane vaut cinquante-six centimes.

L'hôpital de SAINTE LUCIE est en face de Saint-Boniface ; il peut, m'a-t-on dit, contenir quatre cents malades; presque tous sont atteints de la gale et de la teigne. — Je n'ai point visité son intérieur.

Florence possède une maison de travail, la PIA CASA DI LAVORO, pouvant contenir mille individus ; elle sert de refuge aux mendiants qu'on occupe au tissage, au métier de tailleur, de cordonnier, etc. On y fait même des draps et des tapis, ainsi que des bonnets rouges.

Avant de quitter Florence, j'ai été voir les bibliothèques de cette ville, qui sont riches et belles. Selon Valery, la Bibliothèque Royale contient 150,000 volumes et environ 3,000 manuscrits.

Cette ville a un *Collège de médecine, chirurgie et pharmacie* qui préside aux examens et est chargé de la police médicale.

—

De Florence je me rendis à Sienne, qui est à 8 lieues de cette première ville.

On quitte Florence avec regret, malgré la fatigante contention que réclame l'examen des nombreuses et étonnantes productions que renferme cette ville; on sent qu'il faudrait un temps considérable pour revoir ces musées de tableaux d'une richesse prodigieuse. Au palais Pitti, treize salons renferment tous les chefs-d'œuvre de la peinture; à la Fabrica degli Ufizi sont les superbes galeries de statues, de bronzes modernes et antiques des diverses écoles de peinture, qui font l'admiration de tous ceux qui les visitent. Mais c'est à la *tribune*, salle particulière, que se trouvent les trésors de l'art, consistant dans une collection des chefs-d'œuvre des plus grands maîtres : Raphaël avec ses formes célestes et sa Fornarina!! Le classique Annibal Carrache ; André del Sarto; le Titien avec sa belle carnation; Du Corrége ; Léonard da Vinci, admirable pour le dessin et l'expression; notre Rubens, dont le superbe coloris et le faire hardi soutiennent dignement la concurrence à côté de Michel-Ange, remarquable par sa fougue et ses formes massives; et notre Van Dyck, ce grand peintre si sage et si brillant, même à côté de Paul de Véronèse. Il n'y a là que des maîtres de premier ordre, rien que le sublime de l'art. Dans cette même salle se trouvent *le Faune* et la célèbre *Vénus de Médicis,* par Cléomènes; le *Petit Apollon*, le fameux *Rotateur* ou l'*Espion*, dont la figure est si expressivement ignoble, ainsi que *les Lutteurs*, statues non moins extraordinaires par les poses et le beau développement des muscles.

C'est à Florence que tout étranger capable de s'émouvoir à l'aspect des plus étonnantes productions, sent les premiers symptômes de cette espèce d'enivrement poétique qui ne le quitte plus pendant tout son voyage et même pendant le cours ultérieur de sa vie.

SIENNE (1).

Elle a une université fort ancienne qu'on dit remonter à l'année 1203 (Valery). Elle est secondaire et ne compte pas un nombre d'élèves aussi considérable que celle de Pise. La faculté de médecine a son établissement clinique à S. MARIA DELLA SCALA, hôpital assez vaste pouvant contenir trois à quatre cents malades. M. le professeur *Grotanelli* est chargé de la clinique médicale, M. le professeur *Pecchiol* de la clinique chirurgicale. Cet hôpital possède une COLLECTION DE PIÈCES PATHOLOGIQUES, parmi lesquelles il en est de remarquables.

L'ÉTABLISSEMENT DES ALIÉNÉS peut contenir une centaine de malades parmi lesquels les hommes sont en majorité. C'est un bâtiment à trois étages qui ne semble pas, vu de l'extérieur, tout-à-fait adapté à sa destination. — Ayant quitté Sienne dans l'intention d'y revenir, je fus dérangé dans mon plan et ne revis plus cette ville; c'est ce qui a fait que je n'ai pas vu l'intérieur de cet hospice que je connais par la relation qu'en ont donnée MM. Gualandi et Brière-de-Boismont qui s'accordent sur les bonnes dispositions de cette fabrique. M. Gualandi y a trouvé de l'élégance dans les constructions. L'étage inférieur renferme les hommes et les femmes furieuses. Le second

(1) *Sienna*, patrie de Mascagni, a 20,000 habitants; elle en avait autrefois plus de 80,000.

étage est occupé par les aliénés tranquilles et le troisième par les femmes. Il règne partout une grande propreté. Les châssis en fer sont faits avec élégance; les portes, les fenêtres s'ouvrent en dehors; sous les fenêtres des cellules sont des tables de marbre. On a surtout fait ressortir la construction des latrines : le vase des excrétions est placé contre le mur du corridor; il peut être retiré facilement à l'aide d'un guichet extérieur, pratiqué dans un tour de marbre fixé dans le mur. Le plan sur lequel repose le vase est sillonné circulairement ; il en résulte que la petite quantité d'urine qui tombe, est arrêtée par ce sillon, coule en avant et vient se rendre dans un réservoir placé au-dessous. (Gualandi, Brière-de-Boismont.) C'est actuellement M. le professeur *Tonini* qui est chargé de la direction médicale de cet établissement.

A Sienne, je pris la route d'Aquapendente, belle mais sauvage, ayant à ma gauche les Apennins avec leur aspect sablonneux, parsemés de distance en distance de houppes vertes. Plus je m'avançais sur cette route, plus je voyais les teintes jaunes prédominer dans le paysage. Parfois on marche entre des haies chargées de fruits, entre des masses d'oliviers; on passe sur de jolis ponts jetés sur les courants qui arrivent des montagnes environnantes. Mais on retombe toujours au milieu de terrains arides et rocailleux, éclatants de lumière. Les lointains sont admirables; le ciel est partout sans nuages. Cependant, on s'habitue vite à cette nature triste et on la désire plus animée, car l'absence de verdure attriste l'homme dans cette espèce de désert, où rarement on rencontre des voyageurs, excepté aux environs des villages et des villes : c'est au point que je ne me souviens pas d'avoir vu sur mon passage dix personnes, et cependant il y a de Sienne à Rome près de quarante lieues. Rien n'y annonce une activité commerciale quelconque, surtout ce mouvement de roulage, qui anime tant nos voies publiques. Là, aucun charriot chargé, aucune diligence, aucun cabriolet; de temps en temps, un voiturin criard conduisant des voyageurs, ayant ses chevaux affublés de rubans et de branches d'oliviers afin d'en éloigner les grosses mouches et les moustiques; ou bien c'est la poste, escortée par des carabiniers, ou bien ce sont des militaires qui regagnent le foyer domestique. Et si quelque face humaine se présente isolée, quel regard, quelle attitude! c'est un homme ayant des yeux de taureau et dont le maintien seul vous dit pourquoi la poste demande à la force armée aide et protection: le chapeau usé, difforme, mais placé sur une oreille et tombant sur le nez; le manteau en haillons sur une épaule; la poitrine brune, découverte, les jambes nues; cet homme vous lance des regards qui s'adressent souvent à votre bourse: aussi jamais de bonjour, plus souvent: *la Carità, Signore; la Bottiglia, Eccellenza, Principe.* — Non, non, ce n'est plus là le nord, ce n'est même plus là l'Europe: là commence l'Italie; là commence le Levant, apparaissant avec des caractères significatifs. — Les hameaux, les villages qui se dessinent dans le lointain avec des couleurs grises et des toits plats, bruns et informes, produisent un effet très-pittoresque; toutefois les intérieurs des maisons ne ressemblent pas à ces beautés, à ces points de vue si bien saisis par Poussin et par Claude Lorrain; ils s'éloignent considérablement des riches et frais villages de notre Belgique, moins accidentée, il est vrai, et beaucoup moins classique.

A Radicofani, les terres deviennent on ne peut plus agrestes, et la route n'est plus qu'une suite de monticules, sur lesquels des lignes vertes se dessinent à l'horizon. On entre dans des terrains volcaniques escarpés, entourés de précipices et offrant des sources, parmi lesquelles il en est une, celle de San-Filippo qui se distingue par ses pétrifications. On descend en se rapprochant d'Aquapendente, village pauvre, mais qui rappelle un nom célèbre en médecine, celui de Fabrizio. Dans les villages, on rencontre des groupes de jeunes gens, à vestes, à culottes courtes, portant des chapeaux à gros bords, ornés quelquefois de fleurs. Des jeunes filles sont assises sur des ânes; elles ont une coiffure qui rappelle un costume égyptien: un voile blanc comme neige, doublé et renversé sur le sommet de la tête, descend sur les épaules en projetant une ombre forte sur leurs figures de bronze ou de cire, qu'animent des yeux noirs, mais sérieux. Les couleurs éclatantes de leurs habillements, les broderies, les rubans dont ils sont ornés, leur coupe particulière, annoncent le voisinage de la campagne romaine. On continue à traverser des terrains calcaires et volcaniques. Les rochers forment des espèces de grottes, et un moment la terre apparaît fertile. On rencontre des troupeaux de bœufs dont les cornes sont d'une longueur extraordinaire; des hommes à cheval les conduisent encore tels aujourd'hui que les a peints Berghem, il y a deux siècles, dans ses sublimes paysages. Ils portent le chapeau originel, le chapeau pointu et le réseuil espagnol; ils ont une lance à la main, des culottes, une veste de couleurs sombres, des guêtres de cuir; ils ont l'air farouche et l'attitude imposante. — Au fond du tableau et toujours à gauche, sont les Apennins parfaitement bleus; à droite est le lac de Bolsene, qui apparaît d'abord comme une immense glace, nuancée de vert et de bleu, avec des reflets violets, et qu'on dit être le cratère d'un volcan éteint. — Le paysage devient admirable: les rochers gagnent un aspect extraordinaire; on passe par un bois de chênes, qui, dit-on, appartiennent à un ancien bois sacré. La lumière dorée du soir qui donnait dans leur feuillage d'un vert foncé, presque bleuâtre, produisait un effet magique au moment où je parcourus ces lieux. — On se rapproche de Montefiascone, et le chemin forme une colline élevée. — A Viterbe, ville de vingt mille âmes, la végétation s'annonce encore un moment riche; mais les terrains montrent derechef à nu leur élément volcanique et calcaire. On laisse à sa droite le petit Lac de Vico, avec ses collines couvertes de bois, et l'on se trouve dans une grande vallée qui permet de voir dans le lointain des villages bâtis sur des hauteurs, produisant le plus bel effet. — Je parcourus le reste de cette route la nuit et par un beau clair de lune; en descendant je roulais sur l'ancienne voie cassienne. Il faisait jour quand je passai le Tibre sur le ponte molle. A quatre heures du matin, la voiture avait franchi l'arc de la porte du peuple, et j'avais devant moi l'obélisque de la place du même nom : j'étais dans Rome, en face de la belle et longue rue du Corso avec ses deux rues collatérales, la première formant une suite de superbes bâtiments, la plupart fort élevés, terminée au fond par une tour du Capitole qu'une atmosphère brumeuse m'empêchait de voir. En descendant de voiture, j'étais dans un vieux temple d'Antonin. — J'éprouvais un froid réel, et cependant on était au plus fort de l'été! Un profond silence régnait partout autour de moi; le bruit de mes pas, ceux de mon guide retentissaient avec force dans les rues spacieuses de la célèbre ville, et jusqu'à mon hôtel je ne rencontrai personne.

Il entrait dans mon plan de ne faire d'abord qu'une halte dans cette ville et de pousser directement jusqu'à Naples. Je ne restai que peu de jours dans Rome, où je reçus les impressions les plus disparates, au fond desquelles était parfois le désappointement, mais plus souvent l'étonnement, l'admiration et bien des fois l'enthousiasme passionné. — Je trouvai dans Rome des compatriotes et des amis!

Pendant ce premier séjour, je visitai le Colysée, cette fameuse et imposante ruine, le Panthéon, ce type du beau en architecture, et un grand nombre d'églises, toutes riches, grandes, belles et chargées d'ornements et de peintures.

Je vis et revis dans la suite l'église de Saint-Pierre, ce temple qui surpasse tout ce que l'homme ait jamais fait en ce genre d'édifices. Mes regards furent vivement attirés sur la place qu'il occupe, par les deux fontaines et les colonnes qui y forment deux demi-cercles d'un effet surprenant (1). Je me trouvais là sur l'ancien cirque de Néron, témoin des cruautés les plus atroces exercées sur les premiers chrétiens. L'Obélisque de granit qui décore cette place, est d'une haute antiquité; il provient des carrières de l'antique Thèbes, et fut transporté d'Héliopolis à Rome. La vue reste errante et confuse au milieu des bâtiments imposants dont on est entouré; et, chose extraordinaire, elle n'est point attirée par la façade de l'immense église dont on a, à juste titre, critiqué l'ensemble du plan. Cette façade, à laquelle on arrive par deux énormes terrasses, inspire je ne sais quelles idées antipathiques; elle a un air de grande maison, un aspect de palais, de musée, qui lui ôte le caractère auguste dont on voudrait voir revêtue la métropole de la chrétienté. Cependant cette

(1) Il y a 290 colonnes et 88 pilastres.

façade, qui est de Charles Maderne, a de grandes proportions (1); mais elle présente au milieu un petit frontispice, supporté par quatre colonnes faisant saillie sur un avant-corps mesquin; elle offre des lignes transversales représentées par une série de balcons sur lesquels s'ouvrent les fenêtres : ce tout réveille les réminiscences de tous les monuments profanes.

Mais, on ne saurait assez le dire, ce qu'il y a de réellement colossal, de sublime dans cet édifice vu à distance, c'est le dôme et ses colonnes avancées, ses nombreuses fenêtres, le dôme avec ses admirables proportions, assis sur un énorme tambour et surmonté par une lanterne pyramidale que termine une boule de cuivre, pouvant contenir aisément quinze personnes assises. Cette boule supporte une croix qui n'est inférieure au sommet de la grande pyramide de Chéops, en Égypte, que de huit mètres (2). La hauteur totale du dôme est de cent trente-huit mètres (3); il a cinq mètres d'élévation de plus que le sommet de la tour d'Anvers, et deux mètres de moins que la tour de Strasbourg (4). Le dôme de Saint-Paul à Londres a cent-neuf mètres (5).

En entrant, on se trouve d'abord dans un vaste vestibule, comprenant la presque totalité de la façade. On fait un pas en ouvrant une des grandes portes d'entrée, et l'on a devant soi une énorme voûte incrustée d'or, entrecoupée sur sa longueur par le dôme, dont la perspective devient de plus en plus variée à mesure que l'on gagne le centre de l'église. Là est un autel magnifique, composé d'un baldaquin que supportent des colonnes torses de bronze, placées derrière le caveau de saint Pierre autour duquel brûlent toujours cent et onze lampes... Quel que soit le point vers lequel la vue se dirige, l'œil ne rencontre que les matériaux les plus riches, les marbres les plus beaux et les plus variés; des pilastres, des colonnes, des arcades, des corniches

(1) 118 mètres (363 pieds du Roi) de largeur; 52 mètres (160 pieds) de hauteur.

(2) Cette Pyramide mesure en hauteur 146 mètres (449 pieds).

(3) 425 pieds.

(4) Cette tour a 142 mètres (449 pieds).

(5) 338 pieds.

dont le travail est admirable et les proportions colossales; partout un air de grandeur que l'œil n'a encore rencontré nulle part, et partout des chefs-d'œuvre de l'art reproduits avec une profusion qui dépasse toute idée.

Au premier abord, il est difficile de se faire une idée du plan général de ce temple, dont on n'apprécie point les grandes dispositions aussi long-temps que l'on reste dans la nef du milieu; mais en s'engageant dans les allées et les chapelles latérales, entrecoupées par des portiques et des coupoles, on se croit presque dans un labyrinthe et il devient difficile de s'orienter, surtout autour du dôme. — J'éprouvai dans cette église ce que tant d'autres y ont éprouvé : elle ne me parut pas aussi grande que je me l'étais imaginé; je ne pouvais croire que j'avais devant moi une longueur de cinq cent soixante-quinze pieds, distance que je parcourus d'un pas ordinaire en deux minutes et demie (1). Mais c'est en considérant les détails, qu'on est frappé de l'espace qu'occupe ce monument; ainsi les portiques, qui de la nef du milieu conduisent dans les nefs latérales, ont des proportions gigantesques sans que cela paraisse; ce dont on pourra se rendre raison en songeant qu'il y a seulement cinq portiques sur toute la longueur de l'église, non compris l'arcade qui forme la voûte de la croisée. La nef du milieu a une hauteur de 142 pieds; elle en a 182 dans sa largeur! C'est des chapelles latérales que partent les voix des chantres, dont le retentissement vague et solennel est si éminemment propre à faire mesurer toute la grandeur de ce monument; mais, bâti dans le style du plein-cintre, il offre un certain manque de petits détails, et c'est en grande partie à cette disposition qu'il faut attribuer l'illusion qui domine celui qui voit pour la première fois l'église de Saint-Pierre à Rome. L'on a dit qu'elle aurait paru beaucoup plus vaste, qu'elle aurait été beaucoup plus favorable à la perspective, si elle avait eu les proportions sveltes, les fleurons et les statuettes du style gothique: — et l'on a dit vrai.

Ce qui anime ce temple tant soit peu froid par ses marbres,

(1) La longueur totale de l'église, y compris la salle d'entrée, est de 217 mètres, (668 pieds). — Saint-Paul à Londres a 510 pieds de longueur.

ce sont les groupes généralement composés d'étrangers venus des différentes parties du monde, ou bien ceux des habitants du pays même, toujours pittoresques par leurs attitudes et leurs costumes. — A côté du paysan des Abruzzes, couvert d'une peau de chèvre, on trouve le pélerin prosterné, et la Romaine qui baise le pied du Saint-Pierre en bronze, placé devant un des quatre énormes piliers soutenant le dôme, avec leurs quatre énormes statues, dont la plus belle, le Saint-André, est de Duquesnoy, célèbre sculpteur belge (1); tandis qu'une jeune Albanaise, aux vêtements brillants, au talon élevé, au voile transparent, tenant un rosaire en main, prie avec une ferveur presque passionnée.

L'intérieur de cette église, comme son extérieur, ne réveille point ce sentiment de vénération religieuse qu'inspirent à un haut point nos églises gothiques. Or, cet effet tient en grande partie au caractère architectonique de l'édifice, emprunté entièrement à l'ordre Corinthien, que nous sommes habitué à voir reproduit dans tous les édifices qui annoncent un luxe mondain, dans ceux surtout qui sont consacrés à nos plaisirs; tels que les salles de concert, les spectacles, les musées, etc.

On évalue à 46,800,494 écus romains la somme qu'a coûtée l'église de Saint-Pierre (2). Les plus grands architectes y ont successivement travaillé : Bramante, Michel-Ange, Raphaël, Vignola, Maderno, Bernini et d'autres.

—

Je partis pour Naples par la route de Terracine, et traversai l'Agro Romano, cette campagne si redoutable pour la santé. Après avoir fait des stations à Albano, à son antique tombeau, dit des Curiaces, et couché à Cisterna, je me trouvai dans les marais Pontins. Le conducteur m'invita ainsi que mon compagnon de voyage, M. Ed. Devigne, à ne pas nous laisser aller au sommeil, nous racontant des histoires d'hommes morts sur la route pour

---

(1) *Duquesnoy*, surnommé François le Flamand, passe pour avoir été l'émule de Michel-Ange. Il naquit à Bruxelles en 1594, et mourut empoisonné par son frère, jaloux de son talent et de sa renommée, et qui, également sculpteur d'un rare mérite, avoua son méfait au pied de l'échafaud où l'avait conduit un autre crime.

(2) L'écu romain vaut 5 francs 31 centimes, ce qui fait 248,510,644 francs.

s'être endormis : il me fut facile d'apprécier l'exagération de ses paroles. — Les hommes gagnent un aspect nouveau à mesure qu'on s'avance vers la frontière du royaume de Naples ; on y est décidément dans la terre classique des brigands. Les paysans qui se présentent sur la route ont un air misérable et un singulier accoutrement : au lieu de souliers, ils ont des plaques de cuir fixées par des cordes grossières montant sur les jambes, en se croisant, et tenant en respect une mauvaise toile adaptée en guise de bas. Cette chaussure rappelle une haute antiquité et des mœurs romaines ; il n'en est pas de même du chapeau en forme de cloche, et du manteau rétréci sur les épaules, dont l'origine est plus moderne, peut-être espagnole. Les habitations offrent ce type si caractéristique, si essentiellement italien, que les artistes aiment tant à reproduire dans leurs tableaux ; dans les villages surtout elles présentent un aspect local : un mur avec des ouvertures de fenêtres rares, terminées par des pleins-cintres, une ligne du ciel dégarnie de toiture, un escalier en pierre en-dehors de la maison, terminé par un hangar, sous lequel une femme, des enfants, se tenant à l'ombre, braquent leurs grands yeux sur les passants. — Les forts qu'on voit dans le lointain, formant des tours carrées, bâties en briques jaunes, ont quelque chose de grâcieux que n'ont pas nos forteresses. — Entre Terracine et Fondi, je vis la place où, quelques semaines avant mon passage par ce défilé, un compatriote, M. D..., de Bruges, avait été attaqué et dévalisé la nuit par les brigands, et où il avait passé ainsi que ses compagnons deux mortelles heures au pouvoir de ces scélérats. — Je couchai à Mole de Gaëte, lieu délicieux, rempli des souvenirs de Cicéron. Là on est définitivement dans un pays d'abondance, c'est là la terra di lavoro ; et il est évident qu'on y respire mieux, que l'air y est essentiellement plus léger, que la végétation y est abondante et partout fraîche. Des bois d'oliviers s'étendent à perte de vue ; ces arbres se trouvent tous sur des alignements réguliers ; leur feuillage a un aspect argentin, leurs branches sont délicates. — On voyage partout à travers une terre fertile et fort bien cultivée, et il serait difficile de dire combien ces indices de l'activité et de l'industrie de l'homme rendent heureuse la situation morale du voyageur. — Le corps couvert d'une épaisse couche de poussière blanche, on arrive par une route belle et large aux portes de Naples, où des masses de mendiants vous attendent et s'attachent à vous; ils sont nus, et rien n'est frappant comme leur figure blême, rouge ou brune, comme leurs yeux noirs et ouverts, et leur bouche, qui est tantôt dans l'expression de la prière, tantôt dans celle du chant, et qui vomit quelquefois des torrents d'imprécations et de blasphèmes. Grands et petits, filles et garçons, tous courent, pirouettent, chantent, crient autour de la voiture, et c'est au milieu de ce cortège qu'on arrive enfin dans la rue de Tolède, où circule une population considérable, criant, gesticulant et se frayant un chemin entre les innombrables calèches qui s'entrecroisent sans discontinuer. A votre descente de voiture, les Lazzaroni, les Facchini vous attendent; — c'est un nouvel assaut qu'il faut subir et pendant lequel il importe de songer à son mouchoir de poche et de ne pas perdre un instant de vue ses bagages.

NAPLES (1).

Cette ville est célèbre dans l'histoire des sciences, et ce n'est pas sans motif que Cicéron y a laissé de grands souvenirs et que Sénèque appelait Parthénope la mère des études. Cependant, il est vrai de dire qu'à l'époque de la renaissance, Naples n'a pas éprouvé cette effervescence intellectuelle qui agita si puissamment les autres états d'Italie et qui, pendant les deux siècles derniers, a produit tant de grands hommes, surtout dans le nord de l'Italie. Naples compte quelques noms remarquables dans les beaux-arts : tels que Francesco Solimène, Luca Giordano, Salvator Rosa et l'architecte Vanvitelli, d'origine flamande(2). Séverin a brillé parmi les chirurgiens, et Cotugno, mort seulement depuis quelques années, s'est illustré par ses découvertes anatomiques. Autrefois le centre des lumières se trouvait sur un point plus avancé du royaume; il était à Salerne, et c'est de-là que se sont propagées primitivement les sciences médicales, cultivées d'abord par les Arabes après la chûte de l'empire romain, et transportées ensuite en Italie par les moines du mont Cassin. Mais actuellement l'ancienne université de Salerne n'a plus d'existence, et l'établissement scientifique d'Aquila n'est qu'une école secondaire. En Sicile, il y a deux universités, celles de Palerme et de Catane; mais c'est, à proprement parler, Naples qui est le siége du haut enseignement; cette ville a une

---

(1) *Napoli;* population: 370,000 habitants.

(2) Le vrai nom de famille de cet architecte est *Van Kalf:* de Vitello, *kalf,* veau.

UNIVERSITÉ au grand complet, comptant un nombre considérable d'étudiants. La faculté de médecine, m'a-t-on assuré, a plus de deux mille élèves, non compris les pharmaciens. Ce nombre étonnera moins, quand on saura qu'il y a à Naples en tout plus de vingt mille étudiants de toutes les classes, y compris ceux de l'académie de dessin. Une diminution de cette population scientifique et artistique s'est fait sentir fortement lors des derniers ravages du choléra.

A la faculté de médecine les cours sont distribués comme suit :

Anatomie : MM. *Dimitri*. — Anatomie pathologique : *Grillo*. — Physiologie : *Lucarelli*. — Matière médicale : *vacat*. — Médecine pratique : *Lanza*, et *Vulpes*, professeur titulaire. — Clinique chirurgicale : *Cosmas de Horatiis* et *Petrunti*, professeur adjoint — Clinique médicale : *Ronchi*, médecin du roi et *Antonucci*. — Ophthalmologie : *Quadri*. — Art obstétrique : *Catollica*. — Médecine légale : *De Forno*. — Hygiène : *vacat*. — Chirurgie théorique : *Leonardo Santoro*. — Théorie chirurgicale : *Chiari*. — *Postiglion*, médecin adjoint de clinique médicale.

L'enseignement se donne en langue italienne. — On est moins sévère à Naples que partout ailleurs en Italie sur la fréquentation des cours; je crois même avoir appris que les élèves ne sont pas astreints à les suivre; et, si ma mémoire ne me trompe pas, on ne suit point dans cette université le principe admis presque partout ailleurs en Italie, d'obliger le jeune docteur à suivre les cours pratiques pendant un terme de deux ans, avant de lui conférer le grade de libre pratique.

L'université possède des collections; celle qui concerne la MINÉRALOGIE est passablement fournie, mais le

CABINET ZOOLOGIQUE est dans un tel état de dégradation, que je ne me souviens pas d'avoir vu nulle part tant de misères et de désordre réunis. La plupart des mammifères y sont rongés par la vermine, et, chose inconcevable, on n'y trouve presque pas de poissons, pas même ceux de la Méditerranée !

J'allai voir l'HÔPITAL DES INCURABLES où se donnent les *leçons cliniques*. Une de ces cliniques est médicale, une autre est chirurgicale, une troisième est pour les maladies des yeux, une autre pour les femmes en couche. Vingt-quatre médecins et dix-huit chirurgiens sont attachés à cet établissement. Il y a des médecins et des chirurgiens assistants, tous nommés au concours.

Cet hôpital constitue un bâtiment considérable, composé de salles immenses pouvant contenir de huit cents à mille malades. Il y a deux étages : les hommes sont en bas, les femmes en haut. Les femmes enceintes sont placées dans un local séparé. On traite séparément les phthisiques et les galeux ; il y a des salles pour les vénériens et des locaux spéciaux pour les malades pensionnaires. On y trouve un bel amphithéâtre et une pharmacie spacieuse, détachée du bâtiment principal. — Il m'a semblé que cet hôpital laisse à désirer sous le rapport de la propreté. — Je le visitai vers le soir et j'y vis de grandes chauves-souris, agitant l'air au-dessus des lits occupés par les malades. Ces animaux, dont l'aspect est si repoussant, m'y semblaient cependant des habitués, car personne n'y faisait attention.

L'HÔPITAL DELLA PACE, LA CHARITÉ, ne reçoit que les malades atteints d'affections aiguës. Il est desservi par les frères de Saint-Jean-de-Dieu. Il est peu grand.

L'Hôpital de' Pellegrini est un petit établissement où l'on ne reçoit que des cas chirurgicaux, ceux surtout survenus par accident.

A l'Hôpital Saint-François on traite les prisonniers malades et les femmes prostituées. Il peut renfermer quatre cents malades. On organise dans cet hôpital un *Cabinet d'anatomie humaine et comparée*, sous l'impulsion de M. *Nanula*, chirurgien en chef. On y trouve une collection de fœtus monstrueux, pris dans la série animale. Je suis au regret qu'un mal-entendu ait détourné mon attention de ce cabinet, dont on m'a dit du bien lorsque je ne me trouvai plus à Naples.

Non loin de-là est le petit hôpital Santa Maria della pace, contenant environ cent femmes affectées de maladie vénérienne, que je n'ai pu voir.

L'Annonziata est destiné aux enfants trouvés.

L'ospedale della trinita, hôpital militaire, reçoit particulièrement les soldats atteints d'ophthalmie. M. Requin, dans sa Notice sur Naples, nous a fait connaître l'opinion de M. Magliari, médecin de cet établissement, qui accuse la ruse des soldats napolitains qui s'irritent les yeux au moyen de la chaux afin d'obtenir un congé de réforme. Il est intéressant de savoir que les soldats suisses y sont moins sujets à cette maladie. Valentin dit que les soldats contractent principalement l'ophthalmie dans les postes militaires, surtout à Gaëte (promontoire qui s'avance dans la mer). Il ajoute que cette affection est fréquente à Palerme. Toutefois l'ophthalmie est un mal endémique

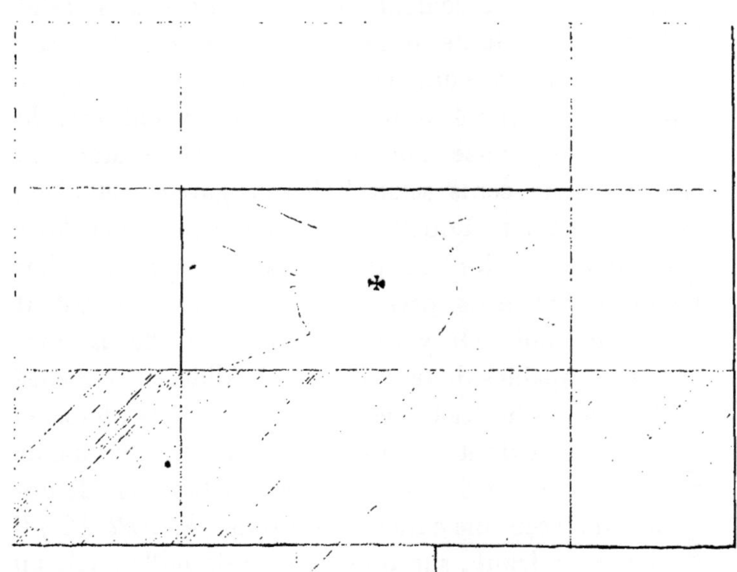

Albergo reale di Poveri à Naples.

parmi la population de Naples, même parmi la classe aisée de la bourgeoisie. L'humidité de la nuit et les froids subits qu'on éprouve au bas des hautes montagnes contre lesquelles Naples est bâti, sont regardés sur les lieux comme des causes de l'ophthalmie.

Naples possède un deuxième hôpital militaire, DEL SACRAMENTO, placé comme le premier sur une hauteur. Un troisième est destiné *à la marine ;* il peut contenir quatre à cinq cents malades.

Parmi les établissements charitables de Naples, celui qui figure en tête de tous est l'ALBERGO REALE DE' POVERI, immense hospice contenant, d'après des renseignements qui m'ont été donnés à cet établissement, près de quatre mille (douze mille d'après le docteur Morgan, deux mille six cents selon Valentin) garçons et filles, appartenant tous, à quelques exceptions près, à la classe nécessiteuse et dont la plupart sont orphelins. Les enfants y sont reçus après l'âge de sept ans, et y restent jusqu'à dix-huit. On y admet aussi des vieillards infirmes et incapables de travailler. — L'édifice, commencé en 1757 sous Charles III, est loin d'être achevé ; il forme un carré long dont le centre comprend des bâtiments en forme de croix de St-André ; mais le bâtiment de devant seul a reçu une entière exécution. (*Voir Pl.* 12.) Il présente de front, sur une étendue de mille pieds au moins, soixante-deux grandes fenêtres, et comprend un rez-de-chaussée et des étages. L'entrée principale est au milieu et se fait remarquer par un superbe escalier, conduisant à un vestibule commun, d'où l'on a l'entrée dans les corridors, salles, réfectoires, dortoirs, etc., tous vastes et extrêmement propres.

Tout est imposant dans ce bâtiment ; les étages y ont une hauteur considérable ; les portes, les fenêtres offrent des proportions gigantesques ; les murs, les voûtes, les charpentes ont une solidité peu commune. Dans les réfectoires, les tables sont de marbre. — Lors de ma visite, le dîner était servi ; j'y trouvai des gamelles de fayence et des gobelets en fer blanc. La nourriture était indiquée par un ordre du jour : quatre onces de pain par jour, un quart de carafon de vin, quatre onces de viande de bœuf ; soupe à volonté ; quatre onces et demie de macaroni, ou bien trois onces de riz ; une demi-once de sel. Les lundi et mercredi, du riz dans la soupe. — Le système suivi pour la construction des lits y est économique. Le lit est composé d'un seul support en fer, faisant le pied, sur lequel reposent deux planches appuyées par un de leurs bouts sur un banc de pierre formant une espèce de promontoire. (*Voir Pl.* 13.) Les matelas sont étendus sur ce fond de lit. — Dans nos contrées, il serait impossible de trouver une position commode sur une couche dont le fond est si dur ; mais en Italie, comme le remplissage employé pour les matelas permet de lui donner une épaisseur et une légèreté considérables, on n'a point à redouter un tel inconvénient : on s'y sert de feuilles de maïs ; même dans les maisons le mieux tenues, on en fait de fort bons matelas de fond. — Je n'y vis point de vases de nuit.

Cet établissement est destiné à assurer le sort des orphelins et à leur donner une éducation appropriée à leurs dispositions naturelles. — On leur apprend à lire, à écrire, à chiffrer ; on leur enseigne tout ce qui a trait à l'instruction primaire, même le dessin et la musique. Quelques-uns reçoivent une direction plus élevée vers les Beaux-Arts. Il y a huit divisions en tout, comprenant de vastes ateliers de charpentiers, de cordonniers, de tailleurs, ainsi qu'une *armeria* et une fabrique d'épin-

Pl. 13

Pag. 170.

gles. On y trouve une fonderie de caractères typographiques et une imprimerie ; on y exécute de grands travaux dans la lave et le corail ; il y a même des enfants qui apprennent des métiers hors de l'établissement.

J'ai vu avec grand intérêt la division des *sourds et muets* de cet institut, enseignés d'après la méthode Lancasterienne, et d'après celle de Corado Haman, hollandais, méthode déjà en vogue il y a deux cents ans, et dont le fils de notre célèbre Van Helmont (1) a donné la première idée. On eut la complaisance de me faire assister à plusieurs exercices de vocalisation exécutés par ces enfants, et il me fut facile de voir qu'on y avait porté la méthode à une grande perfection. Les professeurs m'ont assuré que la langue italienne, composée d'un nombre considérable de voyelles, est plus propre que toute autre à permettre au sourd et muet de former des sons articulés.

Tous les garçons apprennent l'exercice militaire et ceux qui montrent des dispositions extraordinaires dans la branche qu'ils cultivent, sont exemptés du service militaire au sortir de l'établissement.

---

(1) M. Broeckx, d'Anvers, dit dans son ouvrage couronné sur *l'Histoire de la Médecine belge :* « François Mercure Van Helmont est le premier qui se soit occupé de l'éducation intellectuelle des sourds-muets. Il parvint à former une méthode qu'il publia en 1672, à Salzburch, et par laquelle il veut non-seulement rendre les sourds-muets aptes à comprendre ce qu'on leur dit, mais leur donner même l'usage de la parole. Cet homme ingénieux prétendait que pour faire parler les sourds-muets, il fallait leur figurer la parole. Or, son ouvrage renferme trente-six gravures représentant différentes expressions de la face ; les joues ouvertes font voir l'intérieur de la bouche, le jeu de la glotte, de la langue, des dents et des lèvres, dans l'articulation des différentes lettres et syllabes. C'est avec ces tableaux exécutés en relief et un miroir que ses élèves s'exerçaient eux-mêmes à articuler les sons, en plaçant les organes dans la position qu'ils avaient sous les yeux. »

ALIÉNÉS. — Tous les aliénés du royaume de Naples, excepté ceux de l'île (Sicile), sont séquestrés dans trois établissements différents à Aversa, l'ancienne Atella, sur la route de Capoue à quatre lieues de Naples.

C'est l'établissement de la MADDALENA, la REALE CASA DE' PAZZI, qui reçoit les hommes aliénés et qui, le mieux tenu des trois établissements, a acquis une réputation européenne.

Il contenait au moment de ma visite 200 aliénés, et le nombre des admissions par an y était évalué par le directeur de l'établissement à 30 ou 40. — Cet établissement est un ancien couvent, organisé, en 1813, en maison d'aliénés, par les soins du chevalier Linguiti, ecclésiastique et directeur primitif de cette maison. Elle est loin d'être spacieuse, elle est même petite eu égard au nombre des malades qui s'y trouvent. (*Voir la Pl.* 14 *qui indique les dispositions principales du plan.*) Les aliénés proprement dits n'ont qu'une seule cour, où ils peuvent se mouvoir, tandis qu'une petite cour de devant est affectée au service de la maison. Il ne paraît pas que les jardins attenants soient visités souvent par les aliénés : si cela a lieu, la faveur ne s'applique qu'à quelques malades privilégiés.

Le bâtiment se compose d'un rez-de-chaussée et d'un étage. Après les localités occupées par les employés de la maison, la chapelle et la salle de bain, la cuisine et une imprimerie qui se trouve là aussi, il ne reste pour les aliénés, au rez-de-chaussée, qu'une galerie couverte, un réfectoire et quelques cellules. L'escalier est large et commode; il conduit, sur l'étage, à de larges et beaux corridors se prolongeant entre deux rangées de chambres ou de cellules, dont les portes ont des dimensions ordinaires. Les fenêtres sont prati-

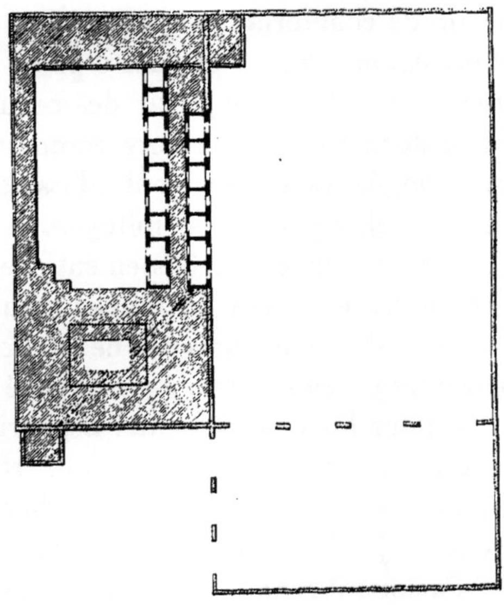

Plan de la Maddalena à Aversa.

quées dans le mur opposé à la porte; la plupart des croisées n'ont pas de vitrages : des châssis en fer, en forme de pot de fleurs pour quelques fenêtres, des colonnes grossières en bois pour d'autres, les remplacent. Les planchers sont faits avec une espèce de stuc. Les murs sont très-bien blanchis. Les lits sont en fer et conformes au système suivi à L'Albergo de' Poveri; dans quelques chambres les fonds des lits, en planches, sont posés sur deux supports en fer. Les matelas sont très-commodes et fort propres. J'ai trouvé des vases de nuit dans beaucoup de chambres. — Quelquefois une rangée de cellules communique, par des espaces de séparation libres, sur toute la longueur des cellules; elles sont ainsi transformées en corridors communs. Quelquefois deux rangées de cellules sont adossées et communiquent entre elles par le mur mitoyen.

Ce qui manque dans cet établissement, ce sont les lieux de réunion, les salles de travail. Au premier étage il y a une belle salle, mais elle ne m'a semblé occupée que par les pensionnaires. J'y ai trouvé une salle d'observation pour les convalescents. Les furieux couchent dans un dortoir commun; ceux qui troublent le repos des autres sont reclus dans des cellules. — Les aliénés y sont l'objet de soins assidus et d'une admirable sollicitude. Partout il règne une propreté excessive et même un certain luxe dans le mobilier. Le grand réfectoire est superbe; les tables sont en marbre; chaque aliéné a une serviette, un gobelet et un plat d'étain, une cuillère et une fourchette. (En Angleterre, au Bedlam, au lieu de fourchettes on donne aux aliénés des couteaux faits de lames d'os.)

La cuisine est brillante de propreté. — Tous les jours les aliénés ont du vin; tous ont l'air content et leur santé physique m'a semblé excellente. Ils portent l'uniforme : une veste, un pantalon de toile blanche et une marque au cou désignant le genre de folie qui les domine. — On est parvenu à soumettre quelques-uns de ces malades au travail, mais on ne réussit pas entièrement dans cet effort ; il en est qui font des souliers, d'autres font des habits, quelques-uns assistent dans la typographie. On a principalement recours à des distractions agréables, et il paraît que c'est là le point de mire des fondateurs de cet établissement et des administrateurs actuels. J'ai trouvé dans la salle principale un billard, un piano et d'autres instruments de musique : M. Simoneschi, directeur actuel, m'offrit même de me faire assister à un concert donné par les aliénés. Ces malades font des promenades dans la maison, musique en tête, et ils chantent à la chapelle ; c'est ainsi qu'ils se rendent aux réfectoires aux heures des repas. On veut agir sur leurs sens, fixer leur attention. — Les murs sont couverts de peintures et partout l'œil rencontre des bas-reliefs, des groupes, des statues, des inscriptions. Des vers de Delille sont inscrits sur le mur du vestibule :

« Adoucissons leur sort, traitons avec bonté
» Ces malheureux bannis de la société....
» Par de durs traitements ne l'effarouchons pas; (*sic*)
» Que des objets riants se montrent sous leurs pas. »

Je n'ai pas vu dans cet établissement le théâtre sur lequel il paraît que les aliénés jouaient autrefois la comédie. — Or, dans tout cela on a outrepassé la mesure, et il est juste de dire qu'on y affecte une tendance plus romantique que médicale. Il est bien prouvé qu'avec de tels procédés on ne guérit point les fous ; on attire seulement l'attention des étrangers, qui ne peuvent le plus souvent en apprécier la valeur; et il saute aux yeux que ces peintures, ces bustes, ces représentations, dans lesquels on croit voir des agents de distraction, finissent en peu de temps par ne plus impressionner les malades, lors, bien entendu, qu'ils ne les portent pas à des interprétations fâcheuses pour leur situation morale. Pour ma part, je préfère un établissement dans lequel on ne trouve point toutes ces prétendues distractions et où tout respire une grande simplicité de décors et d'ameublement. Il en est de même de la musique, qui exécutée en commun devant toute une population d'aliénés, ne peut porter dans le moral de ces patients que des secousses qui sont loin, la plupart du temps, de tourner à leur avantage. La musique ne convient réellement que lorsque le malade la cultive lui-même. De plus, c'est une erreur de croire que l'on guérit les aliénés par ces espèces d'agents que dans le monde on est dans l'habitude de nommer distractions. Les jeux, les promenades même, fatiguent le plus souvent et irritent ces malades au physique comme au moral, du moins dans la période croissante du mal.

L'établissement de la Maddalena d'Aversa a occupé bien des esprits; on en a fait même un reproche aux fondateurs et aux administrateurs de cet asyle, et il est possible qu'on en ait dit trop de bien; toutefois, je ne me range pas de l'avis de ceux qui en ont fait une critique sans bornes. Je vois dans les premiers efforts tentés à Aversa le point de départ de toutes les améliorations qui se sont effectuées plus tard dans les divers établissements d'Italie; et si la pratique suivie dans cet établissement peut ne pas avoir eu l'assentiment des hommes de science, toujours est-il que plusieurs points qu'on a cru devoir critiquer, sont actuellement encore des sujets d'une contestation scientifique.

M. Gualandi, dans son ouvrage sur l'établissement d'Aversa, a fait connaître divers moyens de répression employés dans cet institut. M. Brière-de-Boismont, dans sa Notice sur les établissements d'aliénés en Italie, est également entré dans des détails à cet égard. M. Valentin en a parlé aussi.—La camisole est employée quelquefois ; mais on a recours plus souvent à la *position de répression* horizontale et verticale. M. Fédéré, médecin de cet établissement, résidant à Aversa, m'a assuré avoir des succès réels chez des maniaques, en les faisant tenir debout pendant quelques heures seulement. A cet effet, on place le malade, portant la camisole, contre un mur garni d'un paillasson ; des courroies passent des épaulettes de ce vêtement au matelas, tandis que les bouts des manches de la camisole sont fixés à côté du malade, et qu'un autre appareil empêche les genoux de fléchir et d'exécuter aucun mouvement. (*Voir Pl.* 15.)— Pour la position horizontale, un lit de force est destiné à tenir le malade couché ; il sert aux furieux et on l'emploie dans un but de correction. Le lit est bien matelassé, une ouverture est au milieu livrant passage aux fèces ; des courroies fixées à la camisole retiennent le malade par les épaules, de même qu'une espèce de couvercle en fer bourré qui passe par-dessus les genoux. Le lit forme du côté de la tête un dossier mobile qu'on relève en cas qu'on veuille donner au malade une position plus ou moins droite. Quelquefois il est attaché à ce lit pendant sept ou huit jours.—La position horizontale est encore employée actuellement dans quelques établissements comme agent de répression. Je vis à Sigburg, près de Bonn, à l'établissement de M. Jacobi, une

cage d'osier rappelant la cage employée autrefois à Charenton, et dans laquelle on étend le malade après l'avoir roulé dans une longue bande et lui avoir donné l'aspect d'une momie ou d'un enfant retenu dans ses langes. La position forcée est presque exclusivement employée en Allemagne : c'est M. Horn, de Berlin, qui en a préconisé le premier l'usage. J'ai trouvé à Heidelberg un appareil destiné à tenir les malades dans une position perpendiculaire ; ils sont appuyés contre une corde tendue transversalement, et c'est dans cette attitude qu'ils reçoivent des douches le long de la colonne vertébrale.

Les médecins de l'établissement d'Aversa sont MM. *Ronchi* et *Vulpes,* habitant Naples ; c'est M. *Fédéré* qui en fait le service journalier. Je tiens de ce dernier qu'on y emploie parfois les saignées, tantôt locales, tantôt générales, mais que plus souvent on suit la cure expectante. On y fait un fréquent usage de bains et de douches. Il y a dans l'établissement un *bain de surprise* qui n'est plus employé et que M. Brière-de-Boismont nous a fait connaître. On y a employé *le mouvement rotatoire.*

M. Fédéré m'a assuré avoir souvent constaté des *affections pulmonaires,* des *engorgements mésentériques,* ainsi que des *altérations du foie* chez les aliénés; rarement il a vu dans cet établissement la *paralysie générale. L'ivrognerie* y est souvent notée comme cause d'aliénation mentale.

Il se trouve à la Maddalena quelques pensionnaires, payant 12 ducats par mois.

MONTE VERGINE. — C'est un autre local à Aversa, dans lequel se trouvent les *femmes aliénées,* qui étaient au nombre de 160 lors de ma visite. Cet établissement, qui est un ancien couvent, n'offre rien de particulier, ni sous le rapport du local, ni sous celui de l'administration. Il présente une étendue de terrain peu grande; il y a seulement une cour, un petit jardin, des dortoirs et quelques cellules. Beaucoup d'aliénées y travaillent; j'y ai même vu un *atelier* où plusieurs femmes s'occupaient à tisser, disposition que je considère comme un immense progrès parmi les imperfections que présente cet établissement. — Les malades sont couchées commodément et sont bien vêtues. — On y fait un usage fréquent de *bains et de fumigations aromatiques.*

Le nombre des sortants dans ces deux établissements est d'un cinquième sur la population générale. Chaque aliénée coûte par jour 12 grains ; faisant un demi-franc, ce qui équivaut en valeur comparative de Belgique à un franc à peu près.

Aversa a un troisième établissement d'aliénés, mais qui ne renferme que des *incurables.*

Naples a une maison de santé de *Miano* et une autre dite de *Casario,* contenant quelques pensionnaires; M. Gualandi et M. Brière-de-Boismont en ont donné une description détaillée.

En sortant de ces établissements, j'eus continuellement devant moi les physionomies que je venais de quitter. Ces aliénés ont là un facies type, émanant sans doute de leur tempérament particulier. En général les aliénés italiens offrent une figure très-pâle : — on sait que l'aliénation change la couleur naturelle de la peau : — en Italie, où le teint pâle prédomine, cet effet m'a semblé considérable. A Turin, à Gènes, j'ai rencontré des hommes blancs comme des spectres ; j'ai pu faire la même observation presque partout en Italie, dans les lieux où je me suis vu en contact avec des aliénés. On y trouve des expressions animées, mais peu langoureuses, peu menaçantes aussi. Tout ceci fait contraste avec ce que l'on trouve dans le Nord de l'Europe, en Angleterre surtout, où les aliénés conservent absolument le caractère froid et répulsif de leur nation ; là, pas de tumulte, mais du silence, des figures craintives et abattues ; là, les aliénés n'adressent guère la parole aux visiteurs ; ils ne chantent pas, ils ne sifflent point. — Casper a parlé de ces caractères des aliénés en Angleterre, contrastant avec la vivacité, la politesse des aliénés français. En visitant les établissements d'aliénés de l'Italie, je me suis rappelé les remarques que ce médecin allemand a faites à cet égard. Or, le facies des instituts d'aliénés m'a paru, en Italie, être loin de ce qu'on rencontre en France. On n'y trouve point les poses étudiées, les attitudes militaires, les questions tracassières, les mots pour rire des aliénés français. Quand je visitai le Bedlam, à Londres, un seul aliéné m'adressa la parole, me sautant au cou, m'embrassant avec effusion, se disant le Fils de Dieu : il était français et parlait sa langue. — En Allemagne, en Suisse, en Belgique, il est plus difficile de trouver dans les établissements de ces faces nationales.

—

C'est une chose bien curieuse que la physionomie des peuples et la différence qu'ils peuvent offrir parmi des hommes placés souvent à de courtes distances les uns des autres. C'est une réflexion que j'ai eu souvent occasion de faire pendant mon séjour à Naples, où j'ai trouvé les masses différentes par leurs allures, leurs traits, de ce que je venais de voir à Florence et de ce que je vis plus tard à Rome. La grande mobilité du peuple napolitain est réellement chose curieuse. A Naples, tout le monde présente des regards interrogatifs; il y a là un mouvement dans les mains, les doigts, une gesticulation continuelle du corps; on y a l'air de connaître une langue de signes, et l'on m'a assuré que cette langue s'apprend effectivement parmi le peuple. Tout cela, me disais-je souvent, est bien différent de ce que l'on voit en France et surtout dans sa capitale, où l'on rencontre aussi une forte expression dans les actes de relation; mais là l'idée de la personnalité se trouve au fond de tous les gestes et des paroles. Il y a parmi le peuple de Naples plutôt absence de ce qu'on peut nommer dignité; il y a là, comme nous avons déjà eu occasion de le dire, grande souplesse, vivacité, intelligence, promptitude dans les impulsions, mais sauvagerie et rudesse aussi; il y a là une nature brute, et ce n'est pas là qu'un seul mot tient en émoi tout un peuple.

Il y a dans les mœurs du peuple napolitain des habitudes qui frappent tous les étrangers: celle de faire les affaires en plein air en est une des plus caractéristiques. Toutes les boutiques sont ouvertes. — Les cafés communiquent directement avec les rues par une large double-porte, continuellement ouverte. Partout les cordonniers, les tailleurs travaillent devant leur porte. C'est ainsi que des milliers d'hommes remplissent les places publiques et les rues. Il y a au milieu de cette foule un laisser-aller tout napolitain, tout pittoresque, qui m'a beaucoup égayé. Je crois voir encore, au moment où j'écris, ces petites voitures chargées de personnes de tout rang, de toute condition; ces masses de voiturins, remarquables par leurs impertinences et leur idiôme barbare. Naples est la terre-promise des gens qui vont en voiture; depuis neuf heures du matin jusqu'à la nuit tombante, la classe aisée se fait traîner dans la rue de Tolède et le long du Jardin Royal : il y a là un mouvement continuel d'omnibus, de fiacres, de voitures de maître, avec lequel le Strand de Londres seul pourrait soutenir la comparaison. Les marchés offrent des spectacles étranges et dont l'aspect est loin d'être toujours agréable: la manière surtout dont on dépèce et transporte les viandes, est de nature à soulever le cœur. Je vis avec étonnement que le peuple s'y nourrit de sèches et de calmars, mollusques maritimes qui n'inspirent chez nous qu'un irrésistible dégoût et dont il dévore jusqu'au *noir*, au point de s'en teindre une grande partie de la face. — Il y a dans les chants populaires de Naples, dans les danses, dans la musique des *Pifferari* surtout, avec leurs cornemuses, quelque chose de bien pittoresque, s'annonçant dans la marche empesée et le costume de ces hommes; c'est à l'époque des fêtes religieuses qu'on les rencontre le plus souvent. On les voit partout stationnant devant des images de Saints vénérés par le peuple, et dès le lever du soleil, ils remplissent les rues de leurs sons plaintifs.

La manière d'enterrer les morts est imposante, surtout dans les grandes occasions : on les porte nus, décorés, couverts d'allégories, souvent entourés des ordres ecclésiastiques; c'est une pratique qui rappelle les usages de l'Orient et qui se retrouve dans d'autres villes d'Italie.

Pour ne pas parler des loteries gouvernementales, encore tout en vigueur en Italie, je dirai que le peuple se livre dans ces contrées à des jeux de hasard dont nous ne trouvons point les pareils dans nos pays. Trois, quatre individus se réunissent derrière un pan de mur, dans une ruine, une grotte; tous ont la tête baissée et paraissent attentifs au plus haut point : deux d'entre eux étendent le bras et l'avant-bras, ayant le poing fermé. Au même moment, chacun des deux joueurs étend quelques doigts et prononce en même temps un nombre : le chiffre qui correspond au nombre réuni des doigts ouverts chez les deux joueurs est victorieux. Ce mouvement, la prononciation des mots et le jugement porté par un troisième individu qui ne quitte pas des yeux les mains des deux parties, se font avec une célérité surprenante. J'ai rencontré partout en Italie de ces groupes que la police surveille strictement.

Naples est un lieu délicieux pour quiconque apprécie la valeur des beautés naturelles. L'aspect de la mer y est magnifique; le point de vue dont on jouit à la Villa Reale est superbe, en face de cette immense plaine; le beau coup-d'œil qu'on a aux Camaldules, montagnes élevées au-dessus de la grotte du Pausylippe, et qui permet de voir tout Naples avec ses maisons blanches; le Vésuve avec Portici, Resina, Torro del Greco à ses pieds; les montagnes noires et bleues de Castellammare et de Sorrente à l'horizon, sont ce qu'après Constantinople il y a de plus enchanteur dans le monde. A Pouzzoles, à Bayes, les vues sont admirables et la terre féconde en souvenirs historiques : Agrippine y périt; Cicéron y avait sa campagne; Néron y avait ses palais; César Lépide et Antoine y tramèrent un complot célèbre; Pline partit de là pour le Vésuve, lors de la fameuse éruption qui le fit périr; dans le fond du tableau est Capré, rocher qui s'élève dans la mer et qui fut la résidence favorite de Tibère. Ces endroits se présentent également intéressants sous le rapport scientifique: le Solfatarra avec ses terres de soufre brûlant, les étuves de Néron, dont les vapeurs sont si extraordinairement chaudes, la grotte du chien avec ses effluves gazeux, le Vésuve avec ses cônes violets et ses décharges terribles, appartiennent à ces grands phénomènes de la nature, devant lesquels l'intelligence de l'homme s'anéantit.

Combien Naples n'est-elle point intéressante sous le rapport des antiquités? Ces restes du temple de Sérapis et du pont de Caligula, cette grotte où la Sybille prononçait des oracles, ces temples de Vénus, de Mercure et d'autres, parlent tous fortement aux souvenirs historiques. Que dire de Pompéia et d'Herculanum! Certes, on ne peut voir rien de plus extraordinaire que ces villes, qui, comparées à nos constructions actuelles, font si bien ressortir les changements survenus dans l'art de bâtir, surtout depuis l'invention des vitrages. Rien n'est plus riche, n'est plus beau, n'est plus instructif que les cabinets qui renferment toutes les antiquités que les fouilles font découvrir dans ces villes sorties de dessous le sol. — Les collections du musée de Naples sont admirables sous le rapport des statues et des vases.

Naples ne renferme point de grands monuments; on n'y trouve point d'églises extraordinaires, sinon le nouveau temple de Saint-François de Paule, mauvais mais riche imitation du Panthéon d'Agrippa de Rome. Le palais du roi n'a rien de particulier. Le spectacle St-Charles est un des plus beaux et des plus grands théâtres du monde. Toute la ville a un aspect de localité qui lui est propre: les maisons n'ont pas de toits; elles ont des plates-formes sur lesquelles les habitants viennent prendre l'air le matin et à la fin du jour. Les maisons ont plusieurs étages; elles sont souvent ornées d'entablements et de balcons. Hors la longue rue de Tolède, la belle et large rue Chiaïa et quelques voies qui y débouchent, Naples n'a pas de grandes rues. On frémit en voyant les maisons menaçant ruine et soutenues par des échafaudages placés en travers des rues: et cela dans un endroit où la terre tremble à tout moment, où naguère on eut à déplorer de grands désastres, et où tout annonce d'immenses excavations souterraines et un feu qui débouche par les Volcans.

—

Je partis de Naples, me rendant à Caserta, résidence royale, où le marbre parle un vrai langage poétique. Le vestibule de ce château, s'ouvrant sur quatre cours, donne réellement l'image d'une forêt de colonnes. L'escalier est sans contredit la construction la plus belle, la plus harmonieuse et en même temps la plus riche que l'on puisse rencontrer : j'y goûtai des moments délicieux. La perspective des arcades et des colonnes accouplées y a été calculée avec un art extraordinaire; on dirait un de ces beaux palais enchantés qu'on nous représente parfois si heureusement sur la scène. C'est Vanvitelli qui en a été l'architecte.

De Caserta je me rendis à Capoue par une voie large, bordée par une sorte de piliers creux rappelant les colonnes milliaires; cette route traverse un champ riche en souvenirs historiques: car c'est là qu'Annibal, d'abord victorieux, retint son armée au lieu de marcher sur Rome. La terre porte encore les traces de l'ancienne Capoue : on voit sur la route de magnifiques tombeaux, dans le lointain des débris d'anciens temples, et les restes d'une ancienne porte et d'un amphithéâtre fort grand, très-solidement bâti et bien conservé, qui date de trois cents ans avant notre ère. — A la nouvelle Capoue, je visitai l'hôpital qui n'inspire aucun intérêt. Je passai la nuit dans cette ville et j'eus occasion de voir un enterrement fait par les Frères de la Miséricorde, vêtus de blanc, ayant sur la tête un capuchon qui leur cache entièrement la face, mais dans lequel sont ménagées deux ouvertures pour le passage du jour : ce sont des hommes pieux appartenant à toutes les classes, faisant le bien sans se faire connaître.

Au sortir de Capoue, on passe le Volturno sur un grand pont en fer. On y voit quelques beaux aqueducs.

—

Je continuai ma route vers Rome et j'eus une seconde fois occasion d'observer les marais Pontins. — Je rentrai dans cette ville par la Porta San Giovanni, ayant à ma gauche l'imposante façade de l'église de Saint-Jean de Latran et, au fond de la rue que je traversai, le Colysée que je vis cette fois-ci par un beau clair de lune.

ROME (1).

Les deux tiers de Rome comprennent des terrains incultes renfermés dans un mur d'enceinte ; c'est là l'ancienne Rome, amas de ruines, dépouillées de ce qu'elles avaient autrefois de riche en marbres, en métaux et en statues. A dire vrai, ces masses informes, jaunies, rembrunies par le temps, ne causent guère de profondes émotions ; la poitrine ne se dilate point à la vue de quelques tas de pierres : tout est dans le souvenir qui s'y rattache ; c'est du moins là l'effet que j'ai éprouvé à la vue du palais des Césars, du tombeau des Scipions, du cirque de Romulus, des thermes de Caracalla, des thermes de Dioclétien où, dit-on, trente mille personnes pouvaient se baigner à la fois.

Mais si dans Rome une statue, une ruine nous rappellent Horace, Ovide, Salluste, Cicéron et Tacite ; si errant dans les voies désertes, tristes et malsaines de cette étonnante cité, les souvenirs se reportent en général sur quelque grand capitaine, ces lieux imposants réveillent aussi chez le médecin des souvenirs historiques en rapport avec sa science. N'est-ce pas là qu'Archagatus, sous le consulat de Lucius Emilius et de Marcus Livius, vint s'établir dans Rome, alors la maîtresse du monde, et y apporta la médecine dogmatique des Grecs? Asclépiade, originaire de la Grèce, l'ami de Cicéron, vint à Rome quatre-vingt-seize ans avant l'ère chré-

(1) Habitants : 150,000.

tienne et y acquit une réputation colossale. Cornelius Celsus y composa ses admirables livres et Claude Galien y jeta les bases de cette médecine qui se conserva pendant toute une série de siècles. Rome vit Eustachi, Cagnati, Lancisi, Borelli (né à Naples); et Baglivi y publia plus tard ses immortels ouvrages. Cette ville rappelle Flajani, médecin praticien, célèbre par ses préparations anatomiques.

Or, au milieu de cette expression de grandeur qui annonce tout ce que l'orgueil et le despotisme, les arts et les sciences peuvent enfanter de prodigieux, on cherche en vain les débris des institutions qui constituent la pierre de touche de la moralité des peuples et de ceux qui les gouvernent : des spectacles, des palais, des tombeaux somptueux, voilà ce que Rome ancienne renferme; mais des hospices pour les orphelins, des asiles pour les vieillards, des hôpitaux pour les infirmes, voilà ce que les restes de ses grandeurs ne nous font point découvrir. C'est le Christianisme qui a créé ces institutions, en tournant sa sollicitude évangélique vers les classes inférieures; c'est la basilique, c'est le temple, c'est la chapelle, qui ont reçu d'abord dans leurs murs ou dans leur voisinage les lépreux, les pestiférés, les pauvres et les morts; c'est le génie sublime de la bienfaisance et de la charité, qui a créé ces asiles où les malades de toutes les classes reçoivent l'hospitalité et les secours de l'art; c'est même le temple, qui a donné primitivement aux hôpitaux leurs formes et leurs dimensions : de plus, ces formes se sont conservées jusqu'à une époque très-rapprochée de nous. C'est ainsi que les hôpitaux étaient primitivement de vastes nefs disposées en croix ou en sémi-croix, latine ou grecque; et aujourd'hui même l'on retrouve plus ou moins en

Italie et en d'autres pays ces formes primordiales reproduites dans les hôpitaux. Or, ce même génie qui a créé la basilique de Saint-Jean de Latran, de Ste-Marie-Majeure, de St-Paul hors des murs, de cent autres belles églises, effacées toutes par l'incomparable métropole, ce même génie, disons-nous, a créé dans Rome moderne les établissements charitables inconnus dans Rome ancienne.

L'Hospice de Saint-Michel. C'est un asile dans le genre de l'Albergo Reale de Naples et d'autres établissements de l'Italie; magnifique bâtiment, situé au bord du Tibre, près du pont Cestio, en face du mont Aventin. Il est construit sur un plan régulier ayant de vastes cours et d'énormes salles.

Il est destiné au secours des orphelins et des vieillards, à l'amélioration des mœurs, au perfectionnement de l'intelligence et à la culture des arts et des métiers: c'est presque une université artistique qu'on a même comparée, non sans raison, à une petite ville peuplée de jeunes artisans.

Les élèves reçoivent dans ce splendide établissement une éducation primaire, une instruction élémentaire; ils y acquièrent la connaissance de la langue du pays et un enseignement même approfondi dans la plupart des beaux-arts, dans la peinture, la sculpture, la gravure, l'architecture, la musique, prodigué à chaque élève suivant ses dispositions intellectuelles plus ou moins heureuses. — Chaque élève y apprend un métier quelconque, et c'est une chose curieuse à voir, que les cours de cet établissement divisées en compartiments qui sont tous affectés à des ateliers, à des officines, où se trouvent les modèles de la presque totalité des arts mécaniques et des métiers. Organisé sur ce pied, cet institut comprend quatre divisions principales ayant des réfectoires et des dortoirs.

Les draps, les galons, les pompons que porte la troupe, les étoffes à l'usage des moines sont dans cet établissement. On y fabrique aussi des draps fins qui trouvent leur écoulement dans le commerce. — Un grand nombre d'ouvriers y travaillent soldés par l'administration. On y reçoit des pensionnaires à raison de vingt francs par mois. — Les orphelins retirent de leurs travaux un bénéfice qui leur donne à chacun un pécule dont ils disposent à leur entrée dans le monde.

La population est de cinq à six cents individus, parmi lesquels il faut compter les vieillards infirmes et les femmes âgées.

A vingt ans, les orphelins sont censés connaître un métier et sortent de l'établissement, tandis que les filles y restent toute leur vie si elles ne se marient point. On a fait observer (Poujaulat) qu'on y favorise la tendance au mariage; car « chacune de ces filles travaille à un trousseau, et fait, ce qui plus est, son lit avec deux coussins et deux places indiquées, » afin d'annoncer ses tendances.

Différents produits confectionnés dans cet établissement y sont exposés et des expositions générales y ont lieu à des époques déterminées.—On nous a cité de célèbres artistes sortis de l'hospice St-Michel, créé primitivement par Sixte V, et qui plus tard a reçu de grands perfectionnements sous Innocent XII, Clément X et Pie VI.—Cet établissement a des dotations particulières qui lui rapportent un revenu de plus de deux cent cinquante mille francs.

Il paraît que c'est dans l'hospice de Saint-Michel qu'en 1703, sous Clément XI, on a tenté les premiers essais d'un système pénitentier appliqué aux jeunes détenus et auquel l'isolement cellulaire et l'enseignement religieux ont servi de base. C'est sur ce modèle que l'Ergastole de Milan a été organisé, et l'on a prouvé que c'est vingt années plus tard que fut construite la grande maison pénitentiaire de Gand, d'où le système, en subissant d'importantes réformes, s'est propagé en Amérique, en Angleterre et en Suisse.

Un bâtiment contigu à celui-ci renferme les femmes de mauvaise vie, qui y sont occupées au travail.

Un établissement non moins considérable et plus ancien que l'hospice Saint-Michel, c'est l'Hôpital San Spirito, dans la cité Léonienne, *in Sassia*, près du Tibre, non loin de l'église de Saint-Pierre.

Fondé en 1198, il reçut à différentes époques de fortes améliorations et de grandes dotations. Il renferme actuellement trois divisions, une pour les enfants trouvés, une pour les malades et une autre pour les aliénés.

La division affectée aux malades comprend deux grands corps de bâtiments, l'un, qui est à proprement parler l'ancien bâtiment et semble avoir été primitivement occupé par les enfants trouvés, se compose de salles très-vastes ; l'autre érigé par Pie VI, bâtiment plus moderne, est situé en face du premier, de manière que la rue est entre les deux.

Le total des malades s'élevait à 850 dans cet établissement, pendant mon séjour à Rome, quoiqu'il puisse en contenir, dit-on, seize cents. Il y a de vastes salles pour les *fiévreux*. — Les *phthisiques* occupent une division particulière, et cette disposition que nous avons rencontrée dans d'autres hôpitaux en Italie et ailleurs, nous a toujours semblé contraire à cette influence pleine d'espérance, dont tout médecin doit constamment entourer ses malades. Reléguer les incurables dans une salle particulière, c'est leur annoncer qu'ils n'en sortiront jamais, c'est leur dire qu'ils sont phthisiques et destinés à une fin prochaine; c'est même accélérer chez eux le terme fatal. — Les *scorbutiques*, les malades atteints de la *pierre* et les *infirmiers* malades ont aussi une division spéciale; il y en a une pour les *blessés*. — Les femmes occupent l'étage, les hommes sont au rez-de-chaussée. — On y constate toujours un grand nombre de *maladies fébriles intermittentes*, et l'aspect des malades aux lèvres pâles, aux yeux ternes, à la peau cachectique, me plaça presque en pays de connaissance. — Les fièvres *putrides, typhoïdes et malignes* s'y présentent fréquemment. — Les *pleurésies*, les *péripneumonies*, les *rhumatismes* s'y font observer souvent, ainsi que la *phthisie*, les *obstructions abdominales* et les *hydropisies*. — Les *flux de ventre*, les *dysenteries* n'y sont pas du tout rares.

Plusieurs médecins font le service de cet hôpital. MM. les professeurs *De Mattheis* et *Tagliabo* y sont chargés de l'enseignement clinique. — Plusieurs jeunes docteurs habitent l'hôpital; ils contribuent à y faire le service et sont entretenus aux frais de l'administration. Chose curieuse est leur uniforme, composé d'une capote fort étroite ayant un petit collet; elle est faite d'une étoffe noire et grossière qui leur donne en tout un air d'infirmier.

Cet hôpital possède une belle salle de bains et une autre salle pour les bains de vapeur; il a un amphithéâtre et des salles de dissection.

On y trouve un cabinet anatomique, composé de

trois belles salles au rez-de-chaussée, renfermant une collection de fœtus, les parties sexuelles, des cas d'hermaphrodisme représentés en cire, des injections grossières et une nombreuse collection de calculs urinaires. — Un portrait d'André Vésale me rappela dans ce cabinet ma patrie et ses anciennes relations avec l'Italie.

L'Hôpital san Giacomo, dit *in Augusta*, à cause du mausolée d'Auguste qui est dans le voisinage, fut créé par le cardinal Giacomo Colonna, au quatorzième siècle. Il est particulièrement destiné aux maladies chirurgicales et peut renfermer un nombre de trois cent cinquante malades des deux sexes. M. Petrequin, dans ses Notes sur cet établissement, dit qu'il est mal éclairé et que sous le rapport de la propreté il laisse à désirer. Cet estimable médecin ajoute que les plaies, loin d'y être bien tenues, y ont de fâcheuses terminaisons et que la gangrène s'y met dans nombre de cas. Nos renseignements ne nous ont pas mis à même de vérifier en tout ces dernières remarques.

De même qu'à San Spirito, plusieurs jeunes gens demeurent dans cet établissement et y font le service des pansements : ils portent des capotes rouges. — Cet hôpital a un amphithéâtre anatomique, une bibliothèque, un laboratoire, un jardin. — Il a un revenu de plus de cent cinquante mille francs et reçoit un subside de quatre-vingt-dix mille francs.

L'Ospedale de san Giovanni, *in Laterano*; l'archi-hôpital du Saint-Sauveur, de Saint-André et de Saint-Jean, est destiné aux femmes atteintes de maladies aiguës, quels que soient leur âge, leur patrie, leur religion. Il contient à peu près 240 lits répartis dans deux grandes salles, formant de chaque côté deux rangs adossés dans le sens de leur longueur, disposition qui rend la circulation des infirmiers peu commode. Les lits sont en fer et ceux qui sont contre le mur ont des rideaux. L'aspect général de cet hôpital a quelque chose d'extraordinaire. — Il a un revenu de cent cinquante mille francs et reçoit un subside de soixante-dix mille francs.

Le service médical est confié à M. le docteur *Capocci*, médecin en chef, et M. *Savvechia* est chargé du service chirurgical. Ils ont un adjoint dans M. *Piazzoli*. — L'administration supérieure est confiée à des moines, et le service de l'hôpital est fait par des sœurs Hospitalières, établies en 1821 par la princesse Doria Pamfili, approuvées par Léon XII, et définitivement constituées par Grégoire XVI; elles font vœu de pauvreté, de chasteté et d'obéissance.

Cet hospice est la maison-mère de ces sœurs. Cette circonstance est importante à savoir, parce qu'il est rare en Italie de trouver le service matériel de ces sortes d'établissements entièrement exécuté par des religieux. Dans la plupart, hormis ceux des frères de Saint-Jean de Dieu, la direction supérieure est confiée à des moines, tandis que le service des infirmiers est effectué par des hommes du peuple. J'ai appris à Rome que le pape actuel est en voie de négociation pour faire venir de France des dames de Charité, afin de leur confier le service de quelques établissements de bienfaisance. — A des heures déterminées par le réglement, le peuple est admis dans cet hôpital, et M. Valery nous apprend que chaque année, le jour de l'octave de la Fête-Dieu, la procession de Saint-Jean de Latran traverse la grande salle de l'hôpital ayant en tête la musique et des tambours qui ne cessent de se faire entendre. Cet auteur ajoute avec beaucoup d'esprit : « Dans ce pays de fêtes et de solennités, elles pénètrent même au sein des asiles de la douleur et jusqu'au chevet des malades et des mourants. »

L'Hôpital Sainte-Marie de la Consolation, à côté de la roche Tarpéienne, érigé par le pape Alexandre VIII, est destiné à des cas chirurgicaux survenus par accident, surtout à des cas de blessures et de fractures. Il peut contenir 200 lits. C'est la confrérie de la Madone de la Consolation qui est chargée de l'administration de cet établissement charitable.

L'Hôpital della Trinita est destiné aux fiévreux guéris. C'est un hôpital pour les convalescents ; ils y sont mieux nourris que dans les autres hôpitaux ; trois jours de séjour leur sont accordés.

L'Hôpital Santo-Rocco reçoit les femmes enceintes qui peuvent y faire leurs couches. Valentin nous a appris le premier, qu'on y reçoit sous le secret le plus scrupuleux toutes les filles enceintes qui veulent cacher leur faute et les femmes mariées dépourvues des moyens nécessaires aux dépenses de l'accouchement.

L'Hôpital des fate ben Fratelli, fondé en 1581 par Grégoire XIII, ne reçoit que des malades payant pension à titre d'aumône. Les hommes seuls y sont admis. Il y a des admissions gratuites sur la recommandation des bienfaiteurs de l'établissement. Cet hôpital offre cette particularité, qu'il se trouve bâti sur la place même qu'occupait autrefois le temple d'Esculape, où des prêtres instruits dans la connaissance des drogues s'occupaient du traitement des maladies. C'était sans doute là que se trouvait enfermé le célèbre serpent, sur le compte duquel les Romains ont débité bien des choses merveilleuses, et qu'ils étaient allés chercher, lors d'une affreuse peste, à Epidaure au temple d'Esculape même, où ces sortes d'animaux étaient nourris et entretenus avec des soins extraordinaires. La pharmacie actuelle de l'établissement couvre le terrain sur lequel était, dit-on, le temple.

L'Hôpital de San-Gallicano reçoit les teigneux, les galeux, les lépreux, hommes et femmes. Il est desservi par des Sœurs Hospitalières. — Les salles y sont spacieuses. — Le revenu de la maison est de cent trente mille francs; elle reçoit un subside de cinquante mille francs.

L'Hôpital de la Madone des Anges, placé près des thermes de Dioclétien, est destiné à cent orphelins à peu près, garçons et filles. — Il y a au rez-de-chaussée un grand réfectoire, que j'ai trouvé dégoûtant de malpropreté. J'y vis pour l'enseignement primaire des classes vastes et bien aérées.

Les aliénés sont à l'hospice de Longara, dépendant du grand hôpital.

MM. Valentin, Morgan, Gualandi, les premiers, et Brière-de-Boismont en dernier lieu, ont fourni des renseignements sur cet établissement et en ont parlé en des termes peu favorables. — A dire vrai, le local n'offre guère des dispositions heureuses; il pèche surtout par un manque de terrain. — M. Brière-de-Boismont y a trouvé des anneaux de fer, armés de chaînes et scellés dans la muraille, servant à fixer les furieux et les malades turbulents : « attachés par le cou et les pieds, les aliénés sont obligés, dit-il, de rester debout. » Je dois à la vérité de dire que je n'ai point rencontré dans cet établissement de tels appareils, et il importe de faire remarquer que dans la science ils ont été recommandés comme des moyens salutaires pour le traitement des aliénés : ce sont là des agents coercitifs qui dans des circonstances données peuvent, comme il a déjà été dit, rendre réellement service.

Le bâtiment n'offre aucune combinaison heureuse, mais la ventilation est partout bien établie. Les dortoirs, les réfectoires sont spacieux et tenus avec soin. Les lits sont en fer, les matelas et les draps de lits fort propres. Chaque lit avec ses matelas et ses couvertures a coûté environ 60 francs. — Quelques portes ont encore des verroux grossiers; pour la généralité, la serrure travaille en même temps comme verrou et comme serrure, mécanisme partout en usage en Italie, tant dans la demeure des particuliers que dans les établissements publics. Il fonctionne en guise de verrou plat et consiste en une lame de fer plus ou moins forte, tout extérieure et qui se fixe au moyen d'une clef. (*Voir Planche* 16, *fig.* 1.)

Les aliénés portent un uniforme de toile blanche en été; mais en hiver ils ont des vêtements de drap. Ils sont fort bien nourris, font deux repas par jour, mangent de la viande, des pommes de terre, du macaroni, une soupe de semoule, et reçoivent une pinte de vin par jour. J'y ai trouvé le pain d'une qualité supérieure.

La somme des dépenses pour chaque individu, et par jour, s'élève à un franc environ.

Il y a des bains et des *douches horizontales* que le médecin actuel y a fait établir.

L'établissement est placé sous la direction supérieure de Santo Spirito. Un économe y est attaché et un chirurgien flébotome y demeure. C'est M. le professeur *Valentini* qui est chargé du service médical : il y fait des visites régulières et dans la conférence que j'eus avec lui, il me montra son éloignement pour le régime débilitant dans le traitement des aliénés. M. Valentini m'a fait observer avec beaucoup de raison que la constitution médicale de Rome exige des considérations spéciales, applicables au traitement de toutes les maladies. Il emploie fréquemment chez les aliénés la *digitale pourprée,* mais il ne la prescrit qu'à très-petite dose, et m'a assuré en avoir eu de bons résultats. Ces remarques m'ont prouvé que le traitement médical a subi d'importantes réformes dans cet établissement; car le docteur Morgan avait insinué qu'on ne fait dans cet hospice aucun effort pour la guérison des aliénés. M. Gualandi avait trouvé que la cure n'y est soumise à aucune règle ni méthode, et M. Brière-de-Boismont dit de cet hôpital que le traitement ne lui a point offert matière à des considérations nouvelles et que seulement les saignées y sont trop multipliées. Si donc cet établissement ne nous a rien fait voir de brillant, dans ce qui est relatif aux dispositions du bâtiment, il nous a fait cependant constater de louables efforts de la part de l'administration et surtout du fonctionnaire qui est chargé du service médical. A l'égard de ce dernier, je dois dire que j'ai trouvé son autorité trop restreinte. Le chef suprême de la maison, c'est le prélat Cioalia, le même qui a l'administration supérieure de tout l'établissement du Saint-Esprit. Lui seul donne la permission de visiter l'hospice des aliénés, permission que, si j'ai bien compris, le médecin en chef ne peut accorder que difficilement. Une telle sujétion de l'autorité médicale à l'autorité administrative, dans ce qui a trait aux malades, est contraire à toute bonne organisation d'un tel établissement.

Il y avait pendant mon séjour à Rome (mois d'août et de septembre 1838), jusqu'à 340 aliénés dans cet établissement, et le nombre des hommes y était plus considérable que celui des femmes. M. Brière-de-Boismont y avait déjà constaté cette disproportion entre les sexes, puisqu'il y avait trouvé 170 hommes et 150 femmes.

On y emploie la camisole de répression ; toutefois on fait un usage plus fréquent d'une ceinture de fer, sur laquelle glissent des anneaux du même métal, attachés à des courroies fixées au-dessus des mains. (*Voir Planche* 16, *fig.* 2.) Ces moyens rappellent, ainsi que les menottes encore en usage, le mauvais temps de cet hôpital, et demandent à être remplacés par d'autres agents plus efficaces et offensant moins la vue. — On m'a montré dans cet établissement une *pince dilatante*, dont on se sert pour ouvrir la bouche des malades qui refusent de manger : c'est une pince ayant deux tenettes qui s'écartent lorsqu'on en ferme les branches, de manière qu'au moment où l'instrument est fermé par ses pointes, il est écarté par ses branches. Les premières, sans être acérées, sont aplaties afin d'en favoriser le glissement entre les dents : dès qu'on a effectué cette introduction, on appuie sur les branches, dont l'une est assise sur un ressort. (*Voir Pl.* 16, *fig.* 3.) Les tenettes sont dentelées à leur extérieur pour empê-

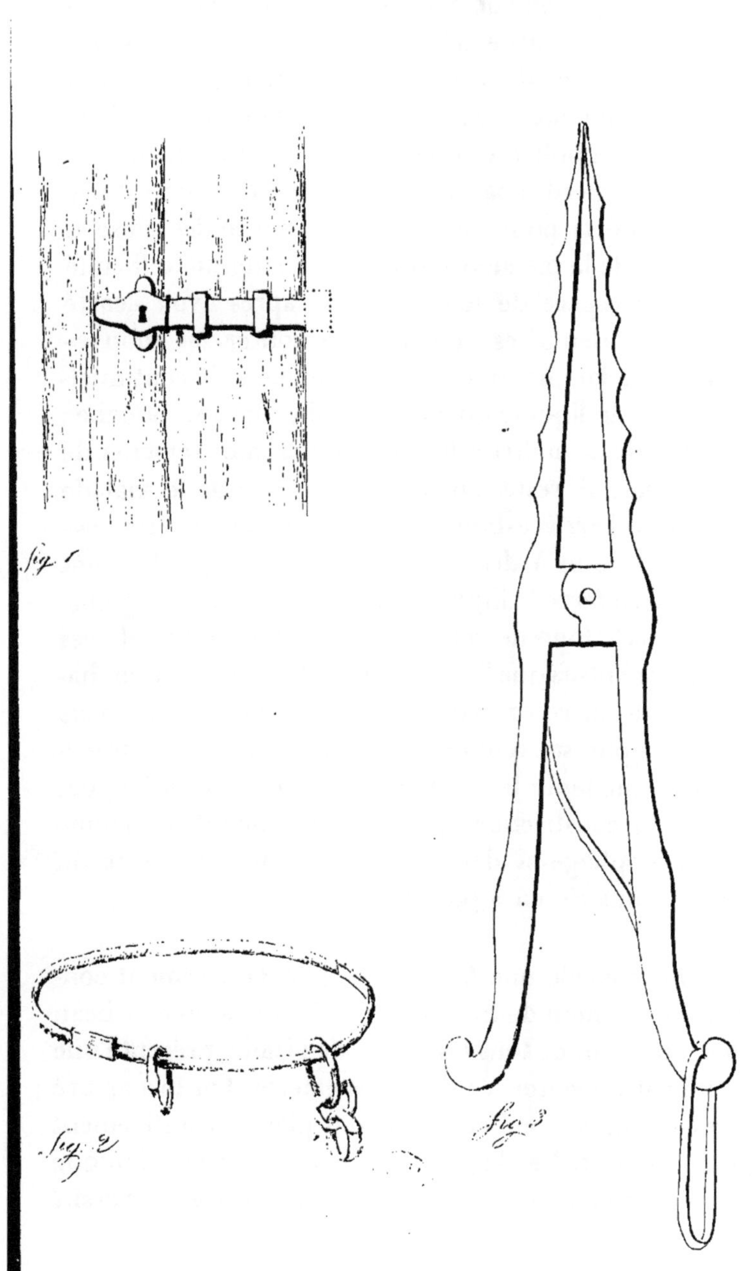
fig. 1
fig. 2
fig. 3

cher leur déplacement entre les arcades dentaires. — Ceux qui savent quelle peine il faut souvent pour ouvrir la bouche des malades qui refusent de manger et à quels accidents exposent les efforts employés pour vaincre leur résistance, apprécieront les avantages d'un tel instrument. On ne perdra pas de vue toutefois que ce n'est pas dans les efforts pour vaincre la résistance des muscles élévateurs de la mâchoire, que réside l'unique difficulté chez cette espèce de malades; car après avoir écarté les arcades dentaires, on a à surmonter les mouvements de la langue avec laquelle l'aliéné agit continuellement sur le liquide qu'on fait couler dans sa bouche; et lorsqu'on a maîtrisé les énergiques mouvements de cet organe, il reste un dernier effort que le malade tente avec l'arrière-bouche, en y déterminant un resserrement joint à des actes d'expiration qui lui font rejeter avec force le liquide qu'il a retenu, en gargouillant, dans le fond de cette cavité. C'est au milieu de ces efforts convulsifs que l'introduction d'une sonde œsophagienne, dernière source de salut, réussit parfois, mais devient le plus souvent impossible par les efforts extraordinaires que tente le malade avec la base de sa langue, ou par la constriction que cet instrument détermine dans l'œsophage et dans le larynx même par suite du jeu des constricteurs pharyngiens.

Rome possède une *Université*, particulièrement connue sous le nom de SAPIENZA, établie dans un fort beau local qui, comme tous les palais de l'Italie, présente une cour centrale entourée de belles galeries. On m'a assuré que cet édifice a été érigé sur des plans primitivement fournis par Michel-Ange; les ordres dorique et ionique y prédominent. — On compte dans cette université trois cents élèves en médecine et six à sept cents étudiants en tout; du moins c'est là le chiffre qui m'a été indiqué.

La *Faculté de Médecine* se compose de :

MM. les prof. *Bucci*, enseignant l'anatomie pratique;
» *Luppi*, qui a la chaire d'anatomie théorique;
» *Donarelli*, qui professe la physiologie;
» *Valentini*, qui est chargé de la médecine pratique;
» *D'Mattheis*, de la clinique médicale, ainsi que *Tagliabo;*
» *Fulchi*, qui donne la matière médicale;
» *Celli*, enseignant la pathologie;
» *Trasmondi*, exposant la chirurgie théorique;
» *Tilocci*, la chirurgie pratique;
» *Savetti*, l'art obstétrique;
» *Metaxa*, qui est chargé de l'anatomie comparée;
» *Bernardini*, de la médecine légale.

Depuis quelque temps seulement, l'université possède un CABINET D'ANATOMIE COMPARÉE dont l'organisation est due aux soins intelligents de M. le professeur *Metaxa;* il est à regretter que le gouvernement encourage si peu ses louables efforts, puisqu'il n'accorde qu'une somme de 40 écus romains par an à l'entretien et au perfectionnement des collections. — Le cabinet renferme déjà quelques bonnes pièces : j'y ai vu entre autres des placenta de ruminants, fort bien préparés et très-bien conservés. — Une injection du système circulatoire de la tortue a attiré particulièrement mon attention. — On y trouve la défense d'un éléphant fossile, ayant une longueur peu commune. — On m'y montra quelques têtes étrusques fort belles et de la plus parfaite conservation, inspirant le plus vif intérêt par leur haute antiquité. Il s'y trouve encore une tête fort remarquable à l'état de momie, ayant tous ses cheveux, mais d'une couleur et d'une consistance de soie crue : on n'en connaît point l'histoire ; on ne m'a point expliqué non plus cet état particulier des cheveux qui m'a semblé toutefois devoir se rapporter à un Lépreux, et dont la conservation s'est effectuée dans des circonstances particulières de terrain qui ne sont pas rares en Italie. Cet état particulier nous semble représenter la *lèpre blanche*, cette espèce dans laquelle les cheveux sont comme lanugineux : *in ea qui albi pili sunt et lanugini similes*, comme l'a dit Celse, auteur qui a vécu sur les lieux et qui pouvait en parler avec connaissance de cause. Ces cheveux nous représentent, selon toute probabilité, cette période de la lèpre blanche dans laquelle le mal n'est pas arrivé encore à son summum ; car plus tard les cheveux tombent lorsque la consomption se déclare, suivant l'avis de ceux qui ont pu observer cette affection de près.

On trouve au même local un CABINET ZOOLOGIQUE qui renferme une assez belle COLLECTION D'OISEAUX et quelques POISSONS RARES.

Le collége *médico-chirurgical* s'assemble à l'université et se compose de douze médecins et de six chirurgiens. Le président est inamovible. Ce collége est chargé de la police médicale et de l'hygiène publique.

Quelle différence entre Rome et Naples sous le rapport des impressions ! On quitte Naples presque sans regret, presque avec plaisir, disant adieu à ses Lazzaroni et à ses gens en voiture. Une fois sur la voie publique, on ne penserait plus à cette ville si Pompeia, Herculanum, la mer, les îles, le ciel, le golfe, le Pausylippe et ses vues enchanteresses ne reportaient l'imagination, de temps en temps, sur le bonheur qu'on a goûté dans ces lieux. Chose étonnante, c'est au Vésuve qu'on pense le moins, cette montagne fumante qu'on a vue toujours et de loin et de près, de quelque côté qu'on dirigeât ses pas.

Il n'en est pas ainsi de Rome... Plus long-temps on séjourne dans cette ville, plus long-temps on voudrait y rester. Le Vatican et les magnifiques palais de Rome, où des milliers d'inscriptions et de statues se trouvent accumulés, ont tous un attrait considérable. Ces palais où sont entassés tous les chefs-d'œuvre de l'art; cette belle galerie Borghèse, ce palais Farnèse, si majestueux par sa belle et riche architecture; ce palais Spada et sa statue de Pompée, au pied de laquelle César fut assassiné, se présentent toujours à l'esprit, ainsi que l'imposant et énorme Moïse de Michel-Ange à San-Pietro in Vincoli, ainsi que le Salvatore du même à la Minerva, et les fresques de Raphaël au Vatican, la fameuse toile de la Transfiguration, celle non moins sublime de la Madone di Foligno, le Gladiateur et la Vénus du Capitole, le Laocoon, l'Apollon du Vatican. — C'est bien là, dans cette dernière statue, comme on l'a dit, la colère frémissante du vainqueur de Python! A côté de ces chefs-d'œuvre de la Grèce, sont les deux Pugilateurs de Canova : mais combien ces deux statues, admirables d'ailleurs, sont loin de l'Apollon et du Laocoon!

Il y a dans Rome un grandiose de pierres et de marbres, partout un caractère solennel dans les édifices et les décors, qu'on ne retrouve plus nullepart. Partout c'est l'ordre corinthien, et plus souvent l'ordre composite, plus essentiellement romain, qu'on rencontre comme expression de cette pompe monumentale: nullepart on ne voit l'architecture svelte et bizarre du Nord, le gothique; partout c'est le plein-cintre avec une observance rigoureuse des règles de l'art; et au milieu de tout cela, les nombreux et beaux obélisques qui rappellent l'Égypte, Thèbes, Héliopolis et d'autres villes.

La présence des dignitaires de l'Église, aux couleurs rouges, noires et pourpres, avec leur brillant entourage, contribue à jeter sur la ville éternelle un air de richesse et de majesté, qui contraste avec la poussière, l'impolitesse, les arlequinades, les petites boutiques, les haillons, les voleurs de mouchoirs de poche de Naples. Imposantes sont ces antiques et riches voitures des prélats, des cardinaux et du pape; curieuse est la variété des costumes qu'on rencontre dans cette ville, et sous ce rapport rien n'est brillant comme les grandes fêtes de l'église que j'eus occasion de voir une fois pendant mon séjour dans Rome. — Il y a dans la coupe des habits, déjà bien ancienne, un raffinement de goût naturel qui étonne. Le territoire de Rome, ses différents districts ont des uniformes locaux : ceux qui portent l'habit à la mode du jour ne sont pas les vrais habitants de ce pays; c'est là la gent bâtarde. Ainsi à Albano, à Frascati, à Tivoli et ailleurs, on aime les couleurs vives; les femmes ont les étoffes de leurs vêtements couvertes de broderies représentant des fleurons, des images, des espèces d'hiéroglyphes; c'est une tendance que les habitants de ces endroits partagent avec les Grecs, les Turcs, les Hongrois, les Espagnols, et que l'on retrouve en Tyrol, en Suisse, et jusque dans l'Alsace, où le costume ressemble plus ou moins à celui de nos paysans des Poldres. — Le peuple de Rome se ressent de la présence de toutes les grandeurs mortes et vivantes; il est plus sérieux que le peuple napolitain : sa physionomie moins mobile, n'en est pas moins expressive toutefois; ses mœurs à lui tendent à l'isoler au milieu des tendances modernes, même italiennes.

On jouit à Rome de points de vue extraordinaires. Quelques-unes de ses villa sont charmantes, mais monotones. La perspective qui se déploie aux balcons du Vatican, sur le plateau de la fontaine Pauline, dominant toute l'étendue de la campagne, est admirable. Mais c'est à Tivoli que les grandes émotions attendent l'homme aux sentiments poétiques : une verdure tout italienne, des temples très-antiques et bien conservés, assis sur des rochers escarpés, une rivière, le Teverone, qui se précipite avec force dans un gouffre en formant de superbes cascades, tout est pittoresque dans ce lieu charmant, excepté la population qui est pauvre, minée par la fièvre, et parmi laquelle on ne voit que des gens ayant la main tendue pour demander l'aumône, soit par nécessité, soit par fainéantise, soit par habitude.

Je sortis de Rome par l'ancienne voie flaminienne et traversai pour la dernière fois les terres ondoyantes de la campagne, couvertes par-ci par-là de broussailles, et de distance en distance de quelques groupes d'arbres rares. Je trouvai partout des postes militaires stationnant sur la route : à dix-huit milles de Rome, la voiture dans laquelle je me trouvais versa dans un ravin et un de nos chevaux y resta mort sur la place. En arrivant à Civita Castellana, j'appris que des vols accompagnés de circonstances atroces venaient d'être commis par les brigands sur la route même que je venais de traverser.

—

On passe le Tibre à Magliano; on est dans l'antique et célèbre pays des Sabines; on traverse Narni, où pour la dernière fois l'aspect misérable des lieux et des habitants frappe les regards et attriste profondément le cœur.

On se rapproche de Terni et la route devient imposante. Une gorge de montagnes et des rochers détachés des Abruzzes se présentent tout d'un coup. Un beau paysage se déroule au fond; des collines mamelonnées s'offrent partout couvertes de la plus riche verdure. Un torrent se dirigeant vers le Tibre coule à droite de la route et répand sur le paysage une bienfaisante fraîcheur. — A Terni, la vue plonge dans une immense vallée de terres cultivées, arrosées par la Néra, bornée à l'horizon par des montagnes délicieuses, toutes couvertes de forêts d'oliviers et où j'assistai à un coucher du soleil!! — La population y est saine, les vivres y abondent, le petit peuple cause, rit et chante. — J'allai voir la fameuse cascade *delle Marmore*, distante de Terni d'une bonne lieue, et qui offre un spectacle dont on ne sait guère se faire une idée sans l'avoir vu de près... Une nappe d'eau, on dirait du lait, tellement elle est blanche, tombe d'un énorme rocher et rencontre au bas de sa chûte une immense surface de blocs de pierres; elle coule à travers les intervalles qu'ils laissent, où elle se brise avec violence et se fraie des passages en se divisant en jets et en formant une seconde cascade qui rencontre à son tour de nouveaux rochers et produit avant sa chûte définitive une troisième nappe plus large, plus épanouie. La violence de cette chûte est telle, que l'eau tombée dans l'abime s'élève à l'état d'une vapeur blanche et se porte à une hauteur considérable, atteint même le plus haut point de la cascade. Le bruit qu'elle fait est tellement fort, qu'on l'entend à la distance d'une demi-lieue de-là. — Selon un petit ouvrage imprimé sur les lieux, la cascade de Marmore aurait une hauteur totale de 418 mètres (Riccardi, *Ricerche sulla caduta delle Marmore*). La première chûte est de plus de 300 pieds de hauteur, la seconde en a plus de 400. Tout est grand, beau et extraordinaire dans ce spectacle. — La chûte est formée par le Velino, qui a sa source dans les montagnes environnantes et qui, après avoir passé dans le lac de Luco, se précipite tout d'un coup dans la Néra, le Nar de Virgile, coulant à travers un gouffre. Cette cascade, mesurée jusque dans ses plus grandes profondeurs, est plus élevée que la célèbre cascade de Zumago au Pérou, qui n'a que 322 mètres de chûte; elle est plus élevée que la cascade de Marbure dans les Pyrénées, qui a 408 mètres; elle est beaucoup plus élevée que la célèbre chûte du Niagara, à laquelle Rochefoucauld-Liancour donne 160 pieds d'élévation. — En bas, l'eau forme un torrent rapide et les rochers qu'elle inonde ont une forme particulière; ils ne sont point angulaires, mais constituent des masses circonvolutées, et partout l'eau engendre des incrustations calcaires. — Au moment où je contemplais cette scène que le peintre ne saurait rendre dans toute sa majesté, le tonnerre grondait avec force au-dessus de moi et ajoutait à la magie qui règne dans ces lieux imposants, la patrie de Tacite.

—

Je fis route vers Spoleto et passai l'Apennin. Les terrains sont arides, calcaires, le paysage est sauvage et le chemin dangereux. On monte la Somma, montagne très-élevée où l'on attelle des bœufs aux voitures. Spoleto est bâtie sur un lieu élevé qu'on dit être un volcan éteint. — Puis on traverse d'abondantes prairies, des terres partout cultivées avec soin et sillonnées par de petits ruisseaux. Passé Pesignano, une source vive sort de dessous un rocher et dégénère en une rivière. — J'arrivai à Foligno, qui est dans une plaine riante, où je trouvai les édifices et la presque totalité des maisons lézardées par suite de tremblements de terre, qui, au témoignage des habitants, s'étaient renouvelés peu de jours avant mon arrivée dans cette ville.

—

Au sortir de Foligno on jouit d'un coup-d'œil enchanteur sous bien des rapports ; mais bientôt on retombe dans des gorges de montagnes et on s'achemine entre des rochers formidables. Je passai là l'Apennin une seconde fois, et j'y fus assailli par des vents froids et piquants qui pendant deux heures me fouettèrent le visage. Je m'éloignai insensiblement de la direction du Tibre pour entrer dans la Marche d'Ancône, province où naquit Sixte V et l'anatòmiste Eustachi. Partout les couleurs jaune-pâle et vert-foncé prédominent dans le paysage ; partout les habitations présentent des nuances grises et brunes, fortement prononcées. — J'arrivai le soir à Tolentino, ville qui fut le siége d'un Congrès et qui est renommée pour un Saint partout chéri des enfants.

—

Je traversai des terres basses et vaseuses, et avant d'arriver dans la Marche d'Ancône, au sortir de Maceratta, je vis les débris d'un ancien amphithéâtre bâti en briques. — En tournant le chemin, on est dans un pays de délices, dans une immense vallée, présentant d'un côté à l'horizon des montagnes rocailleuses admirables, du plus bel azur, et de l'autre, également dans le lointain, les Apennins qui ont un aspect métallique, paraissant transparents et anguleux comme du cristal. La culture est partout d'une richesse extraordinaire ; partout on distingue dans les champs des vaches, des paysans, des groupes de garçons et de filles ; on en voit sur plusieurs points qui dansent au son du tambour de basque. Les charrettes, traînées par des bœufs, y ont la forme des chars antiques, élevées par-devant et ouvertes par derrière ; leurs roues petites offrent sur leur plat une largeur considérable ; le tout est bariolé de couleurs vives et orné d'images de saints. La forme et la construction de la charrue rappelle dans cet endroit une haute antiquité, ainsi que l'arrangement des briques dans la construction des murs. Comme du temps des anciens, les briques sont plates et larges; elles alternent avec des couches de briques plus épaisses. Sur plusieurs points, les croisées n'ont pas de vitrages. — Derrière une chaîne de montagnes brunes, on distingue Lorette, vers laquelle se dirige un pélerinage continuel, et dans le fond une ligne bleue, vaporeuse, nuancée de vert et de rose, annonce la mer Adriatique séparant l'Italie de la Turquie d'Europe.

J'arrivai à Ancône, où je vis les soldats français, toujours gais et polis, et qui alors n'avaient point encore quitté cette importante position militaire. L'arc de triomphe érigé par Trajan sur une jetée dans le port même, en face de la mer, est un monument remarquable par son élégance et sa belle conservation.

—

En partant d'Ancône, je me dirigeai sur Bologne.

Sur une longueur de vingt lieues, on cotoie l'Adriatique, ayant à sa gauche la chaîne des Apennins; on passe par Sinigaglia, qui a de belles rues et de beaux marchés.

On traverse Fano, où est le Métaure, fleuve célèbre par la défaite d'Asdrubal.

On entre à Pesaro, patrie de Rossini... C'était un dimanche; toute la population était sur pied, et je pus y constater la beauté des formes des habitants de cette ville. — Le sang y est admirable; les femmes surtout y sont d'une beauté et d'une fraîcheur remarquables. — De mauvais renseignements m'ont fait perdre l'occasion de voir l'établissement des aliénés de cette ville, dirigé par M. le docteur Meli, et qu'on m'a dit être très-bien tenu.

—

Au sortir de Pesaro, on voit à sa gauche sur une montagne la République de Saint-Marin.

On arrive à Rimini, ayant 17,000 habitants et une bibliothèque publique. En entrant dans cette ville on passe sous un arc de triomphe élevé en l'honneur d'Auguste. En sortant, on a le Rubicon et on s'éloigne de la mer en passant sur un superbe pont à Cesène; de-là on arrive sur Forli, ville grande, bien bâtie, ayant de larges rues, patrie de l'illustre Morgagni.

—

Enfin l'aspect des lieux change considérablement dans la Romagne. Le ciel reste bleu, la verdure est toujours d'une grande intensité de couleur; mais les rochers nus et stériles, les teintes jaunes et blanches, ces nuances africaines ont disparu; les costumes cessent d'être brillants et locaux. Les traits ne sont plus souffrants, convulsifs; les paroles annoncent la bonté du cœur, les physionomies expriment la santé et le bien-être; les joues se présentent moins souvent creuses, et le tempérament sanguin se fait jour à travers les peaux brûlées par le soleil.

—

Je fis une halte à Faenza, ville ayant 17,000 habitants, renommée pour ses poteries, patrie du mathématicien Torricelli et de Salio Diverso, célèbre médecin observateur. Cette ville a dans ses environs des sources d'eau salée et des eaux thermales. J'y visitai l'hôpital que je trouvai très-bien tenu. Le médecin en chef, M......., me montra un sujet sur lequel il était sur le point de faire l'opération de la lithotritie. — A Rimini, un docteur, l'ami de M. le docteur Alboni, avec lequel je voyageai depuis Rome, m'avait montré une planche représentant un cas de rhinoplastie opérée par lui et qui avait parfaitement réussi. On ne perdra pas de vue que c'est dans le pays même que je parcourais que Tagliacozzi fit, le premier, des essais avec la méthode autoplastique. On me cita dans le même endroit des succès obtenus par l'emploi de l'appareil inamovible, amylacé, connu en Italie sous le nom d'appareil Velpeau. J'eus occasion dans cet endroit de revendiquer les droits d'un compatriote, M. le professeur Seutin de Bruxelles. — Ces circonstances me firent voir que l'Italie est au niveau des découvertes nouvelles et me prouva que l'assertion de M. Roux, qui s'est plaint dans sa Relation sur ce pays, de ce qu'on n'y appréciait point la lithotritie à sa juste valeur, est sinon trop générale, du moins peu applicable au moment actuel.

L'hôpital de Faenza renferme pour les aliénés une division qui n'offre rien d'intéressant et peut contenir une trentaine de malades de cette espèce.

De Faenza j'arrivai à Imola, patrie de l'anatomiste Valsalva, ayant un hôpital. Depuis Rimini on se trouve toujours sur l'ancienne voie émilienne. — On entre dans un pays plat, où les routes sont droites et présentent des maisons de campagne fort belles et partout une richesse de produits agricoles qui étonne; on aperçoit des fermes et des granges, des bœufs et des chevaux qui sont attelés à la charrue, des paysans qui travaillent dans les champs et dans les vignes. Le paysage est admirable; partout des nuances à la Claude Lorrain, des groupes d'arbres à la Poussin; à gauche, on se rapproche de l'Apennin, et à l'horizon, au bout d'une longue route droite, fort bien entretenue, on distingue les tours de Bologne, surtout sa longue tour effilée et penchée des Asinelli. Il était trois heures de l'après-dîner quand je fus dans le voisinage de cette ville; le ciel offrait une richesse de couleurs que nous ne connaissons point dans notre brumeuse Belgique; à l'horizon, il se formait des nuages annonçant de l'orage, mais des nuages italiens, éparpillés, rouges, dorés.

Dans Bologne, les rues sont propres partout, les maisons sont entretenues avec soin, bien peintes, bien badigeonnées. On marche partout sous des arcades et rarement on rencontre l'architecture grecque ou romaine; le caractère des édifices y a pris une autre expression : c'est le nord de l'Asie qui y a imprimé un cachet particulier; c'est une architecture sémi-gothique, sémi-moresque, un caractère bysantin tout local, qui devient plus expressif à mesure qu'on pénètre plus avant dans les États Lombardo-Vénitiens, près des frontières desquels Bologne se trouve. — L'église de Sainte-Pétrone, celle de Saint-Dominique, avec sa châsse contenant les ossements du saint, le dôme ou la cathédrale, sont trois monuments remarquables de cette ville. — Bologne a un riche Musée où l'on admire des chefs-d'œuvre de Raphaël, du Dominiquin, du Pérugin, d'Annibal-Carrache (sa célèbre communion de Saint-Jérome) et de tous les grands maîtres de l'Italie. — Bologne a un théâtre assez grand; elle a, comme plusieurs autres villes d'Italie, un théâtre di Giorno, sur lequel les représentations se donnent en plein air. — Hors de la ville est Saint-Michel in Bosco, où l'on jouit de points de vue admirables. — Le chemin qui conduit à la Madona della Guardia est couvert, d'après le système général de cette ville, par une galerie mesurant six cent trente-cinq arcades (Valery), divisées en stations.

BOLOGNE (1).

Son cimetière, la Chartreuse, LE CAMPO SANTO, est un des monuments les plus remarquables et en même temps un des plus intéressants qu'on puisse voir sous le rapport philosophique comme sous celui de l'hygiène. Des corps morts non enterrés, renfermés dans le plus parfait arrangement dans un vaste palais orné des plus beaux marbres, divisé par sections, par salles, offrent un spectacle étrange et grandiose, auquel nous ne sommes guère habitués dans les pays où les dépouilles mortelles sont confiées à la terre. Ceux qui ont les premiers conçu le plan de cet imposant asile, ont agi sous l'influence d'une grande conception : ils ont voulu rendre sans doute l'idée de la mort moins anxieuse en cessant d'enfouir l'homme sous un amas de terre, en le conservant sur le sol, en le tenant en quelque sorte au sein de la grande famille vivante. Les anciens faisaient grand cas des morts, beaucoup plus du moins que les modernes, qui se distinguent même par une indifférence blâmable à l'égard des restes du chef-d'œuvre du créateur. Du temps des payens, on considérait comme un malheur de mourir sans sépulture, on embaumait les corps, on les brûlait et toujours dans le but d'en faire des reliques. En Italie, ce respect pour le cadavre a persisté ; on expose encore les morts aux regards du peuple. Dans les endroits où les circonstances

(1) 63,500 habitants.

locales le permettent, on favorise leur momification. Sur plusieurs points on a organisé des confréries chargées d'enterrer les morts. Partout des statues, des tombes, des mausolées rappellent les hommes qui se sont distingués par leur attachement au pays, par des travaux d'art ou de science. Sur plusieurs points il y a une tendance à conserver le cadavre sur le sol, dans des sarcophages placés sur des élévations, même supportés par des colonnes assez hautes. Il n'y a pas de pays où les souvenirs se reportent si souvent et avec tant d'effusion respectueuse sur les hommes qui ont honoré cette terre classique des grandeurs et des faiblesses humaines.

Ce cimetière est distant de la ville d'une lieue à peu près; c'est un bâtiment destiné à être agrandi et à devenir avec le temps une véritable ville vouée aux morts, une Necropolis, ainsi que l'a désignée Carus dans son Voyage en Italie. On y entre par un grand terrain, autour duquel sont des galeries couvertes, ayant au fond, rangés dans le plus grand ordre, des sarcophages, des tombes, des mausolées de tous genres, appartenant à des familles plus ou moins distinguées. De-là on arrive dans des salles vastes et bien aérées, dans les murs doubles desquelles les corps encaissés se trouvent dans une position horizontale. Chaque sarcophage a une inscription qu'on lit dans l'intérieur de la salle.

Il y a dans Bologne, quoique ville des États romains, je ne sais quel facies scientifique, quel air de civilisation, absolument distinct de ce que l'on rencontre dans bien d'autres villes d'Italie. Dans les musées, dans les hôpitaux, il règne partout un zèle bien entendu, au développement duquel la domination française n'a pas été étrangère. D'ailleurs, Bologne est une des villes d'Italie qui ont produit les plus grands noms dans les sciences et les arts. Elle est la patrie d'Aranzio, de Mondini, de Caldani, de Malpighi, de Galvani, de Manfredi ; elle fut long-temps la résidence de Valsalva et de Morgagni. Parmi les peintres, elle a produit les trois Carraches, le Dominiquin et René Guido. Et cependant Bologne n'attire à son UNIVERSITÉ qui est primaire, qu'un nombre d'élèves peu considérable, malgré le talent de la plupart de ses professeurs et les ressources que doivent fournir ses hôpitaux pour les études médicales. Il est vrai, depuis la révolution de 1831, l'université de Bologne a beaucoup perdu, surtout depuis le départ de Tomassini, l'homme qui y entretenait le feu sacré de la science. — L'université de Bologne date de 1295 ; elle a devancé de quelques années l'université de Pise, organisée en 1339, et celle de Pavie créée en 1361. — Le nombre total des élèves y est actuellement de 550. La médecine en compte 250.

La Faculté médico-chirurgicale se compose comme suit :

Chimica : *Santagata Antonio.*

Anatomia compar. e veterinar. : *Alessandrini Antonio.*

Medicina politico-legale : *Gualandi Domenico.*

Materia medica : *Gozzi Fulvio.*

Botanica : *Bertoloni Giuseppe.*

Fisiologia : *Medici Michele.*

Medicina teorico-pratica : *Valorani Vincenzo.*

Farmacia : *Sgarzi Gaetano.*

Chirurgia teorica ed obstetricia : *Baroni Paolo.*

Patologia : *Barilli Gioacchino.*

Anatomia : *Mondini Francesco.*
Clinica medica : *Comelli Gio. Battista.*
Clinica chirurgica : *Venturoli Matteo.*

L'université est un vaste local qui comprend, outre les classes, des cabinets de physique, de minéralogie, d'histoire naturelle et d'anatomie. Elle possède une bibliothèque, un observatoire et de beaux amphithéâtres où se donnent les leçons. On y trouve des salles consacrées à la conservation des antiquités : cet ensemble comprend vingt-six beaux salons.

Le cabinet d'ANATOMIE COMPARÉE, fondé sous le gouvernement provisoire, perfectionné depuis par les soins de M. Alessandrini, est destiné à rivaliser un jour avec les meilleurs cabinets connus. Pour le moment, il ne soutient point le parallèle avec la collection d'Heidelberg, formée par les soins de M. Tiedemann, avec le musée de Londres, commencé par Hunter et enrichi depuis par M. Owen, pour ne point parler d'autres établissements. Mais toujours est-il que le musée d'anatomie comparée de Bologne est le premier de l'Italie et assez bien fourni pour pouvoir être rangé au nombre des belles collections de l'Europe.

Dans la distribution des pièces, on a suivi l'ordre anatomique: les os, les muscles, les viscères, les nerfs, les vaisseaux ont leurs classifications respectives. La collection des squelettes est peu nombreuse; elle est loin d'égaler, sous ce rapport, le musée de Strasbourg, celui de Bonn et les collections ostéologiques de Gand, et celles plus importantes des cabinets de Leyde.

On distingue toutefois dans cette série un beau squelette d'Hippopotame. — La Myologie est fort incomplète. — Une troisième division est affectée aux organes de la Digestion. Les mammifères occupent le premier rang parmi les pièces préparées. Parmi les poissons, nous avons distingué le Pancréas membraneux que M. Alessandrini a découvert dans l'*Accipenser Sturio* et le *Lucius Esox*, et dont la relation se trouve dans les Actes de l'Académie Bénéditine. Ces pièces sont injectées au mercure. — Les organes digestifs des insectes sont peu nombreux. — L'étude du Système Urinaire occupe une division spéciale. — Les organes de la Respiration, également étudiés dans la série, ont aussi une division particulière, dans laquelle on distingue de belles préparations de Branchies et de Poumons; quelques injections du système pulmonaire des Batraciens attirent l'attention. — Les pièces relatives au Système Circulatoire appartiennent presque toutes à des vertebrés. — On y voit de très-belles injections du Système Chilifère faites au mercure. — Dans une division spéciale sont des injections fines, démontrant la trame intime et le système capillaire des membranes. Celles-ci sont tendues sur des verres, ce qui permet de bien distinguer les différents ordres de vaisseaux, les veines et les artères. Ces belles préparations me rappellent les injections fines que j'ai vues au musée de l'hôpital Saint-Thomas à Londres (inject. du foie et du système osseux), et celles qui ont été faites à Gand par notre collègue à l'université, M. le professeur Burggraeve. Les préparations du Système Nerveux comprennent des pièces distinguées, prises parmi les vertebrés et les invertebrés. Toutes ces préparations sont réellement belles, faites avec un soin extrême, et peuvent figurer à côté des belles préparations du système nerveux que l'on trouve au musée de Strasbourg, à côté de celles plus nombreuses et prises dans la série, que présente le cabinet d'Heidelberg, remarquable par les préparations du système nerveux dans les poissons (surtout celles de l'Anadonta Cygnæa, Cinca, Venata, Squilla, Scolopendra, etc.). Si ma mémoire ne me trompe pas, j'ai vu dans cette série de préparations une pièce relative à de nouvelles recherches de M. Alessandrini sur le système ganglionnaire des scolopendres. — La série des pièces qui se rapportent aux Organes de la Génération, est surtout riche en produits de la conception, en enveloppes fœtales et en placenta. On y voit une belle injection de l'allantoïde de la vache. — Dans cette série, les pièces sont nombreuses et très-bien conservées.

Le cabinet d'Anatomie Comparée s'enrichit de *pièces Pathologiques d'anatomie comparée,* et déjà il en contient de remarquables. — On y voit plusieurs Monstruosités. Différents cas fort curieux de hernies, entre autres une hernie du cœur chez un veau, une hernie de la matrice par l'anneau inguinal chez une chienne. — Un calcul développé dans le canal de Sténon. — Une pièce indiquant une expérience tentée sur un cheval qui a subi la ligature des carotides et sur laquelle on constate le développement de plusieurs artères, établissant des communications entre les vaisseaux liés. L'animal a survécu longtemps à cette expérience. — Nous avons vu à Édimbourg, au musée anatomique, des pièces analogues de ligature des carotides et des vertébrales faite sur des chiens : un intervalle de trois à quatre semaines avait été laissé entre la ligature des unes et celle des autres. L'animal fut conservé en vie et resta bien portant. — Un autre cas est celui d'un veau sur lequel manque la portion inférieure de la moelle épinière ; cette monstruosité s'accompagne d'absence de vertèbres dans la région inférieure de la colonne vertébrale et d'absence de muscles partout où les nerfs manquent. M. Petrequin, dans sa Notice sur Bologne, a fait ressortir avec sagacité tout ce que ce cas offre de curieux.

L'université de Bologne possède un CABINET OBSTÉTRIQUE, le premier de l'Europe pour l'ancienneté. Toutes les positions de l'enfant ont été modelées, quelques-unes même, en terre glaise, sont cuites et peintes; on en compte plus de trente pièces, ainsi que différents cas d'hermaphrodisme dans l'espèce humaine.

LE CABINET ANATOMIQUE DES PIÈCES EN CIRE contient plusieurs démonstrations curieuses. Il est bon de faire observer que c'est à Bologne qu'on a fait les premières préparations en cire, et c'est à Ercole Lelli qu'elles sont dues en partie; Manfredini, Barbieri, Mad. Manzolini et d'autres en ont fait un grand nombre. Ce que ce cabinet offre de curieux sous le rapport de l'art du statuaire, ce sont deux statues de grandeur presque naturelle, faites en cire par Lelli, l'une représentant l'homme, l'autre la femme, et donnant le type de la grande perfection physique dans l'espèce humaine. — Ce cabinet contient des démonstrations du système musculaire; — une série de squelettes de fœtus humains; — l'anatomie des viscères chez l'homme et la femme; — le système lymphatique de la femme, fort beau, mais exagéré. — Parmi les pièces de ce cabinet, j'ai distingué une belle injection des vaisseaux spermatiques, qui m'a rappelé les admirables injections au mercure de Fohmann, déposées au cabinet de Liége, celles du cabinet de Heidelberg, les belles injections que Lauth a faites pour les testicules et qui se voient au musée de Strasbourg, celles de différents tissus que possède le cabinet de Gand et qui sont dues à M. Burggraeve. — On y trouve aussi une injection fort curieuse de la veine-porte hépatique, qui a été faite de manière à ce qu'après la pénétration de la matière injectée, on a fait disparaître toute la trame du foie, au point que les ramifications de la veine-porte seules sont restées intactes ; ce qui permet de voir les dispositions fort curieuses de ce système vasculaire.

Préparations en cire du système nerveux. Elles ne sont pas comparables à celles de Florence. — Une série de fœtus représentant les différents stades de la grossesse ; — un cas d'utérus bicorne, chez la femme ; — la circulation du fœtus ; — une belle pièce indiquant les vésicules de De Graaf; — une injection du tissu muqueux.

Cabinet pathologique. — La plupart des pièces sont en cire et d'une exécution admirable ; celles surtout qui représentent des maladies cutanées, sont dignes d'attention, ainsi que les pièces anatomiques. De telles préparations offrent une utilité réelle : elles donnent la faculté de voir, en tout temps et à toute heure, des maladies qu'on n'a occasion d'observer que rarement. Ainsi, telle pièce qui représente la *pellagra,* transportée en pays étranger, donnerait une idée exacte de cette affection, qui en dehors de l'Italie n'est guère connue. Plusieurs maladies de la peau sont reproduites dans ce cabinet avec une vérité frappante. — J'y trouvai et j'y vis avec un grand intérêt un tableau en cire de *la lèpre,* maladie que nous avons dit être endémique dans un endroit marécageux voisin, le Commaccio. Une autre pièce représente l'*éléphantiasis* avec ses formes hideuses. — On y trouve aussi : la *petite vérole,* les *pustules des pis de la vache ;* — des *éruptions syphilitiques ;* — le *pemphigus ;* — la *cyanose ;* — la *pellagra* qui est représentée au troisième degré, alors que la peau est noirâtre et comme salie par du charbon. — Ce cabinet contient la démonstration d'une anomalie de la vessie, celle de plusieurs maladies du système vasculaire, au naturel et en cire, plusieurs altérations organiques du cœur, entre autres un cas d'ossification remarquable de cet organe. (Ces cas me rappellent trois pièces que j'ai vues au Musée de l'Université d'Edimbourg, offrant des anévrismes de l'aorte dans lesquels cette artère énormément distendue avait pris adhérence avec l'artère pulmonaire, qui en était perforée au point d'offrir une ouverture passablement grande. Je vis au même musée un cœur extrêmement dilaté, qui avait comprimé le pneumogastrique et produit un état de strangulation à la gorge sans altération dans la digestion.)

L'on voit au même cabinet le squelette du géant Louis Marchetti Bottaro, offrant un développement extraordinaire dans tout le système osseux, ayant de chaque côté vingt-cinq vertèbres et treize côtes correspondant à treize vertèbres dorsales. La tête présente un volume énorme, mais proportionné au reste du corps. Je ne connais que le crâne de Charlemagne, au trésor d'Aix-la-Chapelle, qui lui soit comparable. Il est à remarquer dans ce cas que l'excès de développement osseux dans les vertèbres ne marche pas de pair avec l'atrophie d'autres pièces osseuses, circonstance qui demande à la théorie du balancement organique certains éclaircissements. (Le musée du collége des chirurgiens à Londres contient un géant haut de 8 pieds.)

Ce cabinet renferme une belle COLLECTION DE FOSSILES.

CABINET ZOOLOGIQUE. — Il comprend une collection passablement nombreuse de Mammifères, qui ne présente aucune richesse particulière. Les Oiseaux sont en grand nombre; mais il y a peu de Reptiles. Parmi ces derniers se trouve un Lechesis Rhombeata, serpent du Brésil rare. Un énorme Poisson-lune se fait remarquer parmi la collection des Poissons; il a été pris dans l'Adriatique. La collection des Coquilles est assez complète.

Le cabinet des Antiquités renferme des pièces curieuses : on y distingue des gravures étrusques antiques de la plus grande beauté et très-intéressantes sous le rapport de la physionomie des figures, qui offrent le type le plus pur de la race pélagique. — Il y a aussi une mosaïque grecque fort remarquable.

La bibliothèque est considérable; on nous a dit qu'elle contient 200,000 volumes; le célèbre *Mezzofanti*, actuellement cardinal à Rome, en était autrefois le directeur.

L'université possède un OBSERVATOIRE.

Bologne a un JARDIN BOTANIQUE assez bien tenu.

Cette ville eut toujours des relations scientifiques avec la Belgique. A des époques très-rapprochées, plusieurs de nos jeunes gens y sont allés perfectionner leurs études; et c'est par Vanderlinden, de Bruxelles, trop tôt ravi aux sciences, qu'on a eu en Belgique les premières données sur la doctrine des contro-stimulants, puisées aux leçons de Tomassini qu'il avait fréquentées à Bologne. Pendant mon séjour dans cette ville, il n'y avait plus d'étudiants belges; MM. Vandekerckhove et Gendebien en étaient partis depuis quelque temps. J'obtins ces renseignements de M. Gamberini, jeune médecin, qui usa à mon égard d'excellents procédés et qui voulut bien me parler de mes compatriotes dans des termes très-flatteurs. Bologne possède un *Collége flamand* établi au dix-septième siècle, par Jean Jacobs, orfèvre, né à Bruxelles. Quatre jeunes gens de cette dernière ville, issus de parents légitimes, peuvent y faire leurs études. Pour y être admis, ils ont à passer par un concours ayant lieu tous les cinq ans à l'Hôtel-de-Ville de Bruxelles.

Bologne a de grands et beaux hôpitaux, parmi lesquels le plus vaste c'est l'Hôpital Della vita, destiné à recevoir les malades et les blessés pauvres; il peut loger environ cinq cents personnes, confiées aux soins de deux médecins chargés du service médical, MM. *Medici* et *Comelli*.

La clinique est donnée dans un hôpital spécial nommé Hôpital de la Clinique, qui est un établissement parfaitement bien tenu, renfermant quarante lits en fer, décorés de beaux rideaux blancs, et dont vingt sont pour les cas qui ressortent de la médecine, les autres pour ceux de chirurgie. — On y prépare une *Clinique Obstétrique*. — Les leçons se donnent dans un amphithéâtre attenant à l'établissement.

L'Hôpital Santa Orsola, placé hors de la porte Saint-Vital, est destiné à recevoir les cas chroniques et les aliénés.

La division des maladies physiques y comprend un

carré de quatre salles bien aérées et fort bien tenues. Il faut que d'importants changements y aient eu lieu depuis la description peu avantageuse qu'en a donnée M. Valentin, car je l'ai trouvé un des hôpitaux les mieux organisés d'Italie. Le local est beau, les lits sont en fer, construits avec élégance (*Voir Pl.* 17), ayant au-dessus des malades un support donnant attache à une corde qui se termine par un manche en forme de gland, auquel le malade s'accroche lorsqu'il veut changer de position ou se mettre debout. J'ai trouvé cette disposition, peu importante en apparence, de grande utilité et digne d'être invoquée dans les hôpitaux et dans bien d'autres établissements : c'est ce que les Anglais ont déjà fait dans leur sollicitude pour le confort; car cet appareil, quoique beaucoup moins bien fait chez eux qu'à Bologne, se trouve à l'hôpital Saint-Thomas, au Barthelemy's hospital, au Guy's hospital, au S.t-Georges hospital de Londres et ailleurs. — La salle des bains est belle. Les baignoires placées au milieu, au nombre de cinq, rayonnent vers un centre, où un tube mobile conduisant l'eau froide ou chaude d'une pièce voisine, la fait couler dans chaque baignoire. On y trouve une salle pour les bains de vapeur, qui se compose d'une petite rotonde en amphithéâtre, ayant dans son intérieur des espèces de cassettes, dans lesquelles les malades sont placés de manière à avoir leur tête dégagée. La vapeur est conduite par des tubes dans l'intérieur de ces appareils.

On reçoit dans cet hôpital les *syphilitiques*, les *pellagriques* et autres malades.

C'est M. le docteur *Daveri* qui est chargé du service des malades de cette division.

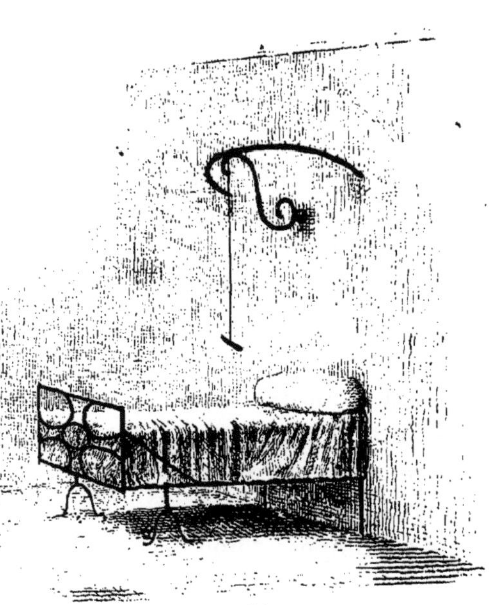

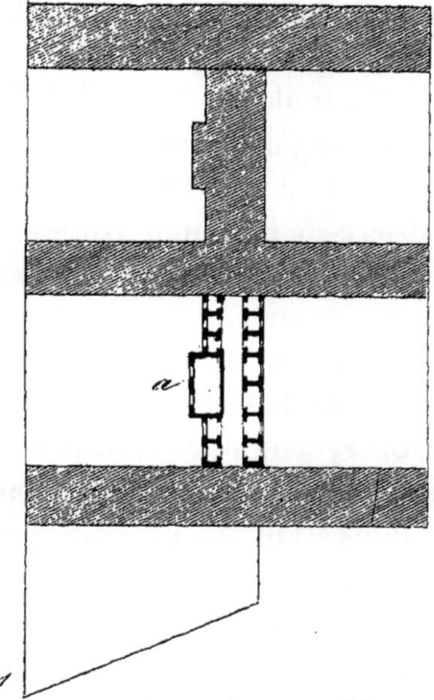

fig. 1
Établissement des aliénés à Bologne.

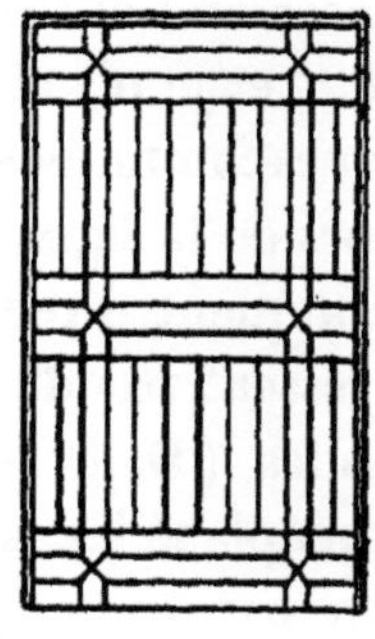

fig. 2

Le local pour les Aliénés a été récemment restauré. M. Petrequin, en parlant de cette division, l'a trouvée encombrée de matériaux ; à mon passage par Bologne, les travaux commencés depuis quelques années étaient suspendus, je suppose toutefois pour être repris dans la suite.

J'y ai trouvé la population totale de 170 aliénés, et le nombre des femmes égal à celui des hommes.

Les femmes, comme du temps où M. Valentin et plus tard M. Brière-de-Boismont visitèrent cet établissement, sont logées en haut et les hommes au rez-de-chaussée. Un tel arrangement, que nous avons déjà trouvé plusieurs fois en Italie, et qui résulte évidemment du peu d'espace de terrain qu'y présentent les établissements publics, conduit essentiellement à de graves inconvénients et à un grand désordre dans le service. Il est vrai, on nous a fait comprendre que cette disposition est seulement provisoire. — Un long corridor traverse tout l'établissement ; il est coupé par des corps de bâtiments affectés à quatre cours principales ; une cinquième cour, moins régulière, se trouve à l'entrée. (*Voir Pl.* 18, *fig.* 1.) Les corridors sont éclairés par des fenêtres larges, placées au bout des allées. Les aliénés y circulent librement, et je n'y ai pas trouvé beaucoup de tumulte. Les latrines communes (*Voir Pl.* 18, *fig.* 1, *a*) sont placées en-dehors de la ligne de chaque bâtiment ; quoiqu'elles communiquent directement avec les corridors, l'air ne s'y ressent pas de l'odeur qu'elles semblent devoir y répandre. (Dans l'établissement confié à nos soins, nous avons placé les latrines dans les angles des cours ; on y arrive par un petit vestibule qui les isole tout-à-fait du bâtiment, et elles sont établies à la fois au rez-de-chaussée et au premier étage). — Les cellules sont spacieuses : elles ont des fenêtres larges, dont la hauteur est à bras d'homme ; opposées aux portes, elles se ferment du côté des cours par des barres de fer, d'une ordonnance fort simple et élégante. A l'intérieur, les fenêtres ont des volets laissant en haut un espace ouvert fermé par un châssis et des vitres. Pendant la nuit, ou lorsque le malade est agité, on ferme les volets. — Nous croyons cette disposition peu avantageuse, parce qu'elle force les servants à pénétrer dans les cellules des malades chaque fois que l'on veut fermer les volets. (A Siegburg, en Allemagne, on a remédié à cet inconvénient en disposant une corde attachée à la fenêtre intérieure, glissant dans une poulie de renvoi de manière à agir sur la fenêtre sans que l'on doive pénétrer dans la cellule). — Cette observation est applicable également à des ouvertures de ventilation établies sous chacune des fenêtres des cellules et qui se ferment en dedans par une plaque de fer glissant dans des coulisses ; ce qui oblige encore les servants à entrer dans la cellule du malade, à l'inquiéter, à l'irriter et quelquefois à lutter avec lui. — Les furieux ont des grilles aux fenêtres, placées à hauteur d'homme, sans châssis ni vitrages. — Les cellules s'ouvrent dans les corridors à la manière des cellules des anciens couvents ; et c'est avec raison que M. Esquirol désapprouve une telle disposition, d'où résulte une communication trop multipliée entre les aliénés, trop de bruit, trop de rétentissement, conditions qui toutes entretiennent la stimulation cérébrale chez ces malades. Ce qui plus est, ces sortes de corridors sont toujours mal éclairés et exigent souvent le sacrifice d'un terrain qu'on pourrait employer plus avantageusement. — En général, les cellules ont des portes ordinaires, munies de verroux et tournant sur des gonds : la plupart d'entre elles ont au milieu un observatoire. Dans le coin de la cellule, est une latrine ayant sous le siége un pot de fayence que l'on vide par une ouverture ménagée dans le mur du corridor et qui se ferme par un petit volet. — Les lits sont solides, mais en général grossiers. Les malades gâteux, ceux qui sont atteints d'incontinence d'urine, couchent sur de la paille, et nous avons trouvé dans cette pratique, peu goûtée il est vrai du public, un excellent moyen de préserver les malades d'excoriations et de gangrène. Un tel lit s'imprègne difficilement de l'urine; cette liqueur corrosive filtre entre les tiges de la paille et l'air y circule; le malade n'est pas couché sur des tissus humides; la peau reste sèche au dos et ne s'enflamme pas. (On voit actuellement à Londres des lits hydrostatiques qu'on m'a beaucoup vantés dans les cas d'escarre au dos; faits de caoutchouc, ils sont remplis d'eau. Mais cet appareil a le grand inconvénient d'être cher et de n'avoir qu'une courte durée, vu que la matière imperméable se corrompt par le contact des urines et de la sueur). Dans les cellules, indépendamment des niches qu'occupent les siéges des latrines, il y a dans le mur un creux qui sert à déposer la canette et la gamelle dont le malade fait usage. J'ai trouvé cette disposition utile et capable de remplacer la petite table, qui souvent sert d'instrument de destruction dans les moments d'emportement. — Le plancher des cellules est une espèce de stuc mosaïqué, inconnu dans nos contrées et qui a l'avantage de ne point s'imprégner facilement de liquides. — Les cellules, comme les corridors, sont voûtés en plein-cintre. — Les portes de communication, à claires-voies, sont d'un confectionnement qui flatte l'œil. (*Voir Pl.* 18, *fig.* 2.) — Il y a dans les cours quelques galeries. — On trouve dans cet établissement des salles pour les convalescents; mais ce qui manque, ce sont des ateliers et des salles de réunion, celles qui y sont n'étant ni assez spacieuses ni assez nombreuses. — J'ai vu faire usage dans cet hospice du gilet de force; des furieux y sont liés dans leur lit. — Les aliénés sont couchés sur d'épais matelas; ils sont bien vêtus, bien nourris et ont un air de santé et même de contentement qui prouve l'humanité de ceux qui les soignent. Le service se fait par des domestiques.

Le chauffage s'opère par des poêles, et l'emplacement en est tel qu'il permet de chauffer à la fois différentes places. Ces poêles se trouvent dans des réduits, et sont protégés par des grilles formant des losanges, enchâssés dans le mur.

C'est M. le docteur *Gualandi* qui est chargé de la direction médicale de l'établissement. M. Gualandi est une spécialité dans la partie des maladies mentales, un homme de bon cœur, qui aime ses malades, qui en est aimé et qui leur porte les soins d'un père. Mais ce médecin n'est pas secondé dans ses vues comme il désirerait l'être. L'établissement confié à ses soins ne reçoit guère de grands encouragements de la part de l'administration locale; le pouvoir du médecin surtout y est fort restreint; d'ailleurs on ne procède qu'avec lenteur dans les réformes, et l'on n'a pas toujours foi dans les ressources de l'art. M. Gualandi m'a témoigné sa douleur pour l'impossibilité dans laquelle il est de faire travailler ses malades, faute de leur pouvoir accorder une légère rétribution à titre d'encouragement. — L'établissement est placé sous la surveillance supérieure d'une commission administrative.

Non loin de l'hôpital Sainte-Ursule, est l'hospice des pauvres et des mendiants : c'est le RICOVERO.

Il y a à Bologne un HÔPITAL MILITAIRE que je n'ai pas vu, mais qu'on m'a dit être peu remarquable.

Je me dirigeai sur Ferrare.

On est au milieu de terrains plats, dans le voisinage de la mer et d'anciens marécages que de nombreux canaux et des fleuves considérables traversent en tous sens en serpentant. Je rencontrai partout une abondante végétation, et les vignes chargées des plus beaux fruits.

A Ferrare, le *style ogival*, datant du douzième siècle, s'est établi définitivement dans les monuments. La Cathédrale, le palais des Nobles, qui est vis-à-vis de ce temple, sont bâtis dans ce goût byzantin qui annonce le voisinage des peuples et des usages asiatiques, et surtout l'influence des Maures. Il y a quelque chose d'extraordinaire dans l'effet que font ces monuments sur notre esprit : pour moi ils ont plus d'attrait que les plus beaux palais, les plus belles églises de l'État Romain. — Ferrare est la patrie de l'Arioste, a qui l'on a érigé une belle statue placée sur une colonne. Au milieu de la ville est le vieux château entouré d'eau et flanqué de tours, où les ducs, gouverneurs de l'endroit, avaient leur résidence.

FERRARE (1).

A Ferrare, je visitai l'Hôpital Sainte-Anne, où se trouvent des divisions pour les aliénés, au nombre de trente environ, appartenant aux deux sexes, logés dans des chambres vastes, propres, et donnant sur des cours servant de promenades. Les fenêtres sont larges et hautes, elles se ferment par une toile tendue sur un châssis. J'y trouvai des réfectoires spacieux. — Les lits sont en bois. Tout annonce que les aliénés y sont traités avec une grande humanité. — C'est dans le même hôpital qu'on trouve la prison, espèce de caveau humide, où le spirituel et malheureux Torquato Tasso, atteint d'hallucinations, passa sept années et demie de sa vie dans le plus grand abandon, après avoir eu pour prison le château du comte Alphonse, qui est non loin de-là.

C'est M. *Luigi Maniezzi*, qui est médecin de cet hôpital. — Les aliénés furieux et agités sont envoyés à Bologne.

Il n'y a dans les États Romains que deux Universités primaires, celles de Rome et de Bologne. A Pérouse et à Camerino, il y a des Colléges dans lesquels on fait des études préparatoires.

L'Université de Ferrare, secondaire et en décadence, est moins ancienne que celle de Bologne; la différence est même d'un siècle, puisque la première fut créée

(1) 24,500 habitants.

en 1391. C'est peu d'années plus tard, que fut organisée, en Belgique, l'ancienne Université de Louvain (1426).

Je continuai ma route en me dirigeant sur Rovigo, et passai le Pô, fleuve large dont le courant est très-rapide. — J'étais dans les États Vénitiens. — Je voyageai le soir et vis toute la route éclairée par des vers luisants tellement abondants, que le sol sur les bords du chemin et dans les champs environnants semblait entièrement illuminé par de petites lampes. Il n'y avait pas de clair de lune, et le ciel était absolument noir.

Rovigo a un hôpital avec une division destinée seulement aux aliénés paisibles, car les agités sont envoyés à Venise.

Sur la route de Rovigo à Venise, tout annonce de grandes richesses territoriales. Les hommes ont changé, les paysannes portent des fleurs naturelles dans leurs cheveux, les traits ne sont plus ceux de la basse Italie. — On passe l'Adige et on arrive à des sources d'eaux thermales hydro-sulfureuses, qui au moment de mon passage avaient attiré beaucoup d'étrangers : des bains sont établis le long d'un canal, à Abano, Battaglia et Montegrosso.

J'arrivai à Padoue.

Ce que j'ai dit de Bologne et de Ferrare est plus applicable encore à Padoue; il n'y a plus là de style romain, ni rien qui annonce une ville du Latium : à l'exception de quelques grands monuments, tels que l'église de Sainte-Justine, bâtie sur les plans de Palladio, dans le style grec, avec cette particularité cependant qu'au lieu de colonnes à l'intérieur, elle a des pilastres carrés, tout indique dans Padoue d'autres influences et un goût essentiellement lombard. Dans l'église de Saint-Antoine, il règne une physionomie romane qu'annoncent les colonnettes de la façade de ce monument, soutenant de petites arcades alignées sur des galeries. En 1255, époque où cette église fut bâtie, l'ogive, plus asiatique que le plein-cintre, n'avait point encore établi définitivement sa domination. De plus, les constructions n'ont marché qu'avec lenteur dans ce temple, singulier mais admirable; ce qui fait que l'on y trouve à la fois l'empreinte de différents siècles. Couvert de coupoles et de dômes asiatiques, de tourelles effilées, il offre à l'intérieur une profusion toute particulière d'ornements, de bas-reliefs, de sculptures en tout genre. C'est là du gothique, mais moins sévère que le gothique du nord, moins élancé que le nôtre, n'ayant pas nos tours colossales.

L'Arène, à Padoue, est nne grande place. — On est touché en voyant le respect dont on y entoure le souvenir des grands hommes qui ont illustré cette ville. Or, cette place est ornée d'un nombre considérable de statues colossales, remarquables sous le rapport de l'art et représentant les célébrités de Padoue.

L'Université occupe un local dû au génie de Palladio, moins spacieux que celui des autres universités italiennes, ayant une cour au milieu et des bâtiments s'ouvrant dans des galeries à l'entour. Ce qui distingue cet établissement des autres locaux, c'est la profusion d'ornements, de médaillons, de bas-reliefs décorant ses murs et ses galeries.

REGGIO.

Hospice Saint-Lazare. Cet établissement jouit en Italie d'une bonne réputation, et ceux qui en ont donné la description le rangent parmi les établissements les mieux dirigés : le soin en est confié à M. le docteur *Galloni*. La maison peut contenir à peu près cent cinquante aliénés, et les hommes surpassent les femmes en nombre : ce qui confirme ce que nous avons dit et ce que d'autres ont dit avant nous du nombre des hommes aliénés en Italie, plus considérable que celui des femmes. Le traitement moral est surtout mis en usage; les aliénés y sont l'objet d'une attention continuelle et de soins assidus. On y a créé de nombreux agents de distraction, parmi lesquels il en est dont j'ai entendu faire la critique. N'ayant pas vu cet établissement, je ne puis en parler que par ouï-dire, et je suis bien au regret de ne pas avoir pu le visiter, ayant été obligé de changer le plan de ma route, pour fuir les tracasseries de police que les gouvernements d'Italie semblent susciter à dessein aux étrangers. — M. Brière-de-Boismont a donné de cet établissement une description détaillée ; le bâtiment a deux étages et présente la forme d'un carré long, offrant de vastes cours avec des portiques pour les promenades d'hiver. Les chambres, les corridors sont voûtés, spacieux, propres, éclairés et bien aérés. On y trouve des salles de réunion et de travail; les eaux y sont convenablement distribuées et arrivent dans les lieux d'aisance, les cours, les corridors. — Il y a des bains et des douches. — On y a constaté comme causes fréquentes d'aliénation mentale, l'abus du vin, la religion mal-entendue, la misère et les chagrins domestiques.

C'est à Reggio que sont les collections de Spallanzani.

PADOUE (1).

Fut surnommée autrefois la Savante, à cause de son *Université*, qui y attira des hommes de premier mérite. A Padoue se rattache le nom de Tite-Live, qui naquit, selon le témoignage de plusieurs historiens, au village de Teolo. Pétrarque, né dans les environs de Padoue, fut chanoine de la cathédrale, et Galilée occupa une chaire à l'université. — C'est dans ce même établissement que l'on vint écouter les leçons de Fallope, de Fabrice d'Aquependente, de Vésale, de Santorius, de Vallisnieri, de Bertapaglia, de Valsalva, de Ramazzini, de Morgagni et de Caldani. Brera a donné une grande réputation à Padoue.

Après celle de Salerne, déjà en vigueur au huitième siècle, l'Université de Padoue est la plus ancienne institution de ce genre en Italie. Sa création remonte à 1221. (Celle de Paris date de 1250; celle de Montpellier a plus d'ancienneté, puisqu'elle a été créée en 1150.)

Des écrivains attestent que dans des temps déjà éloignés de nous, la population des étudiants s'élevait à Padoue à plus de huit mille. Au moment actuel, le nombre des élèves de cette université est porté à 1590, composé d'Italiens, de Grecs, de Turcs et autres. Ceux qui fréquentent la faculté de médecine, sont à 500. La faculté se compose comme suit :

---

(1) Population : 30,000 habitants.

MM. *Cortesi* enseigne l'anatomie.
» *Fabeni*, la physiologie.
» *Catulla*, l'anatomie comparée et l'histoire naturelle.
» *Visiani*, la botanique.
» *Steer*, la pathologie.
» *Signoroni*, la chirurgie.
» *Lamprecht*, les accouchements.
» *Toresini*, l'ophthalmologie.

Il y a à Padoue une *Clinique d'Accouchements* et une *Clinique* pour les *Maladies des Yeux*.

L'Hospice des Frères de la Miséricorde, reçoit les cas chroniques.

Il y a un Hospice pour les Orphelins.

On y trouve aussi un Atelier de Charité.

Padoue a un Observatoire : sa Bibliothèque compte 150,000 volumes.

La Clinique se donne à un nouvel hôpital civil, qui peut contenir 300 malades. C'est M. *Lipich*, qui est chargé du service médical. M. *Signoroni* fait la chirurgie. — Le Cabinet pathologique, attenant à l'hôpital, possède quelques cas remarquables déjà cités dans la relation de M. Petrequin. (Cas d'invagination intestinale avec gangrène. — Mole considérable avec rudiment d'os, de nerfs, etc. — Cas de cyclopie. — Hernie du cœur. — Fœtus sans cordon ombilical). — Le Cabinet anatomique, qui est à l'université, ne renferme pas de particularités.

Le Cabinet d'Anatomie Comparée est à *l'École Vétérinaire*, et se compose presque entièrement de squelettes.

Le Cabinet Zoologique renferme un bel Éléphant, une collection de Poissons assez nombreuse, presque tous appartenant à la mer Adriatique, et une collection de Mollusques passable. On m'y montra du sang endurci d'après le procédé de Sagato, et il paraît qu'un jeune homme de Vérone possède un moyen d'endurcir les tissus, supérieur à celui inventé par Sagato. Je vis dans ce cabinet une assez belle collection de fossiles et une fort belle momie. M. le conservateur du cabinet, qui voulut bien me seconder en tout, me dit que dans le Frioul, à Venzone, territoire Vénétien, il est un endroit où les cadavres se conservent intacts dans les caveaux des églises, quoique le terrain soit humide. Nous lisons à cet égard dans une Notice sur les préparations de Sagato, écrite par Giuseppe Pellegrini, qu'on a trouvé dans le cimetière de Venzone (département de Passeriano) une espèce de couche de terre, peu étendue, calcaire, arsénieuse, saline, pour me servir des expressions de l'auteur, dans laquelle les cadavres se conservent pendant des siècles, mais seulement à leur surface, car les organes de l'intérieur tombent en poussière; et chose remarquable, dit l'écrivain, les cadavres placés dans un sens transversal en partie sur les couches conservatrices, et en partie sur la terre commune, restent intacts sur les premières, tandis que les parties qui ne sont point en contact avec elles se putréfient.

L'université de Padoue est primaire.

Sur la route de Venise je parcourus des champs d'un aspect uniforme, longeant, jusqu'à près de Fusine, la Brenta, rivière considérable, ayant sa source dans les Alpes et son embouchure dans le golfe de Venise. — Les figures moins rembrunies y sont plus calmes, quasi allemandes. — Les femmes portent des chapeaux de paille ayant la forme de chapeaux d'homme. — Les habitations appartenant à des personnages distingués présentent le caractère vénitien. — Je passe devant un grand bâtiment qu'on me dit être un château royal; les tuyaux des cheminées sortant des toits s'élargissent considérablement à leurs ouvertures extérieures, et la ligne du ciel n'a pas d'attique, mais une rangée d'ornements mauresques consistant en vases, cônes et figures de toute espèce, le tout disposé avec art et élégance. Bientôt je retrouvai ces ornements partout dans le pays vénitien.

Les terres sont toutes basses, entrecoupées par des ruisseaux sur plusieurs points; l'eau déborde, elle est stagnante sur les champs. — Tournant le chemin, je me trouve à Fusine et j'ai devant moi la mer, présentant à l'horizon une ligne d'habitations blanches, entremêlées de masses vertes et surmontées de dômes. Des gondoles toutes noires et toutes de la même forme, espèces de pirogues très-élégantes, stationnaient là et attendaient les voyageurs pour les conduire à Venise... Je voyais en sillonnant l'eau salée, que j'étais dans des lagunes et que la surface liquide y avait peu de profondeur : des hommes dans l'eau jusqu'au-dessus des genoux y étaient occupés à la pêche. — Le ciel n'avait plus sa pureté ordinaire, de gros nuages étaient amoncelés sur la mer. — Je m'approchai de Venise; je distinguai les détails des habitations. Les fenêtres s'offraient larges et peu élevées; c'étaient là des *vénitiennes :* elles laissent entre elles de grands pleins, et de grands intervalles annoncent la séparation des étages. — J'entre dans une rue d'eau : tout y est silencieux; des gondoles passent et repassent, mais les gondoliers ne chantent plus comme autrefois. — Bientôt je me trouve dans le canal Grande ! — Comme tout y est riant et étrange ! — On ne comprend pas d'abord l'expression monumentale de Venise. Les monuments grandissent et se multiplient à mesure qu'on avance vers le centre de la ville. Ce sont partout des palais, mais ayant un aspect de maison, mais lézardés, mal badigeonnés, annonçant une grandeur passée et de la misère présente. Les fenêtres des bâtiments, rares sur les côtés, sont souvent groupées sur le milieu et terminées en haut, dans le vrai style asiatique, mauresque, par des arceaux gothiques à lignes recourbées et pointues. — On arrive au célèbre pont de Rialto, voûte considérable, ayant 70 pieds d'écartement, chargée de gradins et de boutiques, toutes à couvert de la pluie et construites en marbre et dans un style absolument local... Je me trouve sur la place de Saint-Marc! Tout autour, sur trois faces, sont de magnifiques bâtiments, de brillants palais rappelant le Palais-Royal de Paris par des galeries au rez-de-chaussée. Chacune de ces faces est bâtie dans un style architectonique différent; deux d'entre elles sont dans le goût moderne, ayant des colonnes ioniques et doriques, des frontons et des portiques; l'autre rappelle le faire romain et appartient plus particulièrement à la renaissance. Au fond est l'église Saint-Marc, dont la façade légère, dentelée, basse et large, présente une série de cinq niches soutenues sur deux plans différents, par des rangées de petites colonnes de vert antique et de porphyre, provenant des spoliations exercées sur les peuples du Levant du dixième au quinzième siècle, époque de la grande prospérité des Vénitiens. La niche du milieu, plus élevée que les autres, supporte les célèbres chevaux de bronze de Lisippe, qui semblent avoir été recouverts dans le principe d'une lame d'or et paraissent dater du temps d'Alexandre; ils ont été transportés primitivement de Chio à Constantinople, d'où ils ont été apportés à Venise au commencement du onzième siècle. On dit qu'ils restèrent long-temps enfouis dans l'arsenal de cette ville et furent enfin placés au-dessus de la grande porte de Saint-Marc. On connaît le reste de leur histoire, leur voyage en France et leur retour à Venise. Le tout est surmonté par des pinacles dentelés, des dômes en forme de cloches, terminés par des croix radiées, moins antiques que le reste de ce temple (qui date du douzième siècle). Son intérieur présente une richesse peu commune, un aspect sombre, je dirai presque un air de caverne. En voyant la singularité des colonnes et des arabesques, des statues, des statuettes et des figures incrustées ressemblant presque à des idoles; en voyant la voûte de cette église orientale, en forme de croix grecque, toute couverte d'une mosaïque d'or; en face de ce style grec mêlé au style le plus byzantin, le plus bizarre, le plus hétérogène possible, on se croit réellement transporté en Orient et dans l'intérieur d'une mosquée musulmane. — C'est dans le baptistère de cette église qu'on est singulièrement impressionné; car rien n'est drolatique comme les figures et les arabesques faites dans le style grec et dans celui du moyen-âge, qui y sont comme jetées pêle-mêle dans l'arrangement le plus bizarre et avec les formes les plus grotesques. Au fond de tout cela, on rencontre beaucoup d'art et le cachet de différents grands artistes. — Je puis assurer que parmi les divers monuments que j'ai visités en Italie, l'église de Saint-Marc est un de ceux qui m'ont le plus fortement impressionné.

En sortant, on a à sa gauche la Piazetta et le palais ducal, dont les proportions massives ont un aspect oriental, ainsi que ses rosaces, ses colonnettes basses, lourdes, et son énorme mur losangé, percé de fenêtres rares et hors de toute proportion. — A droite de la Piazetta, est le Campanille en forme d'obélisque, cannelé sur toute sa hauteur, ayant un escalier à l'intérieur en pente-douce, sur lequel Napoléon a monté à cheval. Sur le quai, où stationnent les gondoles et une population triste, on a la vue sur la mer Adriatique avec ses vagues toujours azurées et ses îles vertes. A droite, dans l'eau, est la Douane, beau monument toscan, cachant en partie le superbe temple de la Madona della Salute, bâti par Palladio dans le style latin. Sur d'autres points de la même vue, se trouvent l'église de Saint-Georges, celle du Rédempteur, chefs-d'œuvre du même architecte et dont les blanches et nobles coupoles, couvertes de plomb, produisent dans le lointain le plus imposant effet. — On éprouve dans cet endroit un plaisir extrême : on y revient sans cesse; on voudrait le voir toujours ! — Venise possède d'autres superbes monuments: Saint-Pierre et Saint-Paul, église admirable, dans laquelle on trouve un beau tableau du Titien; l'église des jésuites remarquable par ses marbres et ses tableaux du Titien et de Tintoretto; l'Académie delle belle Arte renfermant l'Assomption de la Vierge par le Titien! le Seigneur dans la maison de Lévi, par Paul de Véronèse! la Présentation de la Madone, par le Titien!

Venise est formée par 130 petites îles; elle compte 334 ponts, 200 canaux et 28,000 maisons numérotées. — Cette ville a un Arsenal remarquable sous le rapport des armures antiques.

Venise a *une bibliothèque* qui compte 300,000 volumes.

Un Ricovero pour 700 pauvres.

Une Maison de travail, un Asile pour les Orphelins.

Les prisons, où Sylvio Pellico eut tant à souffrir de la chaleur et des cousins, ainsi que le *pont des Soupirs,* attirent les regards de tous les étrangers.

Le Monastère arménien, très-pittoresque par son emplacement dans une île, mérite d'être visité.

VENISE (1).

L'Hôpital San Servolo renferme les hommes aliénés de la ville et ceux de la province; il fait partie d'un hôpital destiné aux maladies chirurgicales, et qui comprend une salle unique, mais vaste, proprement tenue, et servant en quelque sorte de vestibule au premier. Les deux établissements réunis se trouvent au milieu des lagunes, en face de la ville, de ses admirables quais, sur une île d'où l'on jouit d'une vue extraordinairement belle.

L'hôpital proprement dit est desservi par les frères de Saint-Jean-de-Dieu. Valentin nous apprend qu'ils sont gradués et exercent dans cet hôpital les fonctions de médecins, chirurgiens et pharmaciens. De cet hôpital on pénètre dans l'établissement consacré aux aliénés, où l'on trouve d'abord quelques cellules d'attente, dans lesquelles on place les aliénés à leur entrée, afin de pouvoir saisir et étudier les caractères de leur maladie. De-là on entre dans l'infirmerie qui est fort grande, et dans des salles de réunion bien aérées et fort spacieuses. Quelques lits sont en fer, la plus grande partie est en bois. — L'établissement a un rez-de-chaussée et des étages. Le tout forme un long corps de bâtiment, ayant en bas une suite de grandes salles, en haut un corridor et des cellules attenantes. Deux autres

---

(1) *Venezia,* 110,000 habitants. — Patrie de Prosper Alpino, de Trincavella, sépulture de Sanctorius; patrie de Bellini Gentile, Bellini Giovanni, Tintoretto, Canova.

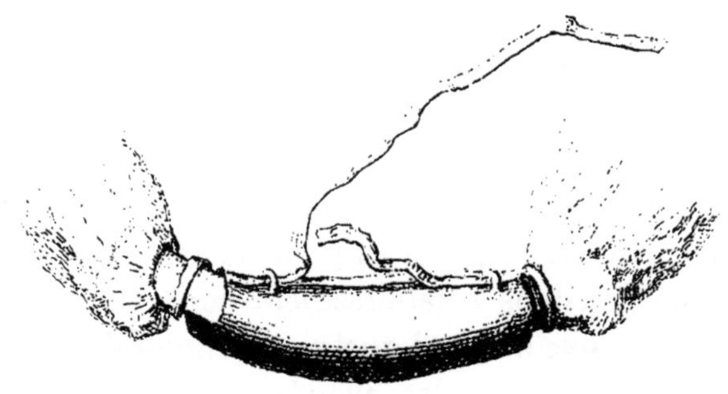

bâtiments coupent celui-ci en formant avec lui des angles droits d'où résultent deux cours peu spacieuses, tandis qu'une autre cour peu grande, espèce de jardin, se trouve en dehors du grand bâtiment. Les cellules ont des fenêtres à grilles, mais au lieu de vitres, on a tendu des toiles sur les châssis. Les portes ont des verroux et au milieu un observatoire. Le plancher forme une espèce de mosaïque que Valentin dit être composée de Pouzzolane tamisée, de briques pelées et de petits fragments de marbre : il ajoute que cette aire diffère de celle que les Napolitains emploient pour former les terrasses qui couvrent leurs maisons. — Partout on jouit dans les cellules de points de vue admirables en face de la mer, des lagunes, de cette belle ligne d'habitations comprenant les quais, les dômes, la Piazzetta avec ses deux colonnes et le palais ducal, etc., qui se présentent dans le lointain. Les literies sont épaisses, commodes. — Les portes de communication sont à claires-voies ; il règne partout beaucoup de propreté ; les murs sont bien blanchis, le bâtiment est entretenu avec soin. — Les moyens de répression sont, comme presque partout en Italie (*Voir Pl.* 19), un manchon de cuir dans lequel les mains sont fixées par des courroies. J'ai trouvé dans cet établissement le manchon fortifié par une lame de cuivre.

C'est M. le docteur *Sacardo* qui est le médecin de cet hospice.

Ce qui manque dans cet hôpital, c'est du terrain, ce sont des cours. Cette absence des dispositions les plus indispensables, fait que les aliénés errent dans les salles et les corridors, et qu'il ne devient possible de les admettre dans les cours qu'à tour de rôle. J'étais là au moment où une brigade de malades descendait de l'étage supérieur ; ces hommes étaient conduits comme un troupeau de bétail, s'agitant, criant, descendant avec grand bruit les escaliers. Parmi eux étaient des furieux, qui, pour comble de misère, occupent l'étage le plus élevé. — Le travail, ce puissant agent de distraction et de guérison, m'y a semblé totalement négligé.

Au moment de ma visite, il y avait à San-Servolo 250 aliénés, nombre égal à celui qu'y trouva M. Brière-de-Boismont, lorsque l'établissement était destiné aux aliénés des deux sexes.

Actuellement les femmes aliénées sont logées à l'hôpital SAINT-JEAN ET SAINT-PAUL, où elles occupent un bâtiment spécial. Cet hôpital forme par son ensemble un établissement magnifique dans lequel les aliénées ont une division spéciale. Il y a peu de temps que les agitées étaient à San-Servolo, mais actuellement on y reçoit toutes les variétés de l'aliénation mentale : autrefois on logeait aussi des hommes dans cet établissement. (Voir M. Brière-de-Boismont, *Dict. compl. des Sc. m.*).

M. *Valentini Fassetta* est chargé du service de cet hôpital; il voyageait en Allemagne au moment où j'étais à Venise.

La population des aliénées était de 250 individus, provenant de la ville et des autres endroits de la province.—Vérone, Vicence envoient à Venise leurs aliénés tumultueux; ceux qui sont tranquilles, sont traités dans des établissements provisoires, attenant aux hôpitaux de ces lieux respectifs.

Cet établissement, considéré dans son ensemble, manque de régularité ; toutefois il nous a semblé occuper un terrain plus vaste que celui de San-Servolo. On y distingue quatre cours spéciales, dont trois ont des galeries couvertes dans le style antique. Les salles de réunion et les dortoirs sont spacieux, mais ce qui en rend le séjour désagréable, ce sont les bacs dans lesquels les malades déposent leurs ordures et qui se trouvent placés dans ces salles même. — L'établissement a des étages peu élevés; du moins l'élévation des salles n'est pas proportionnée à leur excessive largeur. — J'y trouvai des salles d'observation pour les cas récents, excellente disposition qu'on aimerait à voir dans tous les établissements. Quelques portes de communication sont à claires-voies. — On y fait une attention minutieuse au *classement des aliénées*, qui m'a semblé occuper l'esprit des employés subalternes. Ainsi, afin de bien faire ressortir le système suivi, chaque aliénée porte de petits galons en guise d'épaulettes, indiquant par une différence de couleur le genre de folie dont elles sont atteintes. Le *laque* annonce la Manie, le *bleu* la Monomanie, le *vert* la Mélancolie, et l'*orange* l'Idiotisme, tandis que le *bleu-pâle* appartient à la Stupidité et le *jaune* à la Démence. En considérant ainsi ces malades rangées par compagnies, on cherche en vain l'utilité scientifique d'une telle pratique, et ce n'est pas sans peine qu'on y voit les employés et les malades même indiquer du doigt et avec empressement la couleur du délire : « Queste sono furiose, quelle stupide. » La pratique attend dans les établissements d'aliénés de grandes réformes, et à cette occasion il est peut-être juste de dire que le classement systématique, généralement recommandé, est loin d'être favorable à cette sorte de malades : pour ma part, je l'ai abandonné depuis long-temps, car il m'a paru que des aliénés réunis, tous atteints d'un même genre de maladie, par exemple tous mélancoliques, exercent les uns sur les autres une influence défavorable. Placez, en effet, une personne attristée au milieu d'autres personnes qui ne sont point sous l'influence de cet état pénible, et voyez si en peu d'instants les dernières ne s'en ressentiront pas. D'un autre côté, réunissez des maniaques, et vous augmenterez l'irritation morale chez chacun d'eux. D'ailleurs, n'a-t-on pas prouvé que les maladies nerveuses se gagnent par contact moral, par imitation, comme on dit; que l'épilepsie, que les les accès convulsifs, que l'hypochondrie, que le suicide se transmettent de cette manière. C'est ce que M. Jacobi a très-bien fait sentir en parlant de l'établissement de Wakefield en Angleterre, où il a observé que les malades prédisposés au suicide exercent les uns sur les autres un fâcheux effet. — Au lieu donc de suivre dans le classement des aliénés des indications théoriques, nous croyons qu'il vaut mieux consulter les faits pratiques et surtout l'influence bonne ou mauvaise qu'amène le contact des aliénés entre eux. C'est la corde sensible de chacun d'eux qu'il faut ménager.

Je trouvai toutes les malades dans les salles; je n'en rencontrai pas dans les cours, quoique le temps fût très-beau et que l'heure de la journée s'y prêtât. — Il y a peu de cellules particulières dans cet établissement; j'en trouvai seulement quelques-unes fort propres et ouvertes dans une galerie, ayant une fenêtre au-dessus de chaque porte. Il y avait partout dans les salles beaucoup de mouvement et des cris. — A l'étage supérieur, sont les maniaques liées dans leur lit, et on ne saurait s'imaginer rien de plus pénible à voir que les femmes de cette division : leurs faces de cire, tellement elles sont blanches, ressortant sur leur chevelure d'ébène, leur poitrine découverte, leur joie forcenée, leurs imprécations retentissantes produisaient sur moi, quoique habitué depuis nombre d'années à des spectacles affligeants de cette nature, une impression stupéfiante.

En citant ce fait, je suis bien loin d'en faire un motif d'accusation dirigée contre ceux qui administrent cet établissement : l'état des choses émane de la mauvaise disposition des localités, qui commande la nécessité de renfermer les malades dans des salles et de les lier dans leurs lits, pour peu qu'elles soient agitées ou tumultueuses, vu que les cours et les jardins manquent, et que le déplacement de ces personnes d'une division dans une autre, surtout lorsqu'on est obligé de les descendre et de les monter continuellement, expose à des malheurs, cause mille embarras et mille difficultés. Il est vrai de dire qu'on a généralement trop exagéré les avantages des dortoirs communs; je suis d'avis que ces salles offrent peu de ressources dans les grands établissements, où il faut inventer plutôt pour diviser que pour réunir et accumuler les aliénés. Les malades y dorment ordinairement mal; car il suffit qu'un d'eux cause ou chante la nuit, pour que toute la population se plaigne, s'agite, vocifère et perde le sommeil. Sous ce rapport, les établissements d'Angleterre, ayant partout un grand nombre de cellules et peu de dortoirs communs, offrent des dispositions que nous croyons favorables au salut de ces malades. Il est vrai, en France on goûte davantage les dortoirs communs. — Les furieuses sont fixées dans leur lit au moyen de courroies qui leur prennent les bras et les jambes et passent par des ouvertures pratiquées dans le bois du lit et glissant sur un cylindre de fer fixé sur deux supports. Les lits sont de bois de chêne et fort lourds. Sous le malade est un bac grossier et sale qui reçoit ses ordures. — On y emploie un moyen de répression que je n'ai trouvé nulle part : c'est une toile forte, passant par dessus tout le corps de la malade et qui, attachée tout autour du lit, laisse la tête et la poitrine libres, mais fixe les bras retenus dans la camisole. (*Voir Pl.* 20.) Cet appareil ingénieux peut, je crois, rendre d'utiles services dans des cas donnés.

J'ai vu dans cet établissement des *malades occupées au travail*, et je crois en avoir vu plus de cent qui étaient dans ce cas. — Au réfectoire, j'ai trouvé *des jeux* et une espèce *de tombola*. — Je rencontrai dans cet établissement quelques pellagriques atteints aux pieds et aux mains : leur expression était toute particulière. — Il n'y avait que huit épileptiques et une paralytique.—Ainsi, partout en Italie on constate cette absence de paralysie générale, et elle doit paraître d'autant plus étonnante, que cette complication a été souvent considérée comme un résultat de l'inflammation et que l'Italie est, plus que tout autre, un pays où les maladies inflammatoires sont fréquentes et se présentent avec intensité. Or, il y a encore beaucoup d'obscurité dans tout ce qui environne les phénomènes intimes et le développement de cet état propre aux aliénés. Mais d'où vient que cette affection est si fréquente chez nous ainsi qu'en France et partout dans le Nord, tandis qu'elle se présente si rarement en Italie? Ceci ne saurait être le résultat de causes occasionnelles particulières, et doit dépendre sans doute de la complexion physique des maladies, autre en Italie qu'ailleurs, de cette disposition en vertu de laquelle les hommes sont plutôt atteints de cette affection que les femmes. Ne pourrait-on pas

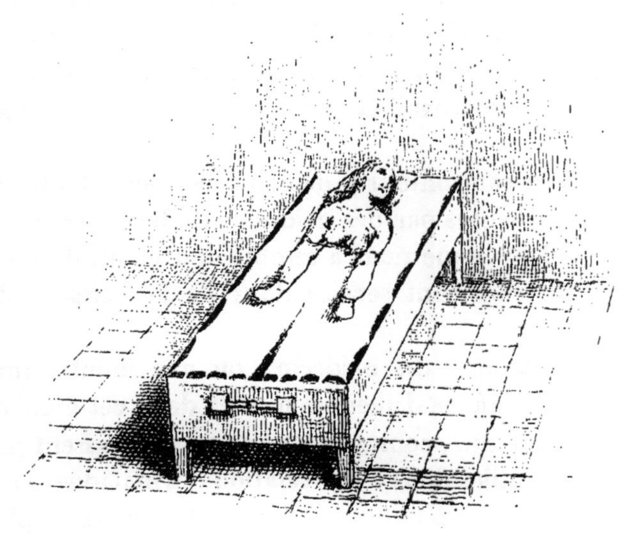

chercher cette cause dans le tempérament plus humoral, plus séreux, plus lymphatique, plus sanguin dans le Nord que dans le Midi, et surtout dans une complexion encéphalique plus humide, plus albumineuse dans les contrées du Nord? L'épaississement des méninges, les collections séreuses, le ramollissement des circonvolutions cérébrales, sont dans ces cas d'autant moins à nos yeux le résultat invariable d'un véritable état inflammatoire, que nous avons eu occasion de constater la paralysie générale comme se rattachant à des causes débilitantes agissant de concert avec des impressions morales vives. C'est ainsi que nous avons vu la paralysie générale naître chez des ouvriers après un manque de travail et des privations de toute nature.

Les poêles sont entourés de grilles en bois ; les fenêtres sont protégées par des colonnes de bois très-grossières. — Le régime nous a semblé bon et substantiel. — Les malades sont servies dans de la vaisselle de fayence.

Dans le cabinet du médecin, on m'a montré une collection de crânes d'aliénées mortes dans cet établissement, mais qui, comme partout, ne fournissent pas de données utiles dans l'appréciation des maladies mentales. Ces données seront toujours plus sûres et plus curieuses, recueillies dans des prisons que dans des établissements d'aliénés ; l'aliénation est une affection plutôt en rapport avec l'impressionnabilité morale de l'individu qu'avec son caractère instinctif, et ses penchants sont plus en rapport parfois avec des développements hémisphériques. J'ai vu avec une grande satisfaction les régistres statistiques de l'établissement, dont on a bien voulu me permettre l'examen et dans lesquels j'ai rencontré un soin de rédaction et d'ordre qui fait le plus grand honneur au médecin de cet hôpital, desservi par des infirmières sous la direction d'une *Surveillante*.

L'Hôpital proprement dit, celui qui est destiné aux maladies corporelles, est un grand et beau bâtiment, placé comme le précédent qui en est une dépendance, le long d'un canal, ayant des salles et des corridors fort spacieux, et où tout respire le plus grand ordre et la plus grande propreté. — Une section est destinée à la Maternité. — La chapelle qui fait partie de cet hôpital est remarquable sous le rapport artistique.

L'établissement est sous la direction médicale de MM. *Paulo Zannini* et *Giuseppe Varuscini*; le service chirurgical se fait par MM. *Angelo Baglan* et *Thomaso Rama*.

La population des malades y était de 600.

—

Parti de Venise, je me dirigeai sur Vicence et je traversai une seconde fois Padoue, où j'entrai à une heure de la nuit, dans le café Pedrocchi, dont les portes étaient ouvertes et où les garçons, profondément endormis et étendus sur des canapés, donnaient l'image d'un de ces lieux enchantés, tels qu'on les dépeint dans les Mille et une Nuits. Ce café vaste n'est ni riche ni élégant.

—

Vicence est remarquable par ses longues rues et ses monuments construits par Palladio, né en cette ville. Elle a 29,000 habitants.

—

De Vicence on va à Vérone, patrie du célèbre médecin Fracator et de Paul de Véronèse, située sur l'Adige, ayant une population de 58,000 habitants, un Hôpital civil avec une division pour les Aliénés, un Ricovero et un Atelier de charité.

Ce que Vérone présente de plus remarquable, c'est son Amphithéâtre, de forme ovale, ayant 464 pieds de longueur et 367 pieds de largeur, construit, dit-on, vers la fin du premier siècle. Ce monument est encore entièrement debout, excepté le mur extérieur qui a presque disparu. Il est de marbre blanc et du plus bel effet. On y compte 45 gradins. — Tout près de-là est un arc de triomphe antique, la Porta Busari, monument romain. Dans un autre endroit sont les tombeaux des Scaliger, seigneurs de Vérone, monuments singulièrement beaux, qui datent du treizième siècle et sont construits essentiellement dans le style lombard. — Dans un jardin, on montre le sarcophage de Juliette, l'amante de Roméo. — On vend à Vérone des pétrifications d'animaux, surtout de poissons, ainsi que des végétaux fossiles, extraits d'un terrain aux environs de cette ville et des montagnes Bolca et Ronca. Selon Valentin, le comte Gazzala possède à Vérone un riche musée de poissons fossiles provenant des montagnes du Véronais et trouvés dans du calcaire tertiaire. — Non loin de-là, est le célèbre pont d'Arcole, et sur la route de Vicence à Vérone, on traverse le pauvre village de Montebello.

—

A Vérone on passe encore l'Adige, et bientôt on a en vue le lac de Garda, et sur toute la route de Venise à Milan, constamment à sa droite, les Alpes avec leurs sommets anguleux et leur aspect aride, manifestant toutefois sur plusieurs points un bleu intense. — On traverse les terres les plus fertiles, pleines de riants vergers qu'arrosent des fleuves, des rivières et des canaux; elles sont partout plates, couvertes de vignes et de mûriers; les routes y sont larges et parfaitement bien entretenues. — Au sortir de Vérone, le paysage est d'un effet extraordinaire; les Alpes Tyroliennes se dessinent au fond avec leurs blancs sommets, parfois cachés entièrement par des nuages amoncelés sur la ligne horizontale de cette terre d'enchantement. Le lac de Garda est admirable; long de dix lieues, il a ses rivages couronnés de villes et de villages considérables, sur lesquels ressortent des groupes d'arbres élancés, du vert le plus foncé, contrastant avec la couleur des montagnes, d'un vert plus pâle, qui dépendent de la chaîne alpique et se réflètent dans l'eau parfaitement azurée du lac.

—

A Milan, l'aspect est moderne, les rues sont larges; la physionomie locale cesse d'être caractéristique et italienne.

Le Dôme!... Vaste temple bâti dans le style lombardo-gothique fleuri, en marbre blanc tiré des carrières du lac Majeur, sur la façade duquel est imprimée l'architecture de la renaissance et même celle des temps les plus modernes, s'annonçant par des voûtes surbaissées, des frontons, des guirlandes, des balcons, des balustrades. — La grande façade de ce splendide monument a cinq portes d'entrée et huit grandes fenêtres. — Une tour s'élève de la croisée en forme de dôme, surmontée d'une flèche pyramidale supportant une statue de la Vierge en bronze. — Il y a dans l'ensemble de cette église, qui a la forme d'une croix latine, un arrangement admirable de lignes verticales et horizontales, simples ou accouplées. — Les verticales forment des pilastres grêles qui se terminent par des aiguilles, dans les intervalles desquelles sont des claires-voies donnant à tout l'édifice un aspect délicat et aérien qui annonce un travail immense, presque du guillochage. Partout sont des bas-reliefs, partout sont des statuettes, dont le nombre a été évalué à plus de 4,000; tout l'édifice est couvert de marbre et de plomb. La toiture forme même un système de galeries d'où l'on jouit d'un coup-d'œil ravissant sur la vaste plaine qui entoure Milan, arrosée par l'Adda et le Tessin, bornée au nord par les Alpes, à l'ouest par l'Apennin. De ce point élevé, on ne voit point le Mont-Blanc, mais on distingue le Mont-Rose, ayant 14,580 pieds au-dessus du niveau de la mer et à une distance de Milan de trente lieues; c'est un rocher qui, au moment où je le distinguai, semblait coupé en deux par les nues, le dessus vivement éclairé par le soleil, le dessous étant à l'ombre. — L'intérieur de cette église présente un aspect grisâtre, jaunâtre; il est sombre, mais forme cinq nefs et n'offre pas cet air de richesse qui se trouve dans l'extérieur de ce dôme. Le style mauresque règne dans les colonnes; mais les arcs des voûtes en ogives ont tout-à-fait la physionomie d'un gothique germanique. — Cette église a une longueur de 449 pieds sur 275 pieds de largeur dans la croisée. La coupole a 370 pieds de hauteur.

On éprouve devant ce monument des impressions qui ne s'effacent guère ; il y a dans son ensemble je ne sais quoi de ravissant, d'éthéré, de céleste : Saint-Pierre de Rome écrase l'imagination et rend le spectateur muet ; le Dôme de Milan, moins lourd dans ses proportions, est plus grâcieux dans ses détails et cause peut-être plus de charme que le monument prodigieux de Rome. — M. Spitaels dit « que c'est là non seulement de la magnificence, mais de la profusion ; — non pas de l'architecture gothique, effrénée à force d'être capricieuse, dentelée, aérienne, efflorescente, hardie, hyperbolique, luxueuse ; mais de la folie artistique, presque de la débauche. »

L'arc de triomphe du Simplon est un monument érigé dans les derniers temps, commencé même sous Napoléon, et d'une beauté considérable. Il se compose de trois portiques, dont un grand au milieu, et de quatre colonnes corinthiennes ; le tout est surmonté d'un entablement que couronnent dix chevaux de bronze et une statue de la Paix. — On arrive à cet arc, entièrement bâti en marbre blanc, par une vaste plaine, à droite de laquelle est l'Aréna, bel amphithéâtre moderne consacré aux fêtes.

Milan a un musée de tableaux, la galerie Brera, inférieure toutefois aux collections des autres villes d'Italie. — C'est dans un vieux cloître, qui au temps de l'occupation française fut habité par des soldats, que l'on trouve sur le mur humide d'un réfectoire, la fameuse Cène de Leonardo da Vinci, peinte à l'huile, mais horriblement dégradée.

Le grand théâtre de Milan, la Scala, de forme ovalaire, est vaste et beau. Il a six rangs et quarante et une loges dans chacun d'eux. Je vis ce théâtre comme je vis toutes les salles de spectacle d'Italie, sans émotion, presque avec indifférence, non qu'elles manquent de goût et de richesse, mais parce que ces édifices n'offrent dans leur intérieur qu'une désespérante monotonie ; — c'est partout un rond, un ovale, quatre, cinq, six rangs ; partout des loges, des parquets, un orchestre devant la scène. Convenons-en, l'architecture moderne est pauvre dans tout ce qui a trait aux salles de spectacle, surtout lorsqu'on la met en rapport avec les ressources fécondes de cette charmante architecture lombarde, qui a passé entièrement dans les églises et les palais de quelques grands.

—

On se rapproche des montagnes; le terrain est aride momentanément; à sa droite on découvre des forteresses considérables.

—

On arrive à Breschia, ayant 35,000 habitants, place forte, possédant deux hôpitaux civils, l'un pour les hommes, l'autre pour les femmes, et un établissement d'aliénés dont les mauvaises dispositions sont connues depuis la description qu'en a donnée M. Brière-de-Boismont.

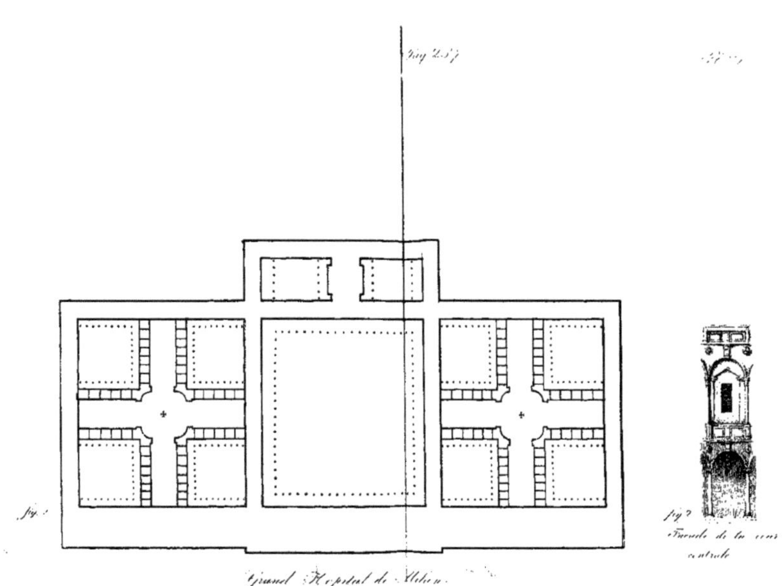

Grand Hopital de Milan

MILAN (1).

Un des édifices les plus beaux de Milan, un des plus remarquables du monde entier, c'est l'Ospedale Maggiore, vaste établissement, fondé en 1466 par un prince cruel, François Sforce, et sa femme, Blanche Visconti, fille des anciens ducs, et dont le plan primitif est, dit-on, d'Averulino.

Le bâtiment forme un carré long dont la belle façade présente trois divisions distinctes, déterminées par la partie du milieu qui est d'un genre d'architecture différent des autres. (*Voir Pl.* 21, *fig.* 1.) On entre par un beau portique, élevé sur plusieurs gradins, conduisant par un large vestibule dans une immense cour carrée, entourée de galeries couvertes présentant sur chaque ligne vingt-deux colonnes de granit, ioniques, supportant des arceaux en plein-cintre et un étage formant une seconde galerie simulée, sur laquelle les fenêtres ornées de frontispices et de rosaces, sont du plus bel effet et rappellent les jours brillants de l'architecture italienne. (*Voir Pl.* 21, *fig.* 2.) Il est juste de dire cependant, qu'on cherche en vain le motif qui a conduit les auteurs du plan à sacrifier une très-grande surface de terrain à une vaste cour, sans utilité réelle, surtout dans un climat comme celui de l'Italie, où il n'est guère recommandable de faire promener les malades à l'air libre. — De ce carré central partent deux ailes,

(1) *Mayland; Milano;* 129,000 habitants. — Résidence de Moscati, de Rasori, patrie d'Omodei.

une de chaque côté, divisées à leur tour par un corps de bâtiment de forme cruciale, disposition mauvaise qui emboîte l'air et s'oppose à la ventilation. — C'est là l'hôpital proprement dit. — De cette disposition résultent de chaque côté quatre cours intérieures, offrant des séries d'appartements adossés aux grandes salles, ayant des galeries couvertes sous lesquelles les malades peuvent librement se promener. A gauche sont les femmes, à droite les hommes, et ceci est une amélioration apportée aux dispositions qui existent dans les hôpitaux d'Italie où les hommes logent généralement en bas, les femmes en haut. Un autre avantage se trouve dans l'élévation des salles, dans lesquelles le jour vient d'en haut ; ce qui fait cependant qu'elles ne sont pas tout-à-fait bien éclairées. — Presque partout, du moins là où le bâtiment forme une croix grecque, les salles comprennent à la fois le rez-de-chaussée et l'étage, de manière que le plafond est suspendu à la toiture. Quelques galeries sont converties en salles et forment un premier étage. — Les lits sont en fer et n'ont pas de rideaux ; ils se trouvent sur deux rangs ; dans les salles de chirurgie toutefois ils forment quatre séries. — Partout on rencontre la plus grande propreté, le plus grand ordre et la plus parfaite tranquillité. — Au moment de ma visite, cet hôpital contenait 1,700 malades ; il peut en contenir 2,500. On y rencontre tout ce qui est exigé dans un vaste établissement : une pharmacie grande et amplement fournie, de superbes magasins, des pièces accessoires, des bureaux spacieux pour l'administration intérieure, etc. — On y trouve des salles pour les aliénés tranquilles, excellente disposition qui se rencontre partout dans les hôpitaux du nord de l'Italie et qui fait que l'homme n'est pas destiné à se voir, de

Pl. 22.

Pag. 266.

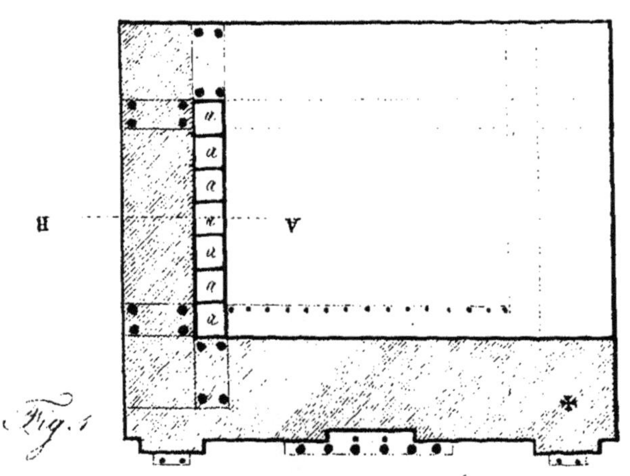

Fig. 1

Nouvel hôpital des Bene Fratelli à Milan.

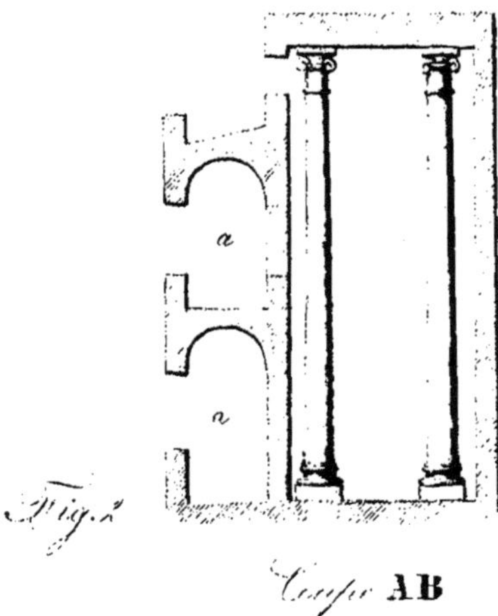

Fig. 2

Coupe AB

prime-abord et au moindre dérangement intellectuel, séquestré dans une maison de fous. Inutile de dire qu'on y trouve un classement adapté aux différents genres de maladies. — Au fond et au milieu, est une riche chapelle formant la croix grecque, dans laquelle sont des marbres précieux et un tableau du Guercin.

Dix médecins, ordinaires et assistants, sont chargés du service médical. C'est le docteur *Peantanida,* placé à la tête de tout le service sanitaire des hôpitaux de Milan, qui a la surveillance suprême de cet établissement : c'est à lui qu'il faut s'adresser pour le visiter. Le service chirurgical se fait par un chirurgien en chef et trois premiers chirurgiens. — Autrefois il y avait dans cet hôpital une école clinique.

Immédiatement derrière cet établissement se trouve l'HÔPITAL DE SANTA-CATTARINA DELLA RUOTA; il est séparé du grand hôpital par un canal et une rue, et est dépendant de ce dernier : c'est l'*Hospice de Maternité* et l'*École des Sages-Femmes*, un fort bel institut où l'on reçoit les enfants trouvés dont le nombre, dit-on, est annuellement considérable à Milan. Le total des accouchées est quelquefois de cinquante.

Milan possède un hôpital spécial, peu grand, destiné seulement pour 100 malades et desservi par les frères de Saint-Jean-de-Dieu, les BEN FATE FRATELLI, ainsi appelés, dit l'histoire, parce que dans l'origine de leur ordre ils s'adressaient à la générosité des passants en agitant une boîte à aumônes et s'écriant : *Per l'amor di Dio fate ben fratelli.* Ce remarquable établissement que j'ai vu dans ses plus petits détails et avec la plus grande satisfaction, ne comprend qu'une seule et vaste salle, ayant deux prolongements latéraux qui forment presque une croix latine. Les lits sont placés sur deux rangs, et tous sont en fer et ont des custodes à côté et des rideaux d'une étoffe rayée blanc et bleu, arrangés avec un goût qui frise presque (*Voir Pl.* 22) la coquetterie. Les malades, portant une robe de chambre d'une belle étoffe, sont l'objet d'une admirable sollicitude; nulle part, j'aime à le dire hautement, je n'ai trouvé tant de bonne volonté, tant de dévouement et tant de sentiment et d'esprit sincèrement charitables. J'ai admiré l'excessive propreté qui règne dans cet établissement, les précautions prises pour les dépôts des linges sales, les cases établies pour séparer entre eux les linges des malades atteints d'affections contagieuses, que l'on dépose dans des endroits bien aérés. Les bains sont en granit; — on y trouve une douche. — Une salle spéciale est destinée aux dissections. — On y voit une très-belle pharmacie et un superbe laboratoire de chimie. — J'y ai trouvé un joli *Cabinet anatomico-zoologique.* — Parmi ces détails, ce qui m'a surtout frappé, c'est la statistique et la comptabilité de la maison, tenues par un frère avec un soin de rédaction peu commun en Italie. — Cet établissement a des revenus considérables provenant de legs pieux. Sa destination est noble : il n'est pas ouvert aux personnes inscrites sur la liste des pauvres; il est l'asile du malade dont la détresse est inconnue du public; il recueille le pélerin, le voyageur infirme dénué de ressources, et celui-ci a le pas sur tous les autres malheureux. — Le nombre des guérisons est on ne peut plus satisfaisant dans cette institution ; et en cela rien n'étonne : dans un petit hôpital, les guérisons sont toujours plus nombreuses que dans un grand établissement : d'ailleurs avec de pareils soins on doit arriver à des résultats extraordinaires.

Non loin de l'hôpital des *Frères*, j'ai visité celui de Bone Sorelle, autre établissement dans le genre du précédent, mais destiné seulement à des femmes malades. — C'est un local grandiose, dont les constructions ne sont point encore terminées, et qui ne contenait pas encore de malades lors de mon séjour à Milan. —Sa fondation est due à la générosité d'une dame milanaise, et a coûté jusqu'ici des sommes considérables. L'avant-corps du bâtiment est seulement achevé ainsi que son aîle gauche. La façade offre un caractère de richesse peu commune, présentant une espèce de péristyle composé de six colonnes élevées, surmontées d'un grand et beau frontispice.—En entrant on arrive dans un vestibule donnant de chaque côté sur un magnifique escalier en marbre blanc. — Tout l'établissement, lors de son entier achèvement, formera une cour centrale entourée de bâtiments, ayant une double rangée de galeries, l'une en bas, l'autre en haut. (*Voir Pl.* 23, *fig.* 1 *et* 2.)

La salle unique qui est faite, présente un plafond supporté par de superbes et hautes colonnes ; elle communique avec une série de petites chambres rappelant les chambres accessoires du grand hôpital de Milan. (*Voir Pl.* 23, *fig.* 1 *et* 2, *Lett. a.*)—La multiplication de ces petits appartements, rangés autour des grands dortoirs, est une disposition qui crée d'excellentes ressources pour le classemeut des malades, pour les dépôts de linges, etc., et qu'on a trop négligé d'établir dans presque tous les nouveaux établissements. Il est facile de voir dans divers hôpitaux de ce pays, qu'il est entré dans les vues des architectes d'ajouter aux grands dortoirs des pièces accessoires, et c'est probablement dans cette disposition heureuse qu'on a puisé à Turin, dans l'hôpital

Saint-Louis, l'idée des corridors qui règnent derrière les grandes salles de cet établissement. — Sur la galerie de l'étage supérieur est une plate-forme en guise de galerie non couverte, servant à sécher le linge. (*Voir Pl.* 23, *fig.* 2, *Lett. b.*) Cent malades seulement logeront dans ce palais, lorsqu'il aura tout son développement. L'indigent honnête, le voyageur seuls y seront admis.

A quelques pas de-là est la Maison de Santé, STABILIMENTO DI SALUTE, dirigé par M. Rigourini, où sont reçus des malades payant pension. C'est un bel établissement, composé d'un corps de bâtiment, séparé de la rue par une cour bornée latéralement de chaque côté par des locaux en forme d'avant-corps. Les chambres, les corridors, sont parfaitement aérés; il y règne partout une extrême propreté; tout y est très-bien tenu, je dirai même avec luxe; on y constate un grand ordre et une activité bien entendue de la part du chef. Je vis dans cet établissement un bain de vapeur rappelant les bains de l'hôpital des incurables de Bologne : le malade est assis dans une espèce de cassette, sa tête est libre et ceinte au cou; le plancher sur lequel il est assis, est criblé de pertuis par lesquels la vapeur arrivant par un tuyau, est mise en contact avec sa peau. — On trouve dans cet établissement trois classes de pensionnaires, la première payant trois, la seconde six, la troisième neuf zwanziger par jour.

ÉTABLISSEMENT POUR LES ALIÉNÉS DE DU FOUR, *Ospizio di Sanita per la cura e custodia di' Pazzi*, par M. le docteur *Riboni* et M. *Du Four*, propriétaire de l'établissement. Il est situé dans la ville, rue San Vittore, dans un endroit sain et peu bruyant.

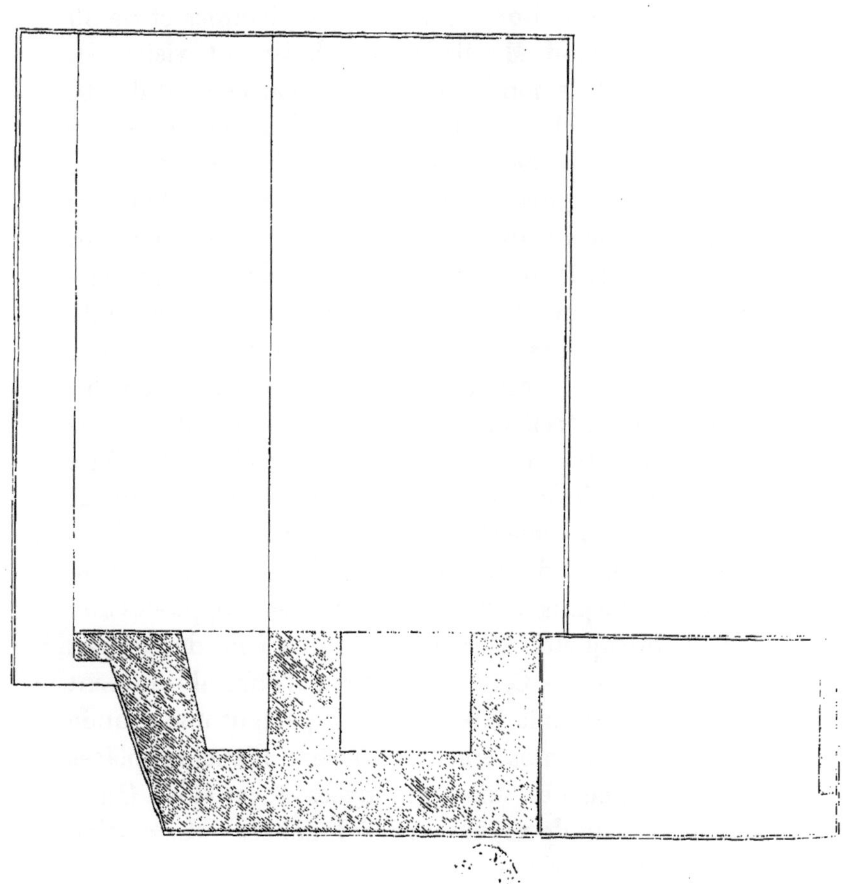

Les hommes logent à droite, les femmes à gauche, et on arrive dans chacune des divisions qui leur sont affectées, par une entrée particulière.

Chacune des deux divisions forme un bâtiment ayant une cour centrale séparée des jardins, qui sont fermés par des grilles en fer élégantes. (*Voir Pl.* 24.) La cour de la division des femmes est moins spacieuse que celle des hommes, disposition qui est en rapport avec la population de la maison, qui est de 40 femmes et de 80 hommes. Quand M. Brière-de-Boismont visita cet établissement, le nombre des pensionnaires était de 50. — De grands changements ont eu lieu depuis. On y trouve des salles de réception, des salles de réunion, des réfectoires, des salles d'observation, des divisions pour les aliénés tranquilles, d'autres divisions pour les aliénés agités, le tout meublé convenablement, présentant des lits, des literies, des rideaux fort élégants aux fenêtres. Les escaliers, spacieux et commodes, sont protégés, ainsi que les balcons donnant sur les cours, par un treillage convenable. Les corridors nous ont semblé trop étroits, n'ayant que cinq et même quatre pieds de largeur en certains endroits ; ils offrent de plus l'inconvénient, si commun dans les établissements d'Italie, d'être au milieu de deux rangées de chambres. Le plus souvent les fenêtres sont opposées aux portes, quelquefois elles se trouvent à côté de l'entrée des chambres. — Cet établissement n'offre absolument rien d'offensant à la vue, il y règne partout une grande propreté. Les bains sont en marbre blanc et placés dans le milieu des salles employées à cet effet. On y trouve un bain de vapeur et des douches. — La cuisine est spacieuse et riche en ustensiles.

Le corps du bâtiment habité par les aliénés, communique à droite avec un cour assez grande, occupée par les hommes maniaques et épileptiques, où des rangées de platanes jettent beaucoup d'ombre et protègent les malades contre l'ardeur du soleil. Au fond de cette cour sont des habitations spéciales pour les furieux ; à côté est un jardin spacieux, fort bien arrangé, approprié à l'usage des aliénés tranquilles et aux convalescents, et dans lequel on trouve des chevaux de gyration.

Les femmes ont leur jardin spécial, divisé en deux sections, la plus forte servant aux aliénés qui sont tranquilles, l'autre aux agitées ; ces jardins sont ombragés par des arbres touffus et ornés de parcs, de statuettes et de plantes. Le mur d'enceinte, couvert tout à l'entour de peintures faites à la fresque, a peu d'élévation.

On a recours dans cet établissement à de nombreux moyens de distraction.

Des salles particulières y sont appropriées à l'usage des convalescents.

On éprouve de la difficulté à faire travailler les malades ; mais ils s'amusent au jeu, il ont un cosmorama, un spectacle dit universel ; ils jouent aux cartes, au domino, aux dames ; ils lisent des ouvrages, les journaux, la *Gazetta privilegiata di Milano ;* ils ont une *libreria* de livres choisis, et je crois y avoir vu des instruments de musique.

Comme agent de répression, on fait usage de la *position forcée dans le lit ;* le malade a les pieds retenus au moyen de courroies bourrées ; une large et forte bande lui passe par dessus les genoux, une autre par dessus le corps et par-dessus les couvertures ; ces bandes sont fixées latéralement au lit, tiennent ainsi l'aliéné en respect, en même temps que ses mains sont retenues par des courroies se fermant latéralement au lit qui est en fer. M. Riboni m'a assuré que ce moyen ne gêne guère la respiration et qu'il n'en a pas observé d'inconvénient.

Dans certains cas, je fais usage dans mon établissement, d'un moyen qui a de l'analogie avec celui employé par M. Riboni ; c'est un corset formé d'une pièce de toile large de 8 pouces, se fermant par des courroies et des boucles sur le devant de la poitrine, de manière à donner beaucoup de liberté à cette cavité ; latéralement la bande se prolonge et va de chaque côté s'attacher au lit par des courroies. Les pieds sont tenus en place au moyen d'une pièce de toile tendue transversalement sur les matelas, fixée latéralement et pourvue de deux ceintures qui se ferment par des courroies et prennent les jambes du malade au-dessous du jarret. Une autre courroie fixée au milieu de ce bandage passe dans le bois du pied du lit. Dans cette attitude le malade porte la camisole, et s'il se débat, s'il mord, on attache ses bras latéralement au lit. Quelquefois même chez les hommes robustes et furieux, il faut tenir les bras écartés du corps en ajustant à l'appareil pectoral des pièces qui les tiennent en respect. Cet agent de répression m'ayant procuré des avantages réels dans des cas difficiles, j'ai cru pouvoir en parler ici.

M. Riboni ne partage point l'assentiment exclusif des médecins français en faveur de la camisole de répression, et sous ce rapport il se trouve d'accord avec les Allemands et les Anglais. La camisole humilie le malade; elle ne lui laisse aucun usage de ses bras, elle oblige à le priver de ses culottes et à lui mettre une robe de chambre, vu qu'il ne peut plus se servir de ses mains ; et, comme on l'a dit déjà, il est dans l'impossibilité de se gratter, il ne peut plus prendre de tabac, ce qui est souvent pour lui une grande privation ; il est dans l'impossibilité de porter ses aliments à sa bouche, ce qu'un autre doit faire pour lui. Pour ces motifs, sans doute, M. Riboni emploie de préférence la ceinture de Reil, perfectionnée par Haslam. C'est une bande de cuir bien bourrée et élégamment confectionnée, s'adaptant au-dessus des hanches, ayant un double anneau qui embrasse les avant-bras et les tient en respect, tout en laissant quelque liberté aux mains. Nous employons un appareil analogue, mais qui présente de l'avantage sur celui dont il s'agit ; les avant-bras sont de chaque côté fixés par des bandes de cuir tournant sur un clou et faites de manière à pouvoir s'adapter à des bras de toutes dimensions. Cette modification laisse aux mains beaucoup de liberté. Un anneau de fer plat, percé de deux ouvertures par lesquelles passe une vis traversant la courroie percée de trous, fixe cette bande aux dimensions de l'avant-bras, tandis qu'un anneau plat ferme, au dos, la ceinture. Ces vis se serrent par des clefs dites passe-partout.

Quelques malades portent des gantelets d'un cuir solide adaptés à la ceinture. — J'y ai vu en usage la moufle en cuir, dans laquelle sont retenues les mains du malade, que j'avais rencontrée à Rome, Florence, Bologne, Venise et ailleurs. Cet appareil y est fait avec élégance : les malades le portent sous leurs vêtements afin de ne point en être humiliés devant les autres aliénés et les gens de service. — Je vis dans cet établissement un instrument destiné à ouvrir la bouche des aliénés qui refusent de manger, et que déjà M. Brière-de-Boismont a fait connaître. C'est un petit appareil en fer, une *pince* à leviers, formée de deux

Pag 267

Pl 25.

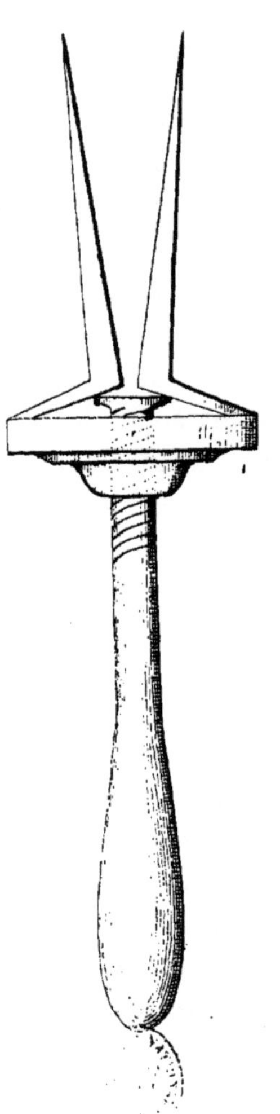

tiges effilées basculant et s'écartant au moyen d'une vis (*Voir Pl.* 25). On introduit d'abord un stylet sous les dents; on leur donne assez d'écartement pour pouvoir y engager les pointes réunies de l'instrument, puis on fait agir la vis qui les écarte davantage. M. Riboni m'a assuré avoir réussi complètement dans plusieurs cas de refus de manger, en soumettant les malades à l'action d'un courant électrique dirigé à travers les joues, moyen, m'a-t-il dit, qui les détermine toujours à ouvrir la bouche. Ce procédé est nouveau et digne d'examen, parce qu'il peut rendre d'utiles services.

M. Riboni a rencontré chez ces sortes de malades une fois la *suppuration des poumons*, et j'ai vu dans cette observation un fait qui confirme ce que j'ai dit dans mon travail sur la *Gangrène des poumons*, sur l'état des voies respiratoires chez les aliénés qui refusent de manger. Les faits que j'ai rapportés ont trouvé leur vérification dans des observations faites à Heidelberg par MM. Roller et Hergt. Ces messieurs ont constaté comme moi la gangrène des poumons chez les aliénés refusant de manger. M. le docteur Conolly, médecin de l'établissement de Hanwell, près de Londres, m'a cité un cas dans lequel il a rencontré également la gangrène pulmonaire. Il est une circonstance curieuse dans la série des faits que j'ai eu occasion de recueillir dans l'établissement confié à mes soins, c'est qu'autrefois les cas de refus de manger y étaient fréquents, tandis qu'actuellement ils sont rares. Ces observations sont de nature à devoir convaincre M. Makintosch du *Dudy-Asylum*, en Angleterre, qui prétend n'avoir rien observé concernant le refus de manger et les traces que nous avons dit qu'il laisse dans les poumons : « *Any thing at all corroborative of what M. Guislain has advanced,* » ainsi que le dit M. Browne, médecin du nouvel établissement d'aliénés à Dumfries, en Écosse. — M. Riboni m'a dit employer avec un avantage réel dans les cas de manie et autres, *la belladona in refracta dosi,* non qu'il adopte en rien les vues de Hahnemann. Il se sert parfois de *lotions stibiées à la peau* et les préfère aux frictions stibiées instituées sur le crâne. L'action des lotions lui semble plus efficace, parce qu'elle est plus générale et plus prompte, et nous ajouterons qu'elles ne produisent pas les suppurations énormes succédant à l'usage de la pommade stibiée qui, appliquée sur la tête, dénude souvent le crâne.

M. Riboni est partisan de l'*isolement dans la chambre obscure,* moyen fort ancien, surtout en Allemagne; nous pourrions à cet égard confirmer ses vues par plus d'un exemple. Il a fait construire deux chambres qu'il peut rendre complètement obscures; les murs en sont tapissés de matelas noirs; au milieu est le lit, placé de manière à ce que de toutes parts on puisse, en cas de besoin, entourer le malade. Ces chambres sont faites d'après le modèle que nous en a laissé le célèbre Willis, et notre expérience nous a appris que c'est surtout dans le principe de la maladie, à l'entrée de l'aliéné dans l'établissement, qu'elles rendent d'utiles services. M. Riboni partage en tout notre manière de voir sur l'inutilité que promettent les agents dirigés sur le domaine idéal du malade, cette psychiatrie qui parle à la conviction du malade, l'irrite souvent et engendre, ce qui plus est, des réactions. — Ce médecin se livre entièrement à l'observation et à la pratique des maladies mentales; il est chargé de toute la direction médicale de la maison; son autorité est sans bornes; c'est de lui que j'ai obtenu la faculté de le visiter, et cette faveur ne m'ayant pu être accordée d'abord par M. Du Four, faisant les fonctions d'inspecteur, m'a fait constater une stricte observance des réglements qui honore cette institution. M. Riboni est un homme actif, zélé et, ce qui plus est, ingénieux pour tout ce qui peut améliorer la position des aliénés confiés à ses soins. J'ai trouvé en lui un médecin au fait de la science et ayant, ce qui est plus important, des vues spéciales, une pratique, une observation, une manière d'agir à lui.

M. Strombio, fils, est médecin consultant de cette maison. — M. Riboni a sous ses ordres un médecin et un chirurgien assistants. Ces messieurs ont leurs appartements dans l'établissement. — J'ai admiré les soins que le médecin-directeur met dans la tenue des livres contenant l'histoire médicale et statistique de ses malades. Il a dans ses appartements une pharmacie, un appareil électrique et une forte pile galvanique.

M. Du Four exerce les fonctions d'*inspecteur;* il a sous lui un *sous-inspecteur.* A la division des dames est attachée une *inspectrice* et une *sous-inspectrice,* qui ont la surveillance de la maison et la direction des infirmiers et infirmières. — Partout j'ai rencontré de la tranquillité parmi les malades, pas d'agitation, de l'ordre et une propreté extrême.

Une pompe à feu se trouve à l'établissement pour obvier aux cas d'incendie, tandis qu'un paratonnerre le préserve du feu du ciel.

Le prix de la pension est de 3, 6, 9 zwanziger par jour; les différences portent sur les chambres qu'habite le malade, la nourriture qu'il prend et les soins dont il est entouré. — Telles sont les principales dispositions de cet institut, qui de tous les établissements d'Italie privés et publics est celui que j'ai trouvé le mieux tenu.

La Senavretta de la porta Tosa est un autre établissement particulier, sous la direction spéciale d'un médecin, M. *Lombardi*. —Au moment où je le visitai, il renfermait 70 aliénés, hommes et femmes.

Le bâtiment n'offre rien de particulier, il serait même difficile de donner une idée de ses différentes divisions. Les salles de réunion, les chambres, les cellules sont proprement tenues, mais les corridors nous ont semblé fort étroits. Les portes ont un petit observatoire, les balcons sont protégés par un grillage fait en lattes disposées en losanges. Un vaste jardin est attenant à l'établissement ; les cours sont passablement grandes. N'ayant point eu l'occasion de voir le médecin de cet établissement, absent au moment de ma visite, je transcrirai ici ce que M. Brière-de-Boismont a dit sur ses vues curatives : « Le traitement, dit-il, est » presque entièrement pharmaceutique... Les sangsues, » le tartre émétique en lavage, les purgatifs, le séton » à la nuque, la potasse caustique, les bains simples, » les bains de vapeur, les douches, forment la base des » moyens curatifs. Il y a une chambre obscure où l'on » fait à volonté paraître le jour et la nuit, tomber la » pluie, gronder le tonnerre. » J'ai, en effet, trouvé dans cet établissement beaucoup d'agents de distraction, un billard, des jeux divers : mais on ne m'a poiut montré la chambre dont parle M. Brière-de-Boismont ; toutefois j'y ai vu une salle où des décorations hissées contre le plafond m'annonçaient un lieu où l'on joue la comédie. Les malades y font de la musique. Ils y sont traités avec beaucoup de douceur, et tous m'ont paru contents et jouir d'une excellente santé physique. — Nulle part je n'ai senti l'odeur des latrines. — De même qu'à l'établissement Du Four, la direction médicale est entièrement confiée au médecin, qui occupe le premier rang dans cet institut. — J'y ai vu une *Économe* qui m'avait l'air d'une excellente femme.

Le prix de la pension est de 3, 6, 9 zwanziger par jour (le zwanziger vaut 87 centimes), payable par avance tous les mois.

La maison du docteur Lombardi, dit M. Brière-de-Boismont, comme la grande majorité des établissements de ce genre, a le désavantage de ne pas avoir été faite pour sa destination. Ce sont là des inconvénients qui subsisteront long-temps dans les établissements particuliers comme dans les établissements publics.

VILLA ANTONINI. — C'est un institut particulier, consacré au traitement des aliénés, moins connu que les autres établissements de cette ville, et qui ne renferme qu'un petit nombre de malades.

LA SENAVRA est l'établissement où sont les aliénés dont l'entretien est à la charge de l'administration. Il y avait au moment de ma visite 427 aliénés, 220 hommes et 207 femmes. — L'établissement est placé sous la dépendance de l'hôpital majeur de Milan et de son chef, le docteur *Peantanida*.

C'est le docteur *Marini* qui est médecin primaire de la Senavra; ses assistants sont MM. *Vaccani* et *Tagliassacci*.

Le bâtiment est un vieux couvent, distant de Milan d'une demi-lieue, placé dans des terres basses, entrecoupées par de petits canaux qui ne ressemblent pas mal à nos terres paludeuses. Un épais brouillard dérobait ce local à mes regards, et m'a confirmé ce que des écrivains avaient dit sur l'insalubrité et l'humidité de son emplacement.

Le bâtiment n'offre rien de bien régulier et d'adapté à sa destination ; toutefois, les corridors sont fort larges, les réfectoires grands ; deux cours assez spacieuses sont destinées aux hommes, et une troisième, qui a des dimensions moindres, appartient également à la division de ces aliénés. Il y a deux cours pour les femmes, et afin d'isoler complètement les deux sexes, on a placé des garde-fous aux fenêtres, là où elles tirent le jour des cours habitées par les hommes. Le bâtiment a un rez-de-chaussée et des étages. Les malades arrivent dans les cours à des heures réglées. — La plupart d'entre eux couchent dans des salles, et leurs lits, presque tous en bois, ont une solidité démesurée ; mais les linges sont très-propres, et les matelas très-commodes. — J'ai trouvé partout les murs très-bien blanchis. — Les latrines, pratiquées dans les coins des cellules, s'ouvrent dans les corridors. — Il règne partout une grande propreté. — On y fait usage de la camisole de répression et d'une ceinture de cuir solide avec des bracelets mobiles, rappelant un appareil analogue de l'établissement de M. Riboni. J'y vis quelques malades portant des gantelets de cuir attachés à cette ceinture. — Les médecins se sont efforcés de procurer aux aliénés des distractions ; je trouvai dans les cours des *chevaux de gyration* et une *balançoire*. M. Brière-de-Boismont dit que le seul éloge que l'on puisse faire de cet établissement, c'est d'être tenu proprement : il faut croire qu'au moment où ce médecin distingué visita la Senavra, les salles de travail que j'y ai vues n'étaient point encore établies : j'y ai trouvé un atelier au grand complet, où les malades étaient occupés à faire des nattes. Plus de 60 hommes travaillent constamment, d'après le témoignage des médecins. Il y a de même de fort beaux ateliers pour les femmes, qui la plupart s'occupent à des travaux manuels. Ce qui surprend au milieu de cette activité, c'est que les malades travaillent sans rénumération ; une meilleure nourriture, de meilleurs vêtements seuls leur sont accordés : et qu'on ne s'y trompe point, c'est là une de ces dispositions heureuses que l'on ne rencontre que rarement ailleurs. La beauté des établissements de ce genre ne réside pas toujours dans les formes agréables et pittoresques du local, qui très-souvent font plus d'effet sur les visiteurs que sur les aliénés qui les habitent : l'occupation, le travail, l'ordre, la décence, la tranquillité, sont les principaux éléments de guérison que doit renfermer un bon établissement de ce genre; et cette première condition surtout annonce à la Senavra de Milan une réalisation qui ne laisse rien à désirer. (Ces lignes m'ont rappelé ce que j'ai vu en Allemagne et en Angleterre. A Heidelberg, j'ai trouvé des ateliers dans le genre de ceux de Milan, occupés par des tourneurs, des faiseurs de brosses, etc., etc. A Hanwell, en Angleterre, j'ai vu de fort beaux ateliers, notamment dans la division des femmes aliénées. M. Conolly, médecin de cet établissement, m'a assuré que sur la population des malades, qui est de 800, il y en a 360 au moins qui travaillent. Au Bedlam il y a aussi des travailleurs. A Paris, M. Ferrus a obtenu de grands succès à la ferme Sainte-Anne. Je citerai encore notre établissement de femmes aliénées à Gand, dans lequel plus de la moitié des malades sont occupées à un travail constant.) — Je vis dans cet institut quelques aliénés pellagriques. On y constate assez fréquemment la *nymphomanie*, et le refus de manger est un symptôme qui n'y est pas rare du tout. — J'y trouvai seulement 9 à 10 hommes épileptiques; la *paralysie générale* s'y montre dans des cas peu nombreux. — Le docteur Morgan a fait de cet établissement une peinture peu avantageuse. J'ai lieu de croire que des améliorations importantes s'y sont effectuées dans les dernières années, vu que je n'y ai pas trouvé les graves abus dont il parle dans sa Notice.

Il y a à Milan une École vétérinaire.

On y trouve trois Ateliers de Charité et une Prison, dans laquelle les détenus sont occupés au travail.

PAVIE.

Pavie, située à quelques lieues de Milan, est le siége d'une Université illustrée par des noms célèbres; Scarpa, Moscati, Spallanzani, Fontana, Volta, Tissot et Frank y enseignèrent. Elle attire un grand nombre d'élèves qui viennent y prendre les grades. — Au nombre des professeurs actuels se trouve Panizza, connu par ses recherches anatomiques, et Corneliani qui est chargé de la clinique médicale.

Je ne fus pas à Pavie.

—

De Milan je partis pour la Suisse; j'allai voir le lac de Come et je traversai le lac Majeur. — Je vis l'admirable aspect de ces lieux.... A Bellinzone, je n'étais plus sur le territoire italien.

LETTRE TROISIÈME.

QUELQUES RENSEIGNEMENTS SUR LA SUISSE.

Sous le rapport des sciences médicales, la Suisse peut citer des noms bien respectables : c'est dans ce pays, que vit le jour l'esprit le plus indépendant, le plus vain, le plus original, et en même temps le plus extravagant de son siècle, Paracelse ; c'est la Suisse qui fournit le plus vaste génie des sciences physiologiques du dix-huitième siècle, l'illustre Haller, en même temps botaniste, poète et médecin.

C'est à ce pays que se rattache le nom honorable de l'ami et du rival de Tissot, de Zimmermann, autre illustration, dont les nombreux ouvrages, utiles et dégagés de tout ornement prétentieux, annoncent le caractère domestique et patriarcal de sa nation ; c'est à la Suisse que se rapporte le nom de Lavater, médecin célèbre, dont les recherches sur l'expression physionomique sont répandues dans tous les pays ; c'est la Suisse qui vit naître le médecin Bonet, et où naquit Bonnet, le philosophe.

Gosse, recommandable par ses expériences et ses mémoires couronnés, Jurine, habile médecin et expérimentateur judicieux, d'autres, connus par des recherches intéressantes, appartiennent de même à l'Helvétie.—A Lausanne, M. Mayor marche sur les traces de Tissot, par sa pratique ingénieuse appliquée aux pansements chirurgicaux. — M. Valentin, professeur de l'université de Berne, travaille puissamment aux progrès des sciences qu'il cultive avec un rare succès. M. Mieschrer se distingue par ses recherches sur les maladies du système osseux.— M. Lombard, à Genève, donne une impulsion heureuse aux sciences médicales. —M. Coindet, s'est fait connaître par des vues thérapeutiques importantes.—Depuis notre voyage, M. Schönlein, professeur à l'Université de Zurich, homme distingué par ses travaux sur l'organisation et l'évolution cérébrale et par d'autres recherches, a quitté la Suisse, étant appelé à occuper une chaire à Berlin.

—

On constate en Suisse une extrême sollicitude pour les infirmes, et cette sollicitude trouve un grand appui dans l'influence administrative de ce pays, fréquemment mesquine en d'autres lieux, égoïste dans ses intentions et froide dans ses impulsions. Des legs, des dons, des souscriptions volontaires et quelquefois un secours cantonal, créent les établissements de charité dans cet intéressant pays. — Dans presque tous les chefs-lieux, il y a des commissions spéciales chargées de l'administration des hôpitaux, et partout les membres de ces institutions s'acquittent de leurs fonctions avec le zèle le plus louable, faisant parfois de grands sacrifices en faveur des établissements placés sous leur haute administration. J'ai partout entendu parler avec éloge de la tendance éminemment active et bienfaisante de ces institutions, et un pareil témoignage, sorti de la bouche de l'homme du peuple, si prompt cependant à accuser tout ce qui tient à des fonctionnaires, est la plus forte preuve que l'on puisse fournir en faveur de ces bonnes tendances. D'ailleurs le soin qu'on met en Suisse dans la construction des hôpitaux et des établissements pénitentiaires, fait connaître à fond les idées dominantes de ce peuple. Quelle n'est pas la différence qu'on observe, sous ce rapport, chez d'autres nations beaucoup plus riches que la Suisse, mais chez lesquelles les sentiments d'humanité ont peu de valeur et sont sacrifiés aux besoins vaniteux de l'époque! Partout les mœurs pastorales de ce peuple républicain se traduisent par une extrême simplicité et une tendance vers l'uniformité cantonale, remarquable dans les demeures des particuliers et même dans les édifices publics : car ce qui frappe en Suisse, dans les endroits où les mœurs se sont conservées dans leur état primitif, c'est l'absence de ce que nous nommons hôtels de maître, palais, maisons de plaisance, cafés et spectacles; les églises même, élégantes et d'une propreté extrême chez les Suisses, n'offrent rien, sous ce rapport, qui soit comparable au faste de leurs voisins, les Italiens. Mais l'utile et partout l'utile sans ornement superflu, voilà ce que ce pays présente sur tous les points; partout de grands et de solides ponts, des salles spacieuses, de belles prisons, de jolis établissements d'aliénés et de magnifiques hôpitaux. D'ailleurs, ce qui s'est passé dernièrement à Bâle, prouve hautement la sollicitude des habitants de ce pays pour les institutions utiles : depuis long-temps la nécessité s'y faisait sentir d'ériger un hôpital général, destiné en même temps à une division pour les aliénés : on s'adressa à la générosité des particuliers, et la somme recueillie surpassa en peu de jours le double du montant de ce que devait coûter le nouvel établissement.

Devant accélérer mon retour dans ma patrie, il ne me fut pas possible de recueillir en Suisse toutes les données que j'aurais bien désiré avoir sur la nature spéciale des maladies de ce pays. Je l'ai déjà dit : l'influence des lieux sur la constitution physique et morale des habitants est frappante dans ces endroits montagneux. En Italie, on rencontre des faces pâles, blanches, laiteuses, des corps délicats, des cheveux noirs : en Suisse, dans plusieurs endroits, la peau offre une nuance particulière, évidemment cachectique ; un teint jaunâtre, des joues lie de vin ; des lèvres grosses, des pieds volumineux, des mains massives, des cheveux bruns, des cheveux cendrés. D'un autre côté, la dispersion de la population dans les campagnes doit influer sur le moral des habitants de ce pays, et lui imprimer des caractères particuliers : la vie pastorale a une influence réelle sur certains genres d'aliénation mentale : cette habitude des solitudes entre des montagnes, dans des paysages où l'œil ne rencontre, en tous sens, que des rochers, doit apporter une monotomie dans les idées et une tendance particulière de certaines passions, compromettante pour la santé morale et physique. C'est ainsi qu'il nous a été dit que des démences spéciales sont le résultat, dans ces contrées, ainsi que dans le Tyrol, de la perversion de certains penchants, se développant particulièrement chez des hommes qui passent leur vie à garder les chèvres.

A peine est-on sur le territoire Suisse, qu'à l'instant on aperçoit un changement dans tout ce qui se présente. D'abord dans tout un canton, à Bellinzone, on parle italien : mais les traits ont changé, la couleur de la peau n'est plus la même: la nature vivante et la nature brute se présentent avec des attributs nouveaux. Les hommes annoncent des allures plus pesantes; l'intelligence humaine n'a plus cette lucidité, la parole n'a plus cette volubilité, si éminemment caractéristiques en Italie. La bonhomie de la campagne prend le dessus; les populations cessent de former de grands centres; elles s'éparpillent dans les campagnes; les grandes villes ne se retrouvent plus; l'esprit d'intrigue, la malice semblent aussi s'arrêter aux barrières rocailleuses de ce pays, excepté sur les grandes routes et partout où les étrangers sont en contact avec les habitants. L'air de douceur, les manières polies, les mœurs pastorales sautent partout aux yeux; on est frappé de la propreté qui règne partout dans l'intérieur des maisons, surtout dans les cantons allemands. Après la nature orientale qu'on vient de voir, l'aspect de la verdure suisse, de ses châlets, de ses paturages gras et abondants, cause un charme inexprimable. Il règne partout je ne sais quel air de sécurité qu'on n'a point rencontré en Italie: car dans ce dernier pays, lorsqu'on vous parle, les regards annoncent qu'il reste dans l'esprit de votre interlocuteur des idées qu'il se réserve pour lui-même le plus souvent. En Suisse, on n'est point gêné à dire ce que l'on pense, on n'est point harcelé par la douane, on n'est point inquiété par la police, on n'est point observé par les espions salariés: on vous reçoit partout sans méfiance. Sur les routes les passants vous regardent, échangent un bonjour, vous souhaitent le bon voyage, quelquefois même vous offrent du tabac.

Au milieu de cette expression de douceur rustique, qui caractérise dans ce pays le cœur humain, la nature brute semble prendre sa revanche et s'annoncer sous un aspect âpre et formidable qui partout atteint le sublime. Rien n'est en effet comparable à ces gigantesques rochers, couverts de neige à leurs sommets et garnis à leur base de la plus fraîche verdure: l'Italie, traversée par l'Apennin, offre sans contredit des vues admirables; mais les beautés naturelles de l'Italie sont presque une miniature, comparées au grandiose du tableau que présente la Suisse!

Émerveillé à mon passage par le mont Cénis, je le fus davantage en faisant l'ascension du Saint-Gothard. — J'arrivai, insensiblement et toujours en montant, à cette prodigieuse montagne par une suite de rochers gigantesques; je traversai une vallée qui se rétrécit de plus en plus. La couleur de la végétation m'annonça partout un pays du Nord; je rencontrai des prairies abondantes, une terre arrosée en tout sens par des torrents, des montagnes couvertes de forêts considérables, sur plusieurs points des plateaux du plus beau vert. — Ici la poitrine se dilate: — on sourit, on cause, on chante; on est heureux. — Je me trouvai dans cette situation d'esprit quand je passai le Saint-Gothard, en société d'un octogénaire qui fit avec moi cette route curieuse: — le bon vieillard était gai comme je l'étais. — Arrivé sur le premier plateau, on jouit d'une vue on ne peut plus imposante: à ses pieds on voit s'étendre une délicieuse vallée, bornée à l'horizon par une immense montagne, couverte de verdure et de châlets; à sa gauche, on a la première série des rochers qui séparent l'Italie de la Suisse, et partout où l'œil plonge, il ne rencontre que d'énormes blocs gris; nulle part il ne trouve un horizon: les montagnes se confondent partout avec les nues. — A droite, on entre dans une gorge de rochers et toute végétation disparaît. Un bruit de tonnerre frappe l'oreille en cet endroit: c'est le Tessin qui se précipite de la montagne et qui s'engouffre un moment entre des masses de pierres. — Au bout de six heures de marche, toujours en montant, on atteint le plateau supérieur, où se trouve un relais. — Il faisait obscur lorsque j'arrivai à ce point; car le soleil avait depuis une heure disparu derrière les rochers, après avoir éclairé un instant avec intensité une surface ondoyante de plusieurs lieues, couverte de neiges éternelles, que je decouvris à ma gauche dans l'espace ouvert que laissent là quelques énormes cônes. J'y éprouvai ce que j'avais senti lors de mon passage par le mont Cénis; j'étais transis de froid et une tristesse s'était emparée de mon être moral au milieu de cette nature épouvantable, dégarnie de toute verdure. Je montai en voiture et descendis la montagne. L'obscurité était grande, le ciel était noir. A des profondeurs effrayantes sous moi se présenta le spectacle le plus extraordinaire que j'aie vu jamais: le sol était couvert de flammes : c'étaient les feux qu'on voyait dans les tuyaux des cheminées, les lumières qui étaient dans les hameaux, bâtis sur la montagne même. — Ayant passé la nuit à

Hospital, village situé sur la montagne, je traversai la caverne de l'*Unerloch,* et gagnai le célèbre pont du Diable, bâti sur la Reuss, qui se précipite en cet endroit dans d'immenses profondeurs et avec un bruit qui s'entend de fort loin. — On chemine par une vallée étroite et d'un aspect on ne peut plus sauvage. Décidément les rochers ont acquis une teinte sombre; les terres jaunes, éclatantes de l'Italie, ont disparu entièrement; c'est un brun verdâtre qui commence à prédominer partout dans les masses, et partout la verdure s'annonce plus pâle, plus succulente. — En passant par Altorf, j'arrivai à l'admirable lac des Quatre-Cantons. Là, plus de citronniers, de pins, de figuiers; là plus de soleil intense; mais une terre qu'on voudrait habiter: il y a là, dans tout ce que l'on voit, je ne sais quoi qui charme, qui cause un bien-être émanant du cœur, sans qu'il soit toujours possible de saisir les rapports entre ces effets et leurs causes.

Lors de mon premier passage, je visitai Bâle, ville éminemment suisse par son aspect général, ayant une église gothique mignonne, rouge, qu'on dirait de terre cuite. Je vis Berne, avec ses longues rues à arcades et ses souvenirs scientifiques; Fribourg, avec son orgue célèbre et son énorme pont en fils de fer suspendu entre deux rochers sur un abime, et cela sur une longueur de plus de neuf cents pieds. C'est là un des ouvrages modernes les plus étonnants. — Je visitai Lausanne et Genève, je naviguai sur le superbe lac Léman, sillonné en tous sens par des barquettes aux voiles blanches, vaste miroir bleu et vert, couché devant l'imposante chaîne des Alpes, anguleuse, blanche, resplendissante à ses sommets, se perdant dans les nues, offrant à sa base une verdure indécise, parsemée de villages et de villettes.

Cette fois-ci je me dirigeai sur le Rhin et sa chûte à Schaffouse, en passant par Lucerne et Zurich, rencontrant partout des montagnes prodigieuses et des vallées parfois immenses. A chaque pas, des chûtes d'eau, des eaux qui bourdonnent, un aspect riant, sévère, grandiose; des gorges affreuses, des précipices dans lesquels l'œil ose à peine plonger; dans le lointain des pics aigus; sur les hauteurs de grandes surfaces; entre les montagnes des passages ténébreux, et au milieu de cette merveilleuse nature, l'homme qui établit des catégories, qui se classe par communes, qui a un langage, un costume, des goûts, des mœurs, différents dans les différents cantons. Ce sont tantôt des dragons, emblèmes du canton de Bâle, tantôt des ours, comme à Berne, où toutes les femmes portent des vêtements noirs et une cravate de velours; tantôt elles ont, par opposition à d'autres, un gros ruban noir sur la tête avec un gros nœud sur le front et une énorme queue qui leur pend jusqu'aux talons; le jupon est parfois court, parfois long : tantôt on ne voit que des chapeaux de paille, tantôt on n'en voit plus du tout. — Presque partout on rencontre un goût effréné pour les ornements baroques : ce sont des piques, des fleurons, des statuettes gothiques, des hommes à cheval, et partout Guillaume Tell sous toutes les formes et dans toutes les dimensions. Partout un air de moyen-âge : des ponts en bois avec des galeries couvertes, des portes de ville en forme de tourelles, des peintures, des enseignes d'un goût barbare, des toitures en forme de hangars qui s'avancent devant les façades, des étages bas, des croisées plus larges que hautes, de petits vitrages, beaucoup de constructions en bois de sapin, une élégance toute locale et généralement une absence de spectacles. — Des lacs de la plus belle nuance verte, de grands torrents dégénérant en rivières, en fleuves. — Sur les routes, beaucoup de mauvais pavés, mais partout des points de vue charmants, des effets de lumière admirables souvent dans le fond du paysage, des rochers noirs, derrière lesquels le soleil éclaire une vallée vaporeuse, présentant au fond des montagnes bleues, ou bien les Alpes avec leurs sommets anguleux et resplendissants. — A droite, à gauche, toujours des précipices; des villages sur des montagnes, des villages sous des rochers; de petits clochers couverts de plaques métalliques resplendissantes; des maisons parfaitement blanchies, peintes aux plus vives couleurs; des routes animées et des expressions de contentement sur les figures ; dans plusieurs endroits, une beauté remarquable dans les formes corporelles; nulle part des attitudes vaniteuses; partout une tendance vers le perfectionnement domestique; rarement des indices de bel esprit.

GENÈVE (1).

Par ses mœurs, ses goûts et ses tendances, Genève est une ville presque française, et sous ce rapport elle s'annonce essentiellement par un caractère littéraire et philosophique, qui est beaucoup moins prononcé dans les autres villes de la Suisse.

Depuis quelques années Genève est devenue le point de mire général par rapport à son établissement pénitentiaire : désirant y voir le résultat obtenu par le traitement répressif employé dans ces sortes d'institutions, nous avons cru devoir le visiter.

Prison Pénitentiaire. Elle est occupée depuis vingt-trois ans à peu près par les prisonniers, et constitue un bâtiment demi-circulaire, ayant deux étages, et un centre de surveillance vers lequel tendent en rayonnant deux corps de bâtiments qui divisent l'enclos en quatre cours triangulaires au moyen d'un mur mitoyen. Ces bâtiments se composent chacun de deux grandes salles fort élevées, dans lesquelles les prisonniers travaillent. De l'atelier ils pénètrent dans leurs cellules qui s'ouvrent dans ces salles même (*Voir Pl.* 26). — On a établi dans le bâtiment central des observatoires par où l'on peut surveiller les détenus.

---

(1) Chef-lieu du canton. Population, 23,000 habitants ; patrie de Théophile Bonet, de Ch. Bonnet, de J. J. Rousseau, de Necker, Tronchin, Mme De Staël, Saussure, Gosse, Jurine, etc.

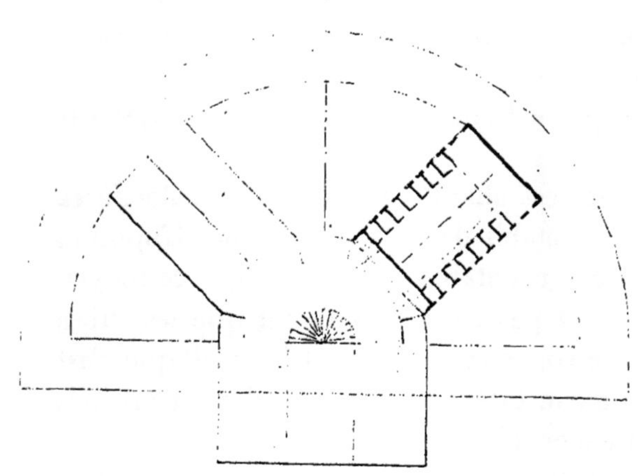

Pénitencier Genève.

Un bâtiment constitue au milieu un avant-corps qui concourt à former la façade extérieure.

Deux murs séparés par une allée non couverte, servent de système de clôture. Il m'a été dit qu'on y laisse courir la nuit des chiens, chargés de la surveillance de ces lieux.

Les détenus sont classés suivant la nature de leur condamnation. Chacun d'eux habite une cellule dans laquelle se trouve un lit cadenassé, que le soir seulement on met en position; la nuit les habillements sont retenus hors des cellules.

Une pompe porte l'eau dans toutes les parties du bâtiment.

L'établissement est chauffé par des tubes calorifères dont le foyer est établi dans le souterrain. L'opinion des employés dans cet établissement, est que ce moyen de chauffage n'est pas convenable, vu que les tubes servent de porte-voix aux détenus, et il paraît que c'est à Berne qu'on a constaté d'abord ce résultat, contraire au système du silence.

La cuisine est dans le souterrain et s'ouvre dans une des cours.

Un prêtre catholique et un pasteur protestant sont chargés de la direction religieuse de cette prison; ils n'y ont toutefois pas d'autorité administrative. Dans la chapelle, les détenus sont classés d'après le culte qu'ils professent, catholique ou réformé.

Dès qu'un détenu entre dans l'établissement, on lui fait désirer le travail; s'il est jeune, si c'est un premier délit correctionnel qui le conduit dans la prison, il passe quatre jours sans rien faire; huit jours sont exigés s'il est plus âgé; et s'il appartient à la catégorie des criminels, il est privé de travail pendant quinze jours. S'il est question de récidive, il passe quinze jours à réfléchir, deux jours et demi avec travail et dans la solitude, le restant du temps, il le passe en se promenant dans les corridors. Si sa conduite est mauvaise, on lui interdit le travail, même pour trois mois. Une cellule obscure, isolée, est destinée à recevoir les plus récalcitrants, qu'on soumet au pain et à l'eau pendant six jours : c'est ce qui constitue l'emprisonnement disciplinaire dans la cellule ténébreuse.

Journellement le détenu passe de sa cellule dans les salles de travail ; toute communication avec les autres détenus lui est interdite ; il est tenu à un silence absolu. Il a toutefois des heures de récréation, pendant lesquelles il lui est défendu de parler aux autres, ou de communiquer avec eux par signes ou autrement. — Il peut adresser la parole au pasteur. — Les détenus sont surveillés continuellement et toujours en présence d'un surveillant qui observe un silence absolu. Ils ont la faculté de communiquer avec leurs parents : la communication a lieu dans un parloir.— Les condamnés à une courte détention voient leur famille tous les quinze jours ; les criminels tous les mois ; d'autres toutes les six semaines ; les correctionnels en récidive tous les mois. — Une prière est faite en commun matin et soir. — On a institué une école, où les détenus apprennent à lire, à écrire et à chiffrer.

La moitié du pécule de chaque détenu est versée dans la caisse de l'établissement ; un quart est pour le prisonnier, l'autre quart est employé par les patrons qui l'attendent à sa sortie pour favoriser sa rentrée dans le monde, le consoler, l'exhorter à assurer ses moyens d'existence et l'y aider. — L'opinion à Genève est que le bénéfice que le détenu retire de son travail est trop élevé.

Le régime alimentaire consiste dans une soupe, matin et soir, des légumes, le midi, et une portion de viande deux fois la semaine.

A son entrée, le détenu est placé dans un bain, et à la fin de chaque mois, cette opération se répète pour tous les prisonniers.

Le directeur de l'établissement, M. *Aubanel*, m'a assuré n'observer que 6 récidives sur 100 détenus, tandis qu'en France, selon son témoignage, le nombre des récidives serait de 50 à 60 sur 100.

La population était, lors de mon séjour à Genève, de 60 prisonniers. La mortalité y est de 4,89 pour 100.

M. le directeur se loue fortement du système suivi : il assure que les résultats en sont on ne peut plus satisfaisants; que dans des cas exceptionnels il est nuisible au moral comme au physique, qu'il attriste et abat; mais il ajoute que c'est à ces cas exceptionnels seuls qu'il importe de remédier. M. Aubanel me cita même le cas malheureux d'un détenu qui, pour avoir parlé et crié, fut puni en vertu du réglement, et qui en devint aliéné: il guérit toutefois et fut remis à des patrons lors de sa sortie. — Dans tous les cas, cette détention dont le mode n'est point prescrit par la loi, est envisagée comme un surcroît de peine, et c'est ce que les prisonniers, au dire des surveillants de cette maison, ont soin de faire observer. — MM. Gosse et Coindet ont dernièrement fait connaître, concernant les détenus de la prison pénitentiaire, des faits qui prouvent que sur 329 prisonniers entrés dans l'espace de dix ans, on a constaté 15 cas de démence, dont 9 incurables, 5 susceptibles d'amélioration et une seule guérison. Si nous ajoutons à cela que le nombre des aliénés, sur la population générale, est de 1 sur 1000, terme moyen, nous y trouverons un argument en faveur de l'opinion de ces médecins, qui attribuent au système d'isolement une influence fâcheuse s'exerçant sur le moral et le physique des détenus. On a dit que la plupart des hommes sont maladifs dans cet établissement, que le défaut d'air et d'exercice corporel y occasionnent des maladies des tissus blancs : je dois à la vérité de dire que l'aspect de ces détenus tristes, abattus et pâles, a fait sur moi une impression qui confirme l'observation faite à cet égard, et qui me paraît d'autant plus concluante, que dans la prison de Gand, où les prisonniers ont beaucoup d'air et une grande liberté d'action corporelle pendant les heures de récréation, j'ai trouvé toujours parmi eux un état de santé florissante. Il résulte en effet d'un rapport de M. l'Inspecteur général des prisons en Belgique, que sur une population de 1217 détenus on n'a compté en 1831 qu'un nombre moyen de 42 malades, y compris les vieillards infirmes, les galeux, etc. La mortalité est très-minime parmi les malades de l'établissement de Gand, et en citant ce fait on doit louer la sollicitude de M. le docteur *Mareska,* à qui les soins hygiéniques et médicaux de cette célèbre et vaste prison sont confiés.

Il serait difficile au moment actuel de juger la question de l'isolement pénitentiaire ; d'ailleurs une telle solution ne peut venir que de ceux qui s'occupent d'une manière spéciale du sort des prisonniers. Toutefois en prenant pour point de départ les effets qu'une répression trop énergique et trop longtemps continuée exerce sur la constitution, on devra arguer défavorablement à l'égard du silence absolu. Ce qui plus est, le rapport de la Société de Boston qu'à présenté dernièrement M. Lucas à l'Académie des sciences politiques et morales de Paris, sur l'emprisonnement cellulaire dans le pénitentier de Philadelphie pendant l'année 1837, est de nature à suggérer des réflexions: dans cet établissement, sur 387 détenus, l'emprisonnement cellulaire a déterminé 14 cas de démence pendant cette même année; et tandis qu'il est généralement notoire que le travail en commun couvre et dépasse même ailleurs toutes les dépenses d'administration et d'entretien, le travail cellulaire de Philadelphie a été, en 1837, en déficit de 10,272 dollars pour les frais d'entretien seulement.

Il est vrai, dernièrement M. Baillarga dans un article inséré dans la *Gazette Médicale* de Paris, a tâché de réfuter quelques-unes des opinions émises sur l'influence désavantageuse qu'exercent les établissements pénitentiers sur la santé morale et physique des détenus : il a fait voir que sur les cas d'aliénation mentale constatés dans les pénitentiers, la grande majorité est relative à des détenus dont l'aliénation a été prouvée avant leur entrée. C'est ainsi que dans le pénitentier de Chirry-Hill, on constata sur 31 cas de folie, 23 détenus atteints d'aliénation mentale au moment de leur entrée dans l'établissement.

Hôpital des Aliénés. Cet établissement nouvellement construit est habité depuis peu de temps; il se trouve à un quart de lieue de la ville, dans une belle plaine, à Carouge, endroit charmant et sain en même temps, à quelques pas de la route de Chambéry.

L'ensemble du bâtiment, y compris les cours, forme un carré allongé, présentant par la façade principale, dans le sens de sa plus grande étendue, une largeur de trois cent soixante-deux pieds. Il est destiné aux deux sexes, qu'un mur médian sépare l'un de l'autre.

Une cour est au milieu, circonscrite par trois corps de bâtiments ; celui de devant est occupé par les employés et se compose d'une série d'appartements destinés à l'administration et au médecin ainsi qu'à d'autres usages. En arrière et au milieu de ce bâtiment, se trouvent la cuisine et ses pièces accessoires. La façade principale ne manque pas d'élégance et présente un avant-corps surmonté d'un belvédère avec deux ailes latérales. (*Voir Pl.* 27.)

Les habitations des aliénés comprennent d'abord la division des convalescents, et s'ouvrent sur une cour établie à chaque angle antérieur du bâtiment. De-là on arrive de chaque côté à l'infirmerie et à la salle des convalescents, isolée par un large corridor qui se prolonge en arrière et dans lequel s'ouvre une série de cellules spacieuses, recevant le jour de la cour centrale. Celle-ci aboutit à la division des furieux, qui se compose de quelques cellules mises en rapport avec une cour spéciale.

Il y a un rez-de-chaussée et un étage, et les divisions sont telles qu'on a pu établir pour les deux sexes une catégorie spéciale pour les gâteux et une autre pour les incurables et les aliénés tranquilles, et, comme il vient d'être dit, une troisième section pour les maniaques et les furieux, et une quatrième pour les convalescents.

En dehors des bâtiments se trouvent des cours circonscrites par des murs peu élevés. — Tout respire dans cet établissement cet air de liberté qui convient à ces sortes d'instituts.

Les planchers des cellules sont en bois, les portes ont des dimensions convenables ; elles ont des chambranles et s'ouvrent dans les corridors ; on y a pratiqué

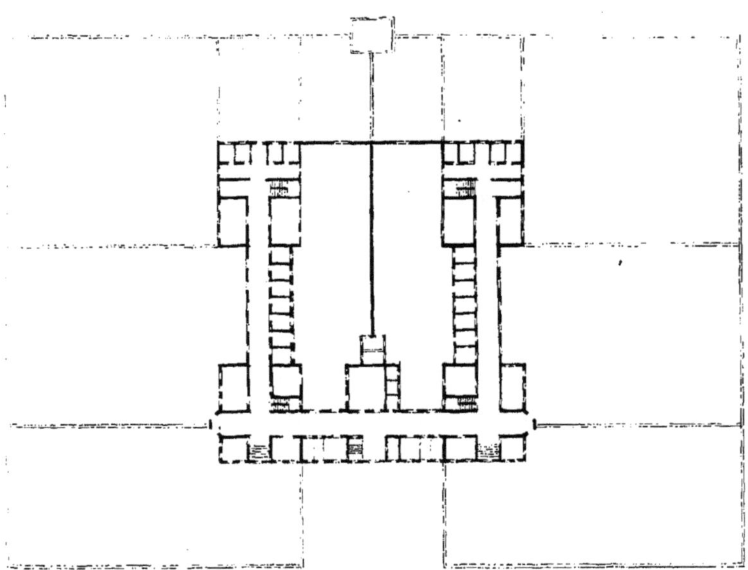

Nouvel Hôpital d'Aliénés à Genève

un petit observatoire qui permet de voir le malade sans qu'il s'en doute. La serrure est forte sans être grossière. Les fenêtres des cellules sont opposées aux portes ; elles ont trois pieds de large et une hauteur proportionnée. — Les cellules habitées par les aliénés tranquilles sont plus profondes que larges. — Les latrines, sans appareil d'assainissement aucun, se trouvent dans les cours et ne répandent aucune odeur ; il n'existe pas de siéges dans les cellules. — Les salles de réunion, les dortoirs communs, les salles de bains, sont fort bien disposés. — Des dortoirs éclairés par trois fenêtres sont destinés seulement à quatre aliénés. — Les portes de communication sont quelquefois à claires-voies. — Les lits sont partout en fer, et le chauffage se fait par des poêles.

La population des aliénés de cet établissement était, au moment où je le visitai, de 60 à 65 individus, tous bien nourris et bien vêtus.

L'établissement est sous la surveillance d'une administration supérieure, la même qui est chargée de la haute administration de l'hôpital, et dont on m'a cité l'extrême sollicitude pour tout ce qui concerne le soulagement des malheurenx. C'est M. le docteur *Coindet* qui est chargé du service médical, tandis que la direction administrative est confiée à M. *Nourisson*, homme rempli de zèle, et dont j'ai pu apprécier les heureuses qualités pour le poste qu'il occupe.

Les malades sont traités avec de grands ménagements dans cet établissement. Lorqu'ils sont agités, on leur met une camisole de répression; on fait usage de courroies, au moyen desquelles on joint les bras du malade derrière ses fesses. — On compte dans l'établissement douze cours, dont huit sont exclusivement habitées par les aliénés. Sans être vastes, elles ont une étendue convenable ; il nous a semblé toutefois que les malades n'y sont pas suffisamment abrités contre l'intempérie de l'air et l'ardeur du soleil, passablement forte en été à Genève. Les arbres qu'on y a plantés n'ont pas de futaie encore, et il est à regretter que nulle part, dans ce bel établissement, on n'ait songé à faire des galeries couvertes, tandis que partout en Suisse on en suit le système, excepté à Genève. Voir les châlets, voir la ville de Berne, qui n'est qu'une suite de galeries à portiques.

La difficulté pour la construction des fenêtres dans les cellules destinées aux agités et aux furieux n'a pas été vaincue dans cet établissement comme dans bien d'autres. Elles y constituent de grandes croisées qui nous ont semblé donner trop de jour dans les cellules, et dont les vitres peuvent être cassées par les malades. Les châssis glissent verticalement dans des coulisses, ce qui en rend le mouvement défectueux et ne permet pas de les ouvrir à l'extérieur et de renouveler convenablement l'air des cellules. Les lits pour les épileptiques m'ont semblé avoir trop d'élévation. Le mur d'enceinte n'a que huit à neuf pieds de hauteur. L'établissement manque d'une section pour les aliénés pensionnaires ; toutefois l'administration se propose de bâtir une division spéciale pour ces espèces de malades appartenant à la classe aisée, et il paraît qu'on choisira à cet effet la cour des convalescents.— M. Nourisson se plaignait de la difficulté qu'on éprouve à faire travailler les malades et surtout les hommes.

Malgré ces défectuosités de détail, je crois devoir ranger l'Hôpital des Aliénés de Genève parmi ceux qui, au moment actuel, renferment le plus de dispositions favorables au bien-être des malades. Tout s'y présente avec des proportions convenables : les communications sont faciles entre les différentes parties du bâtiment; les salles, les corridors sont parfaitement éclairés; nulle odeur; partout une propreté extrême, et parmi les servants et les servantes, une activité, un zèle qui sautent aux yeux.

On compte en Suisse un aliéné sur 1000 habitants. Ces malades sont séquestrés sur une déclaration d'un homme de l'art, et tous les six mois elle doit être renouvelée par le médecin de l'établissement.

Chaque malade coûte 1 franc par jour.

Hôpital général. Sur des dimensions moindres, cet établissement ne le cède point aux meilleurs hôpitaux d'Italie. Le service médical en est confié à M. le docteur *Lombard*, et le service chirurgical à M. *Senne.* Cet hôpital se compose d'un bâtiment solide, bâti dans un style moderne, comprenant de superbes salles et des divisions spéciales pour les différents genres de maladies. — Il renferme de vastes cours avec des galeries couvertes. — Les lits sont en fer ; ils ont généralement des rideaux rayés orange et blanc, excepté ceux qui sont destinés aux cas chirurgicaux et qui n'en ont pas. — Partout on trouve de superbes tentures aux fenêtres. — La cuisine est grande, magnifique. Il y a de beaux réfectoires, une salle de bains, tout en un mot ce qui est exigé dans un hôpital bien organisé.

Musée zoologique. — Commencé seulement il y a vingt ans, il renferme une Collection d'animaux assez nombreuse. — Celle des Singes est très-bien fournie; on y trouve un Gibbon et un Alouate très-distingués; des Sarigues dans un bel état de conservation, et le

Lièvre blanc des Alpes, le *Lepus variabilis*, s'y présente comme espèce locale. — On y trouve un fort beau Tamanoir, animal qui commence à devenir de moins en moins rare dans les cabinets, de même que l'Échydné et l'Ornithorynque qui sont également dans ce musée. — On y trouve un beau Mouflon, un Éléphant, un Lion, un Tigre, etc. — Parmi les Oiseaux, qui sont nombreux, on distingue de belles Autruches et un beau Furmier, *Furmarius rufus*. La classe des Rapaces est belle. — La collection des Reptiles est bien fournie; les Batraciens toutefois sont peu nombreux. — Les Poissons offrent des richesses réelles, parmi lesquelles on distingue une énorme espèce locale, le *Salmo lemanus*, la Truite du lac de Genève et un Poisson-lune considérable ; une belle *Bouche-en-flûte*, longue de quatre pieds; le *Dactyloptère volitans* de la Méditerranée, fort bien conservé.

La collection des Insectes est peu nombreuse ; cependant les Papillons y sont en grand nombre et présentent quelques espèces rares. — Les Mollusques et les Zoophytes se réduisent presque à rien.

Le Cabinet d'Anatomie comparée ne présente que quelques préparations viscérales et une nombreuse collection de squelettes.

LAUSANNE (1).

Le Grand Hôpital. — Je venais de constater partout en Italie des hôpitaux dont les salles sont immenses, larges et élevées ; en effet, elles sont telles la plupart du temps, que le rez-de-chaussée s'élève jusques sous la toiture. Partout j'avais trouvé ces salles remplies par une population considérable de malades. Il saute aux yeux que ces conditions sont un défaut réel : dans tous les cas, un grand hôpital ne présentera que des conditions défavorables au salut de ceux qui l'habitent. Cependant, au moment actuel, la tendance est généralement en faveur de ces proportions exagérées : mais dans tout cela on vise plus ou moins à l'effet, à l'ostentation administrative et quelquefois à des vues personnelles. Nous ne craignons pas de le dire : les hôpitaux d'une médiocre extension seuls peuvent atteindre le but ; c'est du moins dans les petits établissements que j'ai trouvé les soins les mieux appropriés, tandis que les allures mécaniques m'ont semblé le propre des grands hôpitaux. C'est ce qu'on a senti en Angleterre, où nulle part les hôpitaux ne sont grands, mais où ils sont multipliés. En Suisse, les localités, leurs populations peu considérables n'exigent pas de grands établissements, et là on peut également constater ces soins excellents que l'on cherche en vain dans ceux qui ont de grandes proportions.

---

(1) Chef-lieu du Canton de Vaud : 16,000 habitants. — Patrie de Tissot.

Lausanne possède un hôpital dans lequel, au lieu de vastes dortoirs, on rencontre des salons destinés seulement à quatre, cinq, ou six malades : de cette manière, il règne partout une grande tranquillité; les malades qui toussent, ceux qui sont agités, sont isolés des autres; ils n'inquiètent point leurs compagnons, ne troublent point leur repos. Les grandes salles ne valent rien, parce qu'il en résulte une accumulation de malades trop forte, parce que toujours, jour et nuit, il y règne du tumulte.

Cet hôpital a des lits en fer; il y règne une propreté générale; des rideaux ornent les fenêtres.

C'est dans cet hôpital que M. Mayor fait ses intéressants essais avec ses fils métalliques, avec ses compresses triangulaires et son coton qu'il adapte au traitement des diverses affections chirurgicales. J'y vis entre plusieurs autres appareils, les fils de fer servant d'attelles dans le traitement des fractures et ceux employés comme appareils pour la sémi-flexion des membres inférieurs. — Ma visite dans cet hôpital ayant eu lieu un peu tard dans la matinée, ne m'a pas fourni l'occasion d'y rencontrer l'ingénieux chirurgien dont la tendance évidente est de simplifier les appareils chirurgicaux, en les rendant aussi efficaces qu'économiques. Je suis au regret de ne pouvoir citer le nom d'un des administrateurs supérieurs de cet établissement, qui a bien voulu me le montrer dans ses moindres détails.

On reçoit dans cet hôpital les enfants et les hommes non malades, condamnés à des peines dont le terme est au-dessous de trois mois.

Le chiffre de la population totale des malades était de 110.

Prison Pénitentiaire. Elle contient 94 détenus; on compte un détenu dans le canton sur 2,000 habitants.

Le système suivi, comme à Genève, est un système mixte: le silence, mais le silence avec le travail en commun. A Philadelphie, c'est le système complet, l'isolement absolu dans la cellule, sans communication, si ce n'est avec les employés de l'établissement, et non avec les autres détenus.

Dès qu'un prisonnier entre dans cet établissement, il est soumis au régime prescrit par le réglement, qui est plus ou moins conforme, à ce que nous venons de voir, à celui de Genève. Au bout de quelques jours d'isolement, le détenu est placé dans les salles où, continuellement observé par des gardiens, il peut travailler avec les autres, sans pouvoir jamais leur adresser la parole. Là, comme à Genève, j'ai vu ces prisonniers pâles, la tête et le dos courbés, profondément recueillis, sérieux et attristés; et ce qui m'a semblé bien étrange au milieu des procédés inventés par la philanthropie, c'était de voir au cou des détenus pour crime, un anneau surmonté d'un énorme crochet en fer, ayant la forme d'une longue corne. — On m'a fait observer, il est vrai, que la loi ordonne une mesure si dégradante pour l'humanité. — Les prisonniers portent des vêtements bizarres, aux couleurs moitié bleue, moitié grise, arrangées dans le sens de la hauteur du corps.

J'y ai vu les détenus occupés à filer, à tisser, à fabriquer des nattes, à des travaux de menuiserie, à faire des souliers; les femmes à coudre, à tricoter. La totalité du produit qui provient du travail est destiné au détenu; on en défalque un quart pour le frais de son entretien. Le fond de réserve reste jusqu'à sa sortie.

Dès qu'un détenu parle, dès qu'il siffle ou chante, il est puni. Quelquefois il refuse de travailler afin de jouir d'une plus grande liberté.

On compte 18 récidives sur 100 entrées, et on prétend dans cet établissement que dans le calcul fait à Genève, on part d'une fausse base, puisqu'on n'y fait pas entrer en ligne de compte les récidives plus ou moins multipliées qui ont lieu chez le même individu.

Les détenus reçoivent de la soupe trois fois par jour, et deux fois par semaine de la viande; les criminels n'obtiennent de la viande qu'une fois, le dimanche.

La direction de l'institut est confiée à M. *Manuel,* pasteur du culte réformé, qui y exerce en même temps les fonctions de ministre religieux : il a sous ses ordres quatre surveillants et des domestiques. On m'a parlé dans cet établissement de la difficulté qu'on éprouve à trouver des personnes aptes à l'emploi de surveillant, qui consiste à épier tous les gestes, tous les mouvements des détenus, et qui exige des soins continuels et un service extraordinairement fatigant. — On m'a dit beaucoup de bien du patronage qui attend le détenu à sa sortie de la prison.

Les dispositions d'ordre intérieur sont les mêmes qu'à Genève, ainsi que le système de coercition.

La mortalité y est de 2,50 pour cent.

Le bâtiment forme un carré long, ayant au milieu un corps de logis particulier affecté aux bureaux et autres détails de service et de surveillance. (*Voir Pl.* 28.)

Chaque côté du bâtiment forme deux salles, dont l'une est destinée aux criminels, l'autre aux détenus correctionnels. D'un côté sont les hommes, de l'autre les femmes.

Pl. 28 Fig. 205

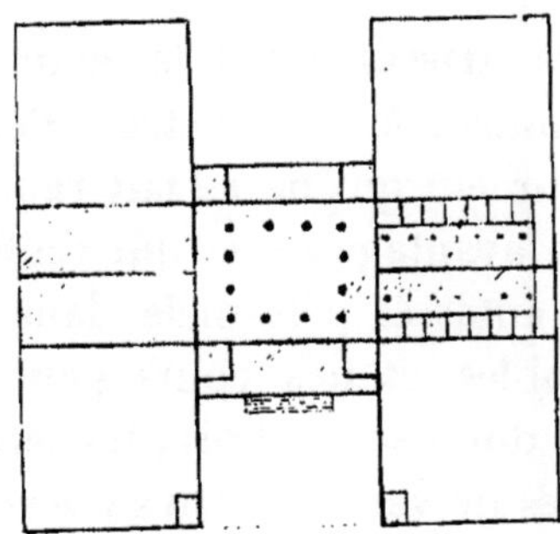

Institution à Lausanne.

Les cellules sont spacieuses et s'ouvrent dans les ateliers, occupant toute la hauteur du bâtiment, où elles sont disposées en forme de galerie. Dans chaque aile, il y a deux ateliers séparés par un mur médian.

A l'extrémité des ailes sont les infirmeries; c'est là que se trouvent aussi les latrines.

Un corridor central permet d'observer les détenus travaillant dans les ateliers.

On m'a fait remarquer que l'intérieur de cet établissement n'est pas suffisamment aéré, et cette remarque ne m'a pas semblé dépourvue de justesse.

Établissement des Aliénés. Nous le connaissions par l'aperçu qu'en a fourni M. le docteur Pétrequin. — C'est un vieux bâtiment qui ne se fait remarquer par aucune disposition avantageuse et qui renferme à peu près 100 aliénés, entassés pêle-mêle dans des chambres peu convenables et des cours peu spacieuses. Les cellules y sont doublées de bois, les serrures fortes et les portes armées de verroux. On s'y sert de menottes en fer fort lourdes, qui assujettissent les mains du malade à ses fesses; on y fait toutefois usage de la camisole de répression.

Les aliénés sont occupés au travail dans cet établissement, et sous ce rapport il nous a semblé offrir quelque intérêt. Les hommes coupent et transportent du bois; quelques-uns travaillent dans un jardin attenant à l'établissement; on m'a dit que sur 58 hommes, 22 étaient occupés à des travaux quelconques. — Les femmes travaillent aussi : elles tricotent et s'amusent à coudre.

Tous les aliénés y sont bien vêtus, portent un uniforme rayé, et ont un gros chapeau de paille.

La plupart des lits sont en fer et les literies fort commodes. — Les bains sont de bois et très-grossiers. On verse de l'eau froide sur la tête des malades au moyen d'une grande louche de bois.

M. *Pelis,* médecin de cet établissement, a communiqué dernièrement à une corporation savante l'observation d'une entrée de l'air dans les veines, chez un aliéné qui s'était coupé la gorge avec un rasoir.

On néglige de faire aucun changement à ce vieux local, l'administration étant sur le point de faire un appel en faveur d'une nouvelle construction.

BERNE (1).

Cette ville compte deux beaux Hôpitaux, l'un, près de la porte d'Aspurg, présentant une façade magnifique et une vaste cour entourée de superbes bâtiments; et l'autre, moins somptueux, mais offrant toutes les dispositions exigées dans de pareils établissements.

Berne a un Hospice pour les Aliénés, dont l'emplacement est à une courte distance de la ville. — Il est sur le point de subir des réformes importantes.

A trois lieues de la ville est un Établissement de Sourds et Muets.

La prison est près des remparts de la ville; c'est l'Établissement Pénitentiaire, nouvellement bâti, et renfermant un nombre de détenus plus considérable que ceux de Lausanne et de Genève réunis, puisque la population moyenne y est de 400 individus. Nos renseignements portent que le régime pénitentiaire y rencontre d'assez grands obstacles, qui semblent augmenter partout en raison de l'accroissement de la population prisonnière.

En terminant ici la narration de ce que j'ai vu et

---

(1) Capitale du canton: 17,600 habitants; sépulture de Fabrice de Hilden, patrie de Haller.

appris des pénitentiers de la Suisse, je crois devoir faire connaître la mesure prise dans le duché de Bade, dans le but d'assurer efficacement le sort des prisonniers de ce pays. Là, on a placé à la tête de la direction de la prison d'Ettenheim, un Médecin, le docteur *Hergt*, secrétaire de la Société médico-légale du grand-duché de Bade. On ne saurait assez admirer la sagacité du ministre du grand-duc actuel, qui a su si bien saisir ce qui convient réellement à ces sortes d'établissements : car, qui mieux que le médecin sait apprécier l'homme considéré au physique comme au moral? qui mieux que lui sait juger de l'influence des moyens d'amélioration employés? Le régime auquel on soumet le prisonnier, est un vrai traitement moral, qui, basé sur une sage répression et des encouragements convenables, se rapproche plus du régime moral des aliénés qu'on ne serait porté à le croire au premier aperçu. Par les moyens moraux invoqués, on compte sur une amélioration parmi les prisonniers; c'est donc une preuve qu'on voit presque un état morbide dans leur état de perversité.—Autrefois, les hommes de l'art n'avaient point dans les hôpitaux l'influence qu'ils y ont aujourd'hui, et c'est à leur intervention que nous devons les grandes améliorations qui ont surgi depuis quelque temps dans ces établissements. Il y a tout au plus quarante ans que l'influence des médecins dans les établissements d'aliénés était encore nulle : et voyez quel immense résultat on a obtenu depuis qu'ils ont élevé la voix, fait connaître des abus nombreux, et indiqué les vrais moyens d'administration qui conviennent à ces hospices. Il en est absolument de même des prisons : aussi long-temps que la direction n'en sera pas confiée à des hommes instruits dans tout ce qui concerne le moral dans ses rapports avec les éléments organiques, on ne fera rien de bon : on aura des défenseurs qui plaideront en faveur de l'humanité, on aura des hommes de bonne volonté, mais on n'aura point de praticiens dans la rigoureuse acception du mot.

Le Musée d'Histoire Naturelle n'offre rien de particulier.

LUCERNE (1).

Cette ville a un vieil hôpital, qui sous le rapport des dispositions du local ne mérite aucune attention, mais qui subira bientôt des changements importants ; sous celui de sa destination toute philanthropique, il constitue un hospice fort remarquable et qui rappelle d'anciennes mœurs : on y donne asile pour une nuit à tout ouvrier voyageur, qui à son lever, le matin, reçoit une soupe et un bats (pièce de monnaie) pour continuer sa route. — On m'a assuré que l'année passée (1837), il est passé par cet hôpital plus de 9000 ouvriers voyageurs.

Les galériens y travaillent dans les rues.

(1) Capitale du canton : 6,000 habitants.

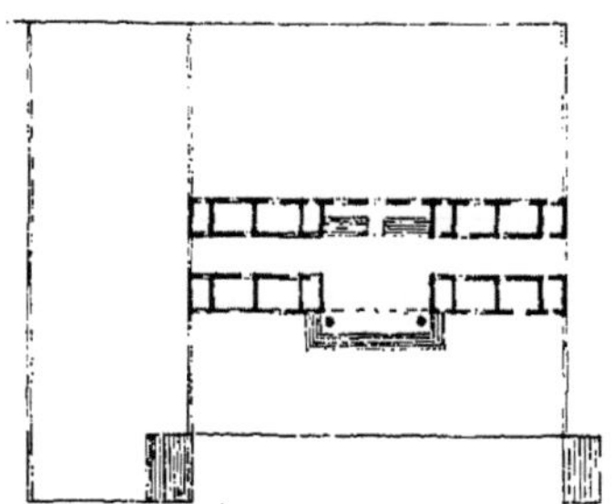

Hôpital d'aliénés à Zurich.

ZURICH (1).

L'Hôpital général est un vieux bâtiment ayant des salles proprement tenues, mais trop basses, et des lits en bois.

C'est dans cet établissement que se donne l'enseignement clinique, dépendant de l'Université; il était confié au moment de mon passage par cette ville, à MM. *Schönlein*, *Bommer* et *Locher*. — Cet hôpital s'enrichit d'une collection de pièces anatomiques et pathologiques.

Zurich possède un petit Établissement pour les Aliénés, qui se trouve dans l'enceinte de la ville, sur une hauteur, et dans le voisinage du grand hôpital. L'ordonnance en est fort simple : deux rangées de cellules sont séparées par un corridor (*Voir Pl.* 29). L'établissement a un rez-de-chaussée et un étage; le tout est voûté. — Les cellules ont deux portes, l'une qui s'ouvre à l'intérieur, et l'autre dans le corridor; elles sont chauffées par des poéles de fayence dont les ouvertures donnent dans les corridors. — Les fenêtres des cellules sont à hauteur d'homme, et empêchent toute vue sur l'extérieur. — Des terrains libres entourent l'établissement. — Il n'y a ni verroux ni serrures grossières. Un petit observatoire est prati-

(1) Chef-lieu du canton : 12,600 habitants; patrie de Conrado Gessner et Salomon Gessner, de Paracelse, Felix Plater, Zimmermann, Lavater et Pestalozzi.

qué dans les portes. — Dans les cellules il y a des latrines portatives.

Les malades y sont traités avec douceur et tout y respire de bons procédés. — Un fauteuil de répression sert à contenir les agités dans une position tranquille : ce fauteuil présente un ensemble de soins de confectionnement qui le rend très-commode et très-bien approprié à son usage. L'aliéné a les bras fixés par des courroies et appuyés sur des coussinets en cuir ; tout le dossier est doublé ; des coussinets latéraux préservent la tête du malade de toute violence ; le tout est élégamment et artistement fait. Ce qu'il présente peut-être de défectueux, c'est la trop grande rectitude donnée au dossier, disposition qui exige chez le malade une position fatigante : c'est l'inconvénient qui m'a semblé également exister dans le fauteuil employé à Heidelberg, et qui est fait sur le modèle créé par M. Jacobi, à Siegburg, où j'ai pu en juger. Dans l'établissement Waburton, à Londres, on a obvié à cet inconvénient, et nous avons donné à nos fauteuils *tranquilliseurs* une inclinaison en arrière assez forte.

MM. *Bach* et .... sont médecins de l'établissement. — J'y ai trouvé des malades occupés au travail.

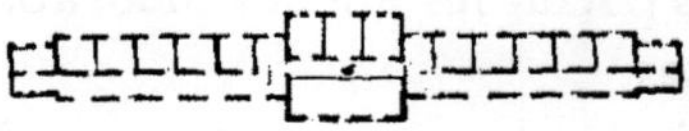

Pag. 307.

Pl. 30

Nouvel hôpital clinique Fig. 1re

à Bâle.

BALE (1).

Le zèle le plus louable préside actuellement dans cette ville, autrefois très-renommée pour son Université où professèrent Paracelse et Félix Plater, à la construction d'un établissement destiné au traitement des aliénés et en même temps aux malades atteints d'affections incurables. Il résulte des renseignements qu'on a bien voulu nous fournir, que la division pour les aliénés comprendra un total de 34 individus, les hommes et les femmes étant logés séparément.

La section pour les incurables est calculée pour 32 malades, pris parmi les aliénés incurables, les idiots et les épileptiques.

L'administration occupe au centre une division particulière, dans laquelle se trouvent les bains et autres accessoires. (*Voir Pl.* 30)

---

(1) Chef-lieu du canton: 15,000 habitants; résidence temporaire de Paracelse, patrie du peintre Holbein et de Bernouilli; sépulture d'Érasme.

J'avais, à mon départ pour l'Italie, visité le principal établissement scientifique de Strasbourg, son CABINET D'HISTOIRE NATURELLE, ses COLLECTIONS D'ANATOMIE COMPARÉE et son CABINET PATHOLOGIQUE.

A mon retour, je pris la rive droite du Rhin, et après avoir passé par Carlsruhe, je fis une halte à Heidelberg, où j'eus occasion de voir le CABINET ANATOMIQUE de l'UNIVERSITÉ de cette ville, dans lequel je distinguai nombre d'objets curieux. J'y visitai l'HÔPITAL et l'ÉTABLISSEMENT DES ALIÉNÉS, et je vis le plan du nouvel hospice pour les aliénés du Grand-Duché de Bade, qui est en ce moment en construction à Achern. M. le docteur Roller, médecin de l'établissement existant, m'a permis d'en prendre quelques lignes que je reproduis dans la planche 31 ci-jointe, en attendant que ce savant publie les dessins précis de ce nouveau bâtiment (1).

J'ai obtenu différents renseignements sur des hôpitaux qui existent dans les provinces Rhénanes. Dans les provinces Prussiennes, j'ai visité les cabinets à Bonn, où j'ai rencontré une masse d'objets du plus haut intérêt.

Je me suis rendu à Siegburg où j'ai vu le célèbre établissement des aliénés, dirigé par M. le docteur *Jacobi*, qui en a donné une description fort détaillée dans ses *Irren-Heilanstalten*, et dont la situation sur un haut rocher est tout-à-fait pittoresque.

---

(1) Au moment de corriger la dernière épreuve de cette page, il me parvient un travail publié par M. Roller, sous le titre de *Grundsätze für Errichtung neuer Irrenanstalten insbezondere der Heil-und Plegeanstalt bei Achern im Grossherzogthum Baden... mit einem lithographirten Plane.* — 1838.

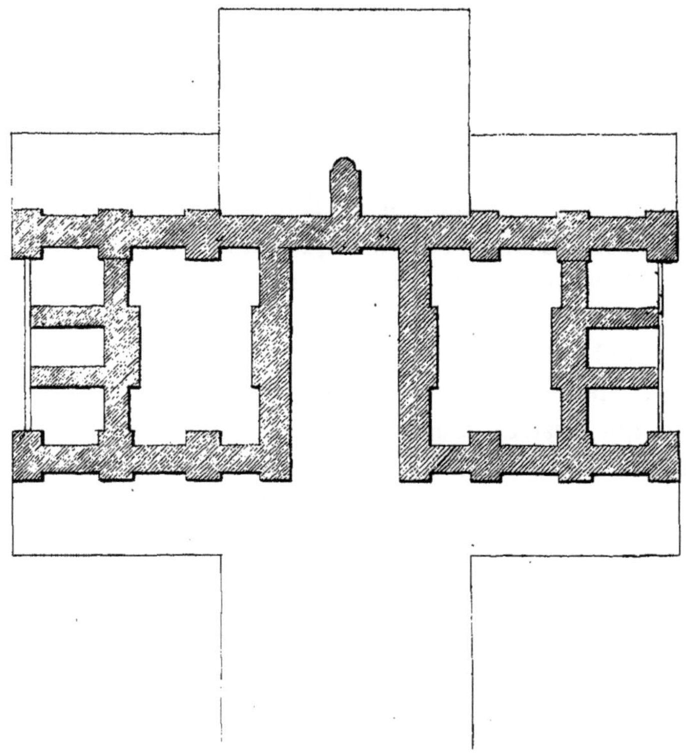

Nouvel établissement d'aliénés près Achern.
(Grand duché de Bade.)

CONCLUSION.

Je rentrai en Belgique par Liége.

Ce fut avec émotion que je revis nos champs fertiles, nos voies de communication et nos fermes, que nulle part, excepté en Angleterre, je n'ai trouvées aussi nombreuses et aussi variées.

Nos populations villageoises, franches et fortes, me semblaient plus compactes que jamais; nulle part je n'avais trouvé tant de villages, de villettes, de grandes villes accumulés sur une surface territoriale aussi rétrécie que la nôtre. Cette fois-ci les allures de nos populations m'apparaissaient caractéristiques. En effet, elles présentent une expression physionomique, une préoccupation mentale qui est à elles, un enjouement qui les rapproche tant soit peu du caractère français, mais qui les isole entièrement de l'Anglais quoiqu'elles aient ses tendances industrielles et son tempérament physique. Notre peuple présente de plus une originalité, une étourderie, une brusquerie normande que l'on ne retrouve guère en dehors de la Belgique et principalement des Flandres, caractère parfois burlesque, que deux grands peintres de mœurs, Teniers sur ses toiles, et Victor Hugo dans sa Notre-Dame, ont reproduit avec une vérité frappante.

Cette fois-ci nos tours nombreuses, nos beffrois avec leurs grosses cloches, différant des campanilles italiens en ce que chez nous ils appartiennent à la commune, tandis qu'en Italie ils sont à l'église, s'annonçaient majestueux et pittoresques. Nos nombreux carillons, si bruyants, si gais, avaient pour moi un charme profondément senti, et plus que jamais, nos grandes églises avec leurs tours considérables, partout élancées, leurs vitraux coloriés, leurs riches stalles, leurs nombreux et beaux tableaux, ainsi que nos maisons communales, toutes d'une richesse d'ornements, d'une élégance gothique essentiellement locale, me firent mieux sentir en quoi l'ancienne civilisation belge, modifiée puissamment par l'influence de l'Espagne et de la France, diffère de celle dont je venais de constater les derniers débris dans des pays éloignés, ou bien en quoi elle offre avec elle des rapports incontestables.

Dans les lieux que je venais de visiter, j'avais trouvé sur bien des points mon pays noblement représenté par des artistes d'un haut mérite. Bien des fois mon amour national s'était enflammé à l'aspect des nombreux tableaux appartenant à cette école flamande dont les produits sont recherchés et admirés chez tous les peuples civilisés. Cette sève divine du génie de l'artiste, cet éther du coloris, ce sentiment des convenances naturelles, se trouvent chez tous les peintres belges. C'est une chose bien extraordinaire que ces travaux artistiques chez un peuple où la lumière du jour est si peu favorable à l'effet des images : cette aptitude ne saurait dépendre d'un tempérament particulier et d'une disposition spéciale du climat; car l'Anglais qui, sous le rapport de l'organisation corporelle et des influences atmosphériques, se trouve placé dans une position identique au Belge, offre cependant beaucoup moins de dispositions heureuses pour tout ce qui tient à la culture des beaux-arts. — J'appris avec joie, à mon retour dans le pays, la résolution prise par les villes d'Anvers et de Liége d'ériger des monuments considérables, l'une à la mémoire de Rubens, l'autre à celle de Grétry, en attendant que Van Eyck, inventeur de la peinture à l'huile, que Van Dyck, que Teniers, que Crayer, que Juste-Lipse, que Simon De Steven, créateur du calcul décimal, reçoivent pareil hommage à côté de nos grands capitaines, de nos grands hommes d'état. Cette expression de la reconnaissance publique pour les hommes qui ont illustré le pays, est une chose qui manque généralement en Belgique : long-temps traitée comme peuple conquis, elle apprit insensiblement à plier les genoux devant des maîtres étrangers et à oublier l'hommage qu'elle devait au souvenir de ses pères. Après avoir parcouru l'Italie, où la mémoire des hommes distingués est entourée d'un respect inouï, il devait m'être pénible de voir que le grand Vésale, le *père des anatomistes*, n'avait point de monument dans sa ville natale. En vain cherche-t-on une statue, un buste érigé en l'honneur de Vanhelmont, le fondateur du *vitalisme*, tandis que la ville de Gand s'est acquittée d'une noble dette en consacrant un beau cénotaphe à PALFYN, l'inventeur du forceps. Il est temps que la Belgique témoigne de sa gratitude envers JEAN DE SAINT-AMAND, VAN LOM et WIER, placés au rang des médecins les plus remarquables de leur époque, envers DODOENS, naturaliste célèbre et grand médecin; envers VERHEYEN, anatomiste distingué, et VAN DEN SPIEGHEL qui, comme Vésale, appartient en même temps à la Belgique et à l'Italie.

Depuis la suppression de l'Université de Louvain, effectuée lors de l'invasion des Français dans notre pays, les études médicales avaient reçu un échec considérable, réparé sous le régime hollandais par la création de trois universités. Depuis les derniers évènements politiques, le haut enseignement a subi des réformes heureuses qui répondent aux exigences de l'époque et parmi lesquelles la plus importante est, sans contredit, l'installation d'un jury d'examen, qui exerce sur les études une influence puissante en leur donnant une extension qu'elles n'avaient pas auparavant, tout en forçant la jeunesse au travail. Cette institution, insurmontable barrière contre l'ignorance, ne manquera pas de peupler le pays d'hommes instruits : toutefois son organisation laisse beaucoup à désirer et subira sans doute d'importants changements; car aussi long-temps que des corps savants ne seront pas appelés à présenter les membres dont le jury se compose, on devra s'attendre à des résultats défectueux. L'esprit de rivalité, la camaraderie politique auront toujours une pénible influence sur le sort des récipiendaires, aussi long-temps qu'on laissera aux chambres le soin de nommer les membres du jury; car l'expérience a déjà prouvé que des éléments discordants ont réellement nui à la marche des études et jeté l'alarme parmi nos populations studieuses. Aussi voyons-nous rarement dans ce jury les hommes occuper la place à laquelle les appellent leurs spécialités et leurs tendances scientifiques.

Les études médicales ont fait de grands progrès dans le pays, et l'attention se porte plus que jamais sur les influences locales et les modifications qu'elles apportent dans le traitement des maladies. Les différentes sociétés médicales qui se sont formées depuis peu, leurs écrits empreints d'un caractère local, ont le plus efficacement contribué à établir ces excellentes dispositions. Il n'y a guère long-temps encore que les médecins belges montraient une insurmontable indifférence pour les publications médicales; mais depuis la création de ces sociétés et surtout depuis la publication de leurs travaux, une effervescence littéraire s'est emparée des esprits, et depuis quelque temps, des écrits remarquables ont été mis au jour par ces associations. Cette heureuse tendance entretient un louable zèle parmi les hommes de l'art du pays et les met, ce qui plus est, en relation scientifique avec les nations étrangères : et sous ce rapport, la Belgique a obtenu des résultats on ne peut plus satisfaisants. Le gouvernement, en provoquant la publication des pièces émanées des Commissions médicales, seconde puissamment les vues des hommes de science ; car il est facile de prévoir combien cette mesure est de nature à stimuler le zèle des membres de ces commissions, qui par le fait de ces publications se trouvent en quelque sorte changées en corps scientifiques. Il est consolant de voir l'ardeur qui anime en ce moment les hommes de bonne volonté; les médecins faits à la pratique, les Nestors du corps médical, comme les jeunes praticiens, se présentent confondus dans l'arène de la science : et quelle occasion pour eux de se montrer! Aussi, bien des talents se sont déjà fait une réputation par des écrits, couronnés et autres, tendant au plus haut point à améliorer leur position sociale et à les conduire à des postes honorables. Les médecins militaires montrent en cette circonstance un noble dévouement : le corps des officiers de santé de l'armée formera dorénavant une pépinière de médecins et chirurgiens distingués, destinés à rendre plus d'un service à la science et à la patrie. Déjà dans la question des influences locales, dans celle des maladies épidémiques, ils se sont fait connaître par des travaux d'un haut mérite; et la question de l'ophthalmie, si grave pour nous, a été traitée par eux dans toute son extension, et avec un talent pratique qui ne laisse guère rien à désirer.

Depuis quelque temps, nos cabinets scientifiques ont pris du développement; le cabinet anatomique de l'Université de Gand, grâce au travail et aux soins intelligents de M. le professeur Burggraeve, contient des objets remarquables. La belle collection d'instruments formée par M. le professeur Lutens est peut-être la plus complète qui soit en Europe : du moins nous n'avons rencontré nulle part rien qui lui soit comparable. — Les collections de l'Université de Liége brillent surtout par les préparations de Fohmann ; M. le professeur Raikem les a enrichies d'une série de pièces pathologiques qui promettent un développement ultérieur. — Bruxelles se distingue par son musée zoologique, surtout par sa collection de mammifères, et les musées de Louvain renferment des pièces qui ne sont pas dépourvues d'intérêt.

Mais malgré ces bonnes dispositions, de grands vides

se font encore sentir partout chez nous : l'Anatomie Comparée, si l'on en excepte les squelettes des collections de Gand, exige de grands encouragements ; car sous ce rapport nos cabinets ne présentent pas même les objets de première nécessité. Nulle part nous ne trouvons dans nos hôpitaux de Musées pathologiques, si multipliés en Italie et ailleurs, et nous n'avons rien chez nous qui ressemble aux collections d'Édimbourg, et encore moins à celles du Collége des chirurgiens à Londres ; nous ne pouvons pas soutenir la concurrence avec les collections de la Hollande, avec les musées anatomiques de Bonn, Heidelberg, Strasbourg, Bologne ; et sous aucun point de vue il n'y a de comparaison possible avec Florence. Sous le rapport des sciences accessoires, de la Zoologie surtout, nos cabinets, loin d'égaler celui de Leyde (au moins aussi riche, de l'aveu de tous les connaisseurs, que celui du Jardin des plantes à Paris), ne rivalisent pas avec le musée britannique de Londres. Florence l'emporte sur nous par ses fossiles, mais nous sommes au niveau de Bonn, Strasbourg, Bologne, Édimbourg. J'ai rencontré dans différents cabinets de vastes collections de graines ; ce serait un perfectionnement à introduire chez nous. — J'ai été dans le cas de visiter plusieurs jardins botaniques, et celui que nous possédons à Gand m'a toujours paru l'emporter sur bien d'autres. Il est à regretter que l'habitude que l'on avait autrefois de tenir dans les cours de nos Comtes et Ducs des ménageries d'animaux vivants, ne se soit plus conservée et ne puisse tourner au profit des sciences enseignées dans nos universités.

La Belgique, placée au centre de la civilisation européenne, est dans la position la plus heureuse pour tout ce qui a trait au développement intellectuel ; mais il est juste de dire qu'elle a été trop exclusive dans le choix de ses relations, et qu'elle n'a point, dans ses vues scientifiques, tourné suffisamment ses regards vers l'Allemagne : elle a perdu l'esprit de ses anciens rapports de voisinage. Ce qu'elle a à faire dans son existence scientifique actuelle, c'est de perfectionner son caractère primitif, essentiellement constitué pour vivre en des relations intellectuelles avec ses voisins, parmi lesquels il lui importe de ne pas négliger surtout les nations du nord. On ne conçoit guère comment la Belgique n'a pas su mieux profiter de sa position géographique pour la variété de ses connaissances scientifiques, enclavée qu'elle est au milieu des nations les plus instruites de l'Europe; elle a du côté de l'intelligence du langage des facilités qu'on ne rencontre dans aucun pays : la langue flamande, sœur des langues anglaise et allemande, rend ses relations avec l'Angleterre et l'Allemagne on ne peut plus faciles ; d'ailleurs la langue anglaise est fortement répandue chez nous, la langue allemande y est facilement comprise, et on ne comprend réellement pas comment nous ayons pu jusqu'ici, dans nos relations scientifiques, montrer tant d'exclusivité pour la France.

Il est intéressant de savoir quelle place la Belgique occupe dans la hiérarchie des tendances charitables, et il ne faut pas d'efforts pour voir qu'aucune nation ne possède un nombre plus grand d'institutions consacrées au soulagement des pauvres, des infirmes et des malades, que notre pays. Les établissements de charité ont chez nous pour la plupart une existence fort ancienne, créés qu'ils ont été à une époque où l'Italie presque seule se distinguait par sa sollicitude en faveur des classes nécessiteuses : ils datent de plusieurs siècles, et ont été généralement institués par des legs particuliers, des dotations fournies par des corporations religieuses, par celles des métiers, par la sollicitude de nos Comtes et Ducs, Marquis et Barons, par nos anciens Magistrats, par Charles V, cette illustration gantoise, qui ordonna la création de confréries consacrées au soulagement des nécessiteux. A cette époque, où les idées religieuses occupaient tous les esprits, on ne perdait point de vue les misères du prochain; les amendes encourues en justice, les crimes politiques, les querelles entre grands seigneurs, etc., tournaient au profit des pauvres et des malades en faisant naître des pélerinages et des dons plus ou moins considérables, faits en faveur de l'un ou l'autre nouveau refuge : et c'est ainsi que s'est formée cette masse d'anciennes institutions qui couvrent le pays, connues sous le nom d'hospices, constituant tantôt un petit, tantôt un grand hôpital, tantôt un lieu où l'on enfermait les fous, tantôt un groupe de petites habitations réunies par un mur de clôture autour d'une petite chapelle, et dans lesquelles étaient alimentées des centaines de personnes valétudinaires. A ces établissements ont succédé les hospices consacrés à l'entretien des orphelins et des vieillards, qui aujourd'hui encore attestent de la sollicitude extrême de nos pères pour les classes malheureuses. C'est une chose remarquable dans notre pays que le grand nombre de ces établissements (constituant fréquemment la réunion d'un hôpital, d'un hospice pour les vieillards et d'un institut pour les orphelins), disséminés dans les villes, les petites villes, les villages, et portant encore aujourd'hui sur plusieurs points les noms respectables de leurs fondateurs primitifs; chose curieuse que l'accoutrement antique et bizarre de ces enfants orphelins, rappelant les costumes de nos pères et variant dans chaque endroit : une soutane bleue, des culottes de cuir jaune, un habit brun, un habit gris, un corset rouge, un corset bleu. — Partout ces enfants reçoivent une bonne instruction primaire donnée dans les établissements même; partout ils fréquentent les écoles de dessin et de peinture : et ici, comme en Italie, comme en Angleterre, des personnes d'un haut mérite sont sorties de ces instituts. Généralement les garçons orphelins apprennent des métiers hors des établissements, et c'est en quoi ces institutions diffèrent de celles de Naples et de Rome, où l'apprentissage a lieu dans les établissements même; c'est en quoi ils diffèrent encore de pareilles institutions d'Angleterre, où l'éducation des orphelins est le plus souvent commerciale et même uniquement littéraire.

Nombre de nos instituts charitables datent du XIIe et du XIIIe siècle (1); mais c'est du XIVe au XVIIe que la création du plus grand nombre s'en répéta

(1) Nos hôpitaux paraissent avoir été primitivement érigés immédiatement après les premières croisades, ainsi qu'après la terrible peste qui ravagea l'Europe en 1348. C'est de Constantinople que nous sont venues d'abord les inspirations charitables; car à l'époque dont il s'agit, tous les pays occupés par les Arabes avaient de ces sortes d'établissements, dus essentiellement à la sollicitude des premiers chrétiens. Au rapport des historiens, le premier institut de ce genre semble avoir été érigé en 460, à Edessa en Mésopotamie, par l'évêque Nonnus. Jérusalem avait au VIIe siècle un hôpital que les habitants d'Amalfi y avaient construit. On en érigea à Jondisabour, à Ray, Bagdad

le plus en Belgique comme ailleurs. Nos dissentions religieuses au XVIe siècle ont exercé une fatale influence sur l'existence de ces établissements ; car à cette époque, plusieurs d'entre eux furent saccagés et

---

avait dans les temps primitifs du christianisme de magnifiques hôpitaux; actuellement encore, cette ville présente des ruines de ces établissements, qui attestent la sollicitude des hommes de cette époque pour les malades. (Je tiens ces renseignements de mon ami, M. De Turck, qui pendant plusieurs années a exercé l'art de guérir à Bagdad, et qui a vu ces ruines respectables, sur lesquelles le Pacha de l'endroit se proposait de bâtir un vaste établissement destiné aux musulmans pauvres et malades.) Déjà au VIIe siècle, sous l'empereur Justinien, Constantinople avait de grands hôpitaux. Alexis I Comnine, créa dans cette ville, au XIIe siècle, un hôpital considérable, l'Orphanotrophium, pour les orphelins et les invalides, pouvant contenir 10,000 personnes.

Non seulement les malades étaient reçus dans ces établissements, mais on y instruisait les jeunes médecins dans l'art qu'ils cultivaient. Les moines s'occupaient presque exclusivement des sciences médicales. Plusieurs ordres religieux se formèrent plus tard et s'attachèrent au service des établissements de bienfaisance; dans ce cas étaient les confraternités de Saint-Lazare, l'ordre des Templiers et d'autres. Nos guerriers et ces ordres ont le plus contribué à transmettre en Europe l'idée des établissements de charité. Ces heureux changements arrivèrent assez vite en Italie, peut-être même avant l'époque des croisades; car les religieux de l'École de Salerne et les moines du mont Cassin se chargeaient du traitement des maladies dans des hôpitaux attachés aux écoles médicales. En 1210, on vit s'ériger à Rome, sous Innocent III, un hospice pour les enfants trouvés. Vers ce temps, des hôpitaux pour les lépreux s'étaient formés partout, au point qu'on en comptait en Europe 19,000, tous destinés à héberger les malades atteints de la lèpre. (Voir pour des détails à cet égard, *Lessing*). — Gand avait déjà, en 1146, un grand hôpital pour ces sortes de malades. En 1201, il y avait dans le local occupé par les Dominicains un hôpital qui fut transféré, plus tard, en 1228, à la Byloke, où un chanoine, Fulco Van Uutenhove, bâtit le local actuellement encore existant, remarquable par sa façade un peu moins ancienne peut-être que le reste du bâtiment, et dont l'architecture lombarde rappelle les influences de l'Orient et les monuments gothiques du nord de l'Italie. C'est en 1318, que Weneman institua dans la même ville son hôpital, place Pharaïlde, et en 1330, des aliénés occupaient déjà l'hospice de Saint-Jean. — En 1257, le grand hôpital de Bruges existait en pleine prospérité, lorsqu'un chanoine de Tournay lui fit une large dotation. L'hospice de Saint-Julien à Bruges fut fondé en 1276 en faveur des pélerins passagers.

détruits de fond en comble. Sous le règne de Marie-Thérèse, on vit se renouveler ces anciennes tendances bienfaisantes, et c'est alors que la Belgique donna la première l'exemple de la construction d'une prison établie sur des proportions colossales et renfermant des dispositions heureuses qu'on ne retrouve pas en d'autres pays. Plus tard, elle a vu d'un seul trait toutes ses anciennes institutions ébranlées; et lors de la suppression des administrations respectives de ces établissements et de la réunion de leurs revenus particuliers en un fonds commun, lors de la création des administrations dites des hospices civils, elle a vu changer la face du pays dans ses tendances populaires, si favorables autrefois aux institutions dont il s'agit. La charité publique a cessé d'être spontanée; elle est devenue une combinaison mécanique; elle a cessé d'avoir des foyers d'impulsion, elle n'a plus remué les cœurs; elle n'a plus eu rien de généreux, elle a cessé d'avoir de l'élan et de parler aux consciences. Ce que nous voyons partout dans notre pays prouve, je crois, notre assertion : nous l'avons déjà dit: là, où la charité publique occupe l'esprit des masses, l'humanité fait valoir encore ses droits; et c'est ainsi que nous voyons dans presque tous nos villages qui ont quelque importance et quelques pauvres, s'ériger de superbes hospices, créés par des dons particuliers, par quelque fonds communal, ordinairement par l'influence de quelque corporation religieuse ou de quelque ecclésiastique dont le nom obscur reste ignoré. Mais voyez combien cette tendance fait contraste avec l'esprit de nos villes, de nos grands centres surtout (Bruxelles excepté); tandis que dans les communes d'un second ordre, où l'administration n'a point à nourrir les exi-

21

gences et les sentiments de luxe de la classe aisée, la voix du pauvre est encore écoutée, et il ne meurt pas dans l'asile qu'on lui accorde, faute d'air, de chaleur et d'espace. Ah! si les cœurs secs et les esprits à chiffres pénétraient seulement dans les lieux sombres, humides et infects où l'on condamne le pauvre malade (s'il résiste aux influences destructives qui l'environnent) à passer quelquefois la plus grande partie de sa vie, ils suivraient sans doute l'exemple de nos bons campagnards; ils verraient que les beaux ornements d'une ville doivent être avant tout ses établissements de charité.

C'est ainsi que le goût des spectacles, des fêtes, et de tous les plaisirs sensuels de la classe aisée, sont venus remplacer ces tendances paisibles, abstraites, religieuses et sévères de nos bons aïeux, que nourrissait une conscience timorée, après les calamités qui avaient, au moyen-âge, pesé avec force sur les populations européennes. — C'est ainsi que les nouvelles tendances ont fait naître de nouveaux besoins; que l'émancipation du genre humain, qui caractérise en certains sens l'époque actuelle, a créé des misères, des faiblesses et des vices qui ont nécessité des genres de secours publics ignorés de nos pères : et de-là, ces établissements plus modernes, tels que : les hospices de maternité, les sociétés maternelles, les hôpitaux pour les vénériens, les tours et secours pour les enfants trouvés, les sourds et muets, les aveugles, les prisons pénitentiaires, les asiles pour l'amélioration des mœurs, établissements qui existent tous en Belgique, et sont la plupart très-multipliés.

Or, j'ai acquis la conviction que notre belle patrie peut puiser des enseignements utiles à l'étranger;

que plusieurs de ses institutions, quoique plus anciennes, plus nombreuses qu'aucune de celles de ses voisins, n'ont pas reçu les développements et les améliorations que réclament les nouveaux besoins et les nouvelles exigences du siècle.

Du côté des localités, plusieurs de nos établissements les plus importants sont susceptibles de grandes améliorations. Ce sont sur bien des points des bâtiments verdoyants de vétusté, flanqués de tourelles, ayant d'énormes salles, dépourvues le plus souvent de cheminées, dont les voûtes, les arceaux, parfois vastes et en bois, reposent sur des piliers dont les chapiteaux baroques rappellent le siècle auquel ils appartiennent. Presque généralement ces bâtiments pèchent sous le rapport de l'hygiène et par une population trop fortement agglomérée; car à l'exception de certains établissements passables et de deux ou trois belles institutions, tous se trouvent dans un état de dégradation telle, qu'on ne rencontre rien de semblable nulle part.

Le gouvernement a pris une mesure qui depuis long-temps entrait dans les vœux de bien des amis de l'humanité, en établissant des dépôts, des espèces d'hôpitaux d'invalides, où dorénavant les ophthalmiques incurables seront reçus. — Nous avons quelques beaux hôpitaux militaires, quelques-uns même sont remarquables sous le rapport de leur situation et de la vaste extension des localités; mais partout il y a un trop grand développement donné aux salles, et ces établissements sont presque toujours défectueux quant au service des infirmiers.

Généralement le mobilier de nos hospices laisse à désirer ; les lits en fer ont rarement des rideaux, et si l'on en trouve, nulle part ils n'ont cette convenance de décors qu'ils présentent dans les établissements du nord de l'Italie. Nous cherchons en vain chez nous ces belles couvertures de lits, ces élégants vêtements nosocomiaux que l'on trouve dans différents hospices charitables indiqués dans ce Mémoire, tels que pantoufles, bas, robes de chambre, bonnets. Nos magasins, nos cuisines sont loin d'offrir l'abondance et le confort des établissements anglais ; nos salles de bains, nos baignoires, nos douches, s'il s'en trouve, ne peuvent non plus entrer en ligne de comparaison avec ce que nous observons en Italie et en France ; et ce dernier pays, quoique inférieur au nôtre pour le nombre des établissements de charité, pourrait nous donner cependant d'excellentes leçons dans tout ce qui concerne l'administration intérieure, généralement routinière et négligée chez nous.

L'administration médicale de nos établissements et surtout le mode de nomination du personnel des hommes de l'art serait susceptible d'amélioration. Généralement les médecins de nos hôpitaux et de nos établissements de bienfaisance sont nommés par les autorités locales sur la présentation des commissions administratives des hospices civils : cette mesure est essentiellement contraire aux intérêts de la science, et nous voudrions que la présentation des médecins et chirurgiens de ces établissements fût faite par quelque corps savant capable de peser le mérite des candidats, soit par une faculté de médecine, soit par une société, une académie, une commission médicale. A cette occasion, nous ne saurions assez recommander à l'attention de nos administrations le mode de nomination suivi en d'autres pays. A Lyon, par exemple, c'est le concours public qui désigne les chirurgiens en chef. Des médecins de tous les points de la France viennent y prendre part; les candidats sont interrogés sur l'anatomie et la physiologie, donnent une leçon orale sur la médecine opératoire, subissent une épreuve clinique, sont tenus de fournir deux mémoires écrits, l'un sur la chirurgie et l'autre sur la médecine et les accouchements. Les médecins de même sont nommés au concours, mais la solennité est moindre, les épreuves sont moins nombreuses. — Les chirurgiens internes sont élus également par le même mode. — Tous ces fonctionnaires ainsi nommés font quelques *années de suppléance* et deviennent ensuite *titulaires* par rang d'ancienneté : la durée des fonctions titulaires est de *dix ans*. — Le *chirurgien en chef* fait *six ans d'aide-majorat* comme chirurgien en chef *désigné* et *six ans de majorat* comme *chirurgien en chef titulaire*, et il est alors chargé spécialement de la grande chirurgie opératoire. Le service chirurgical à Lyon se compose comme suit : un chirurgien en chef, un chirurgien en chef désigné, qui a un service actif et permanent, un aide-major qui après six ans d'aide-majorat passe au majorat, et dix-huit chirurgiens internes chargés de faire les pansements.

Espérons que nos administrations locales suivront l'exemple de la ville de Lyon et qu'elles abandonneront une vieille routine essentiellement en opposition avec tous les principes d'équité et surtout avec les progrès de la science. La situation du jeune médecin instruit est bien des fois désespérante, au milieu des obstacles qui s'accumulent autour de lui et qui empêchent le développement de ses heureuses dispositions. Voyez donc quelle pépinière de bons sujets, quelles espérances, quelle garantie pour l'avenir dans ce concours! Et comparez cette excellente institution à nos nominations de faveur, où le nombre d'amis, les supplications toujours pénibles et humiliantes, les intrigues et les bassesses, l'emportent bien souvent sur le mérite réel et modeste. Le bien de ces sortes de mesures réside dans leurs tendances préparatoires, dans cette école de jeunes talents qui se forment à la pratique et deviennent tous des sujets distingués. Qu'on ne nous oppose point des difficultés insurmontables; elles ne peuvent venir que des hommes rétrogrades; car l'expérience en a déjà décidé, puisque ces épreuves ont lieu depuis plus de cinquante ans dans la ville que nous venons de citer, et ailleurs. Il est vrai, nous avons sous ce rapport fait un pas, puisque les chefs de clinique de nos hôpitaux universitaires de l'état, sont nommés au concours. — Je dois de la reconnaissance à M. le docteur Petrequin, chirurgien en chef désigné de l'Hôtel-Dieu de Lyon, connu par d'intéressantes productions adressées de temps en temps aux différentes sociétés médicales de Belgique, qui a bien voulu me fournir les renseignements qu'on vient de lire sur les concours médicaux de Lyon et l'organisation de ses hôpitaux.

Il est une autre disposition dans nos grands hôpitaux qui semble devoir subir des modifications; c'est celle qui en concerne le service médical et chirurgical permanent, négligé entièrement ou confié exclusivement chez nous à des élèves internes ou à des infirmiers. Dans plusieurs établissements des pays visités par nous, nous avons trouvé des praticiens gradués, établis dans les hôpitaux et agissant sous les ordres d'un chef. Nous voudrions laisser aux élèves internes le soin des pansements, uniquement dans l'intérêt de leurs études; mais au médecin résidant reviendrait la responsabilité des malades placés sous sa sphère de surveillance. C'est dans les hospices des aliénés que la présence de ce fonctionnaire est hautement nécessaire; car plus qu'ailleurs, les cas accidentels y exigent des soins intelligents et prompts. La tenue des régistres, l'observation des malades, les rapports avec les familles y réclament un soin et une attention continuels; l'emploi des moyens coercitifs, des appareils en cas de suicide, l'introduction de la sonde œsophagienne, et cent autres circonstances exigent les lumières d'un homme d'expérience, et non les secours d'un élève ou d'un infirmier. Rien de tout cela ne se rencontre en Belgique : hormis des exceptions rares, nulle part les médecins ne sont exclusivement attachés au service permanent de ces établissements, et rarement ils ont l'appui efficace que réclame leur position. Sous ce rapport, l'administration médicale de quelques-unes de nos prisons peut être citée comme modèle exceptionnel, de même que nos hospices de maternité, où l'on trouve des personnes graduées, établies en permanence et chargées du service médical intérieur. Nos hôpitaux militaires présentent encore quelques bonnes dispositions à cet égard; mais rien de tel dans nos hôpitaux d'aliénés, dans nos hôpitaux civils en général, dans nos hospices d'incurables, dans nos hospices de la vieillesse, etc.

Il est chez nous une disposition heureuse que souvent l'on cherche vainement chez d'autres nations, et qui compense largement les défauts que peuvent offrir nos établissements : ce sont les soins qui y sont prodigués à nos malades pauvres, la sollicitude paternelle qui les y entoure, le génie domestique qui y règne, la propreté excessive, l'ordre dans la distribution des travaux, et qui tous émanent du bon vouloir des individus qui se vouent au service des pauvres. Ce bon vouloir est un des caractères les plus brillants chez les personnes auxquelles est confié le service de nos hospices, et son excellent résultat se traduit par l'affection et le respect que portent généralement les malades, les infirmes, les vieillards, les enfants à ceux qui les soignent. C'est à nos corporations religieuses hospitalières, dont presque tous les membres ont fait vœu d'obéissance, de pauvreté, de chasteté et se sont engagés à servir les malades pauvres, que nous sommes redevables d'un bienfait que bien des nations doivent nous envier. Il en est toutefois de ces institutions comme de toute création humaine: elles exigent des perfectionnements continuels; ce bon vouloir qui enfante des merveilles et atteint le sublime par le saint dévouement qui l'inspire, est fantasque parfois, exigeant, créant des embarras administratifs, et cela par une indépendance mal-entendue, plus encore par un esprit de routine et un manque d'unité dans la surveillance. Il est vrai, ce que nous disons à cet égard, n'est applicable qu'aux exceptions, et nous, plus que tout autre, nous en avons reconnu la rareté. On remédierait à ce mal par une instruction, un enseignement préalable sur tout ce qui concerne l'hygiène et le régime diététique des établissements confiés aux soins de ces personnes, surtout par un réglement raisonné et approuvé par les autorités compétentes et dont l'observance serait strictement obligatoire. Or, c'est précisément dans l'absence de cette discipline réglementaire, dans son exécution incomplète là où elle existe, que réside la défectuosité capitale d'un grand nombre de nos établissements. Nous ne sommes point les premiers qui dans notre pays fixions l'attention sur un objet si important : déjà M. Wauters, père, a fait connaître les avantages qui se rattacheraient à un enseignement destiné aux personnes qui se vouent au service des malades.

Pendant mes voyages, j'ai rencontré des corporations monastiques instruites dans tout ce qui est relatif aux soins hygiéniques des malades, et on ne saurait croire combien ces qualités scientifiques rehaussent l'éclat de leurs vertus religieuses, tout en rendant faciles et agréables les rapports de ces personnes avec les hommes de l'art. Nous avons imprimé au service des établissements confiés à nos soins cette tendance médicale, et nous avons hautement à nous louer d'une telle mesure, dont le but est de consolider l'harmonie qui doit régner entre le médecin et les personnes appelées au service des malades.

Indépendamment de ce qu'un grand nombre de nos établissements peuvent offrir dans le service intérieur, l'état financier, de même que l'administration de surveillance de ces institutions laisse beaucoup à désirer sur plusieurs points. — On dira ce que l'on voudra, nos observations faites ailleurs nous font préférer à d'autres modes d'administration les commissions spéciales de surveillance et les fonds particuliers. — En Italie, on respire un air de richesse et de profusion dans l'intérieur des établissements de bienfaisance, au milieu des misères, la plupart du temps fort grandes, qu'on rencontre dans les rues. En Belgique, au contraire, où il y a beaucoup plus d'aisance générale, nos hospices présentent je ne sais quel aspect sinon d'indigence du moins de détresse : c'est de la vaisselle en terre cuite, c'est un manque d'uniformité dans les lits, dans les couleurs et les étoffes des couvertures, le plus souvent grossières et usées ; ce sont de vrais habits d'arlequin, rapiécés sur tous les points, des uniformes lourds et mal faits ; ce sont des murs noirs, des fenêtres, des portes mal peintes, des toits qui laissent suinter la pluie, c'est même la neige qui tombe jusque sur les lits occupés par les malades ; ce sont des caveaux humides dans lesquels des aliénés croupissent dans leurs ordures ; ce sont des portes qui ne se ferment point, des serrures usées, des vitres cassées, bouchées par du papier. On aura beau me vanter nos administrations actuelles, entièrement en désaccord avec toutes nos institutions politiques toutes spécialisées, nous n'y trouverons que de l'infériorité, surtout sous le rapport de la tendance administrative, sur la plupart des points essentiellement égoïste, bureaucratique, financière et qui porte à vouloir créer dans tout des économies, même dans les premiers besoins des malades, ayant plus fréquemment recours à la plus mauvaise mesure de toutes, celle d'affermer par entreprise les soins à donner aux malheureux et de négliger tout contrôle et toute surveillance directe. C'est ce déplorable système qui envoie sur plusieurs points les enfants trouvés, les orphelins, les aveugles, les vieillards, les aliénés chez des paysans pauvres ou avares ; c'est ce système qui peuple nos campagnes, de même que nos établissements, d'individus pâles, scorbutiques, scrofuleux ; c'est ce même système qui cause une mortalité effrayante parmi ces indigents, parce que la faible nourriture qu'ils reçoivent ne suffit point à l'entretien de leurs forces, parce que les mauvais vêtements qui les couvrent ne les préservent point de l'intempérie de l'air.

Je sais que les hommes qui s'imaginent que tout va le mieux possible, pourront trouver nos assertions trop générales, et en effet il se peut que pour le bien de l'humanité nous donnions trop d'extension à notre examen critique. Mais, quant au fond de la question, les objections ne sauraient venir que des esprits légers et indifférents qui n'ont point observé. Que ceux que la routine aveugle visitent des pays étrangers, qu'ils comparent l'état des choses trouvé ailleurs avec ce qu'ils rencontrent chez nous, et ils verront s'il faut ou non aspirer à des améliorations. D'ailleurs, on peut dans la ville que nous habitons vérifier en tous points nos assertions. Qu'on jette les regards sur la grande prison de Gand, administrée par une commission spéciale; qu'on compare les murs de cette prison toujours bien blanchis, les portes et fenêtres partout peintes avec soin, les réfectoires d'une propreté extrême, les lits de l'infirmerie tous pourvus de beaux rideaux; qu'on compare cet établissement, habité par des voleurs et des assassins, avec nos hospices qui logent des malades, et la différence sautera aux yeux de ceux même qui voudraient les fermer à l'évidence. Il est vrai, des exceptions heureuses se présentent à cet égard, mais elles ne s'observent que là où il y a du dévouement spontané. — Ce qui manque à nos établissements de charité, nous ne saurions assez le dire, c'est une surveillance immédiate; car ce qui fait connaître les besoins de ces sortes d'institutions, ce sont les visites faites dans le but d'y découvrir les abus; ce qui exalte le sentiment de la bienfaisance, c'est la vue immédiate des souffrances. Or, c'est cette attraction entre le bienfaiteur et l'homme dont la situation exige du secours, que nous voudrions voir s'établir. Le public ne sait rien des misères qu'on rencontre au sein même des établissements de bienfaisance, et les masses se reposent en paix sur la sollicitude de ceux qui par la nature de leurs fonctions sont obligés d'avoir soin des malheureux, tandis que les riches ont l'attention détournée par mille causes et restent étrangers aux misères de l'homme pauvre dont le tableau ne se présente guère à leurs regards.

Aucune classe n'exige de plus grandes et de plus promptes améliorations que celle des aliénés; c'est à l'égard de ces pauvres malades que tous les abus s'accumulent, et l'abandon dont ils sont l'objet n'existe qu'à la honte du pays et de ceux en particulier qui, par devoir, devraient y remédier et sur lesquels retombe de tout son poids accablant le blâme qui en résulte. Il y aura bientôt vingt ans que nous plaidons la cause de nos aliénés (1); mais hélas! à quelques exceptions honorables près, c'est comme si nous parlions à des oreilles sourdes, à des intelligences obtuses et à des cœurs de marbre.

Il est vraiment temps que les esprits se réveillent et sortent enfin de l'état de stupeur dans lequel ils semblent plongés; il est temps que les hommes de cœur et de bonne volonté unissent leurs voix en faveur d'une classe de malheureux qui sont dans l'impossibilité d'articuler leurs plaintes. Un revirement, une manifestation énergique devient une nécessité absolue; — il faut une manifestation contre les tendances anti-charitables, en ce sens qu'il faut éclairer les hommes sur tout ce qui concerne le bien-être de nos aliénés, de nos enfants trouvés, de nos orphelins, de nos aveugles, de nos malades nosocomiaux; — une manifestation en ce sens, qu'il faut faire voir la part d'intérêt

(1) Voir notre Exposé sur l'état des aliénés en Belgique.

que tout le monde est obligé de prendre au sort de ces infortunés; — une manifestation en ce sens, qu'elle soit morale, religieuse, parlant aux cœurs et aux convictions; —une manifestation en ce sens enfin, qu'il faut faire voir que le langage plein de modération tenu jusqu'à ce moment, n'a rien effectué de bon, et qu'il faut parler haut si l'on veut se faire comprendre; qu'il faut, comme l'a dit un grand génie, écorcher les hommes insensibles pour les chatouiller.

Que les médecins, ces protecteurs obligés des pauvres, se mettent à la tête de ce mouvement généreux, qu'ils exposent nos plaies à nu, car un respect mal-entendu pour les hommes et les choses a nui à la cause de l'humanité; qu'ils annoncent au pays comment on livre au rabais de jeunes créatures (enfants trouvés et orphelins); qu'ils indiquent ces nombreux aliénés qui divaguent, dans nos campagnes, livrés à l'abandon le plus pitoyable; qu'ils montrent les lieux où ces malheureux sont obligés d'invoquer la générosité des particuliers, délaissés qu'ils sont par les administrations locales; qu'ils signalent les accidents, les malheurs de toute nature qui déjà ont été le résultat de cet état de liberté dans lequel on laisse sur plusieurs points des êtres nuisibles à la société; qu'ils fassent connaître les hommes qui trafiquent ainsi de la chair humaine dans le but de faire quelques économies administratives; — que les médecins pénètrent dans les hospices d'aliénés et dans bien d'autres établissements, et qu'ils annoncent au grand jour tout ce que ces institutions offrent de défectueux et d'essentiellement contraire à la science et de nuisible à l'humanité.

Que nos annales littéraires, nos journaux recueillent avec soin tous les rapports concernant la situation désespérante des infortunés qui font l'objet de nos réclamations constantes. Souvent les littérateurs ont cherché leurs inspirations bien loin en plaidant contre la traite des noirs. Or, tandis que nous avons, à deux pas de nous, des malheureux dont le joug est peut-être cent fois plus accablant que celui des nègres vendus et transportés en Amérique, qu'ils fassent voir combien la société actuelle s'éloigne des tendances charitables des temps primitifs, alors que l'hospitalité était un devoir sacré, qu'on entourait les personnes aliénées de respect, d'une vénération religieuse, de soins de toute espèce; — qu'ils démontrent qu'aujourd'hui encore les peuples vivant dans l'état de nature conservent pour les aliénés, rares parmi eux, une tendre sollicitude et voient dans leur situation l'intervention divine; — qu'ils comparent sous ce rapport le sort de nos pauvres aliénés avec celui que ces malades présentent chez d'autres nations au moment actuel, et ils arriveront à de poignants résultats.

Que nos ministres du culte fassent valoir leur intervention; qu'ils s'adressent aux hommes de bien, aux âmes généreuses; que la chaire de vérité retentisse de l'exposé des nombreuses souffrances qui affligent les classes les plus intéressantes de la société; qu'ils réveillent dans les cœurs l'ancien esprit de nos pères, ces excellentes tendances qui seules suffiraient pour illustrer la Belgique; — qu'un nouveau Pierre l'hermite parcoure, s'il est nécessaire, nos provinces, visite la hutte du pauvre à qui est confié le sort de nos enfants trouvés, le réduit où le malheureux aveugle gît presque exténué, le cachot infect où l'aliéné, lié, garrotté, enchaîné, reçoit pour toute nourriture une croûte de pain noir; qu'il recueille des faits et excite les populations

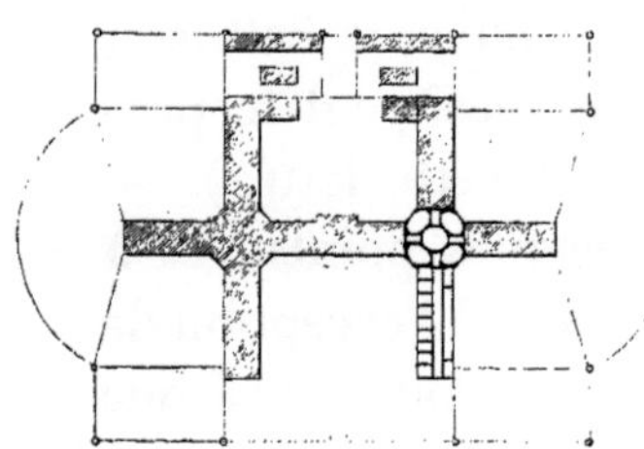

Établissement d'aliénés à Wakefield

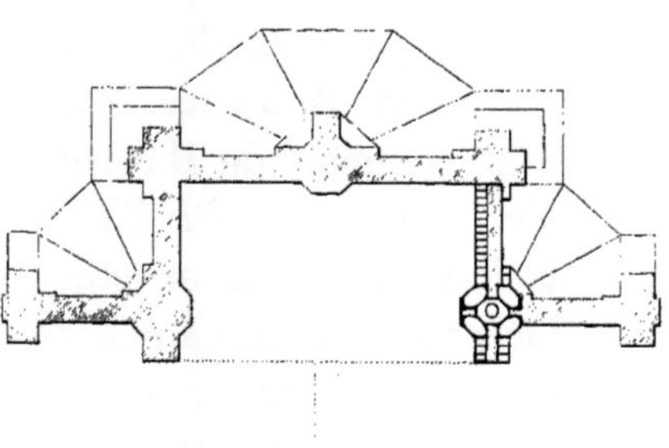

Nouvel établissement d'aliénés de Hanwell près Londres

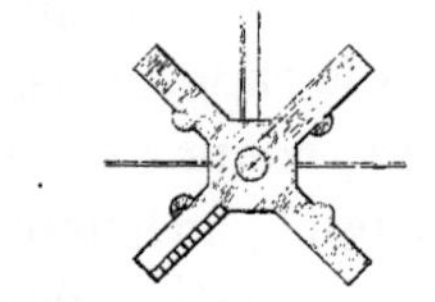

Établissement d'aliénés à Glasgow.

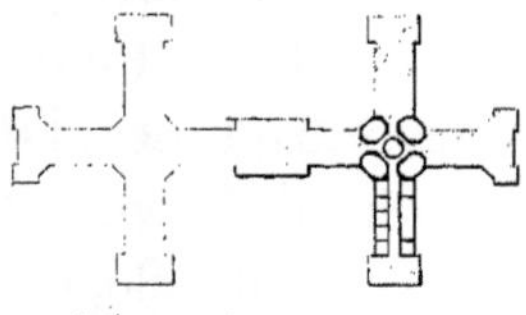

Nouvel établissement d'aliénés à Dumfries (Écosse.)

à des dons généreux. — D'une telle réunion d'efforts résulterait un bien incalculable; elle conduirait peut-être à des plans d'association, la seule voie de salut qui nous reste au milieu des tergiversations, des lenteurs, des obstacles bureaucratiques qui s'accumulent de plus en plus autour de nos populations infirmes.

Or, l'Angleterre possède de grands et beaux établissements pour les aliénés, au nombre desquels Glasgow, Wakefield, Dumfries, Maidstone, St-Luke, le Bethlem, l'établissement de Hanwell, surtout occupent le premier rang (*Voir Pl.* 32, à la fin de cette lettre). — La France a déjà effectué sur quelques points, et à Paris surtout, des améliorations : mais à l'exception de ses établissements particuliers, elle est loin, ainsi que la Belgique, des résultats généraux obtenus en Angleterre, quant aux sacrifices faits pour les constructions des bâtiments, bien entendu (car la France a de dignes exemples à citer pour l'administration intérieure de ses institutions et surtout pour les progrès scientifiques qui en ont rejailli sur toute l'Europe). Sous le rapport des réformes introduites, l'Italie et la Suisse, comme on a pu le voir, différents états de l'Allemagne, méritent les plus grands éloges. Il est vrai, la question des règles à suivre, dans ces réformes, surtout dans ce qui concerce l'ordonnance des bâtiments, n'est pas encore entièrement résolue; on en est encore à la période des tâtonnements, on erre encore entre le système des carrés et celui du rayonnement, entre le centre de surveillance unique et les centres de surveillance multipliés, entre les systèmes exclusifs et les systèmes mixtes. Ce qui manque généralement dans ces établissements, comme dans nos hôpitaux, comme dans nos hospices de la vieillesse, comme dans nos hospices d'orphelins, ce sont des localités qui permettent d'établir une bonne classification, et sous le rapport de ces dernières nous n'avons rien qui soit comparable à l'hospice de Saint-Michel à Rome, à l'Albergo de Naples, de Gènes, à l'Heriot's hospital d'Edimbourg; et ce qui plus est, nous n'avons à montrer que des misères dans tout ce qui concerne les asiles des militaires invalides; nous n'avons pas l'ombre de ce que Paris et Londres peuvent à cet égard citer avec orgueil.

Mais, si d'un côté nous avons voulu faire profiter nos observations, particulièrement applicables aux aliénés, au bien-être du pays, il nous importe aussi de faire ressortir les améliorations déjà introduites dans différents établissements de charité et les dispositions heureuses de quelques-unes de nos institutions. Nous avons d'excellents hospices consacrés aux femmes en couches, et sur quelques points il s'organise des hôpitaux pour les enfants malades; nos établissements des sourds et muets ont pris un beau développement; nos pauvres reçoivent d'excellents soins médicaux à domicile. Si, dans les campagnes, les aliénés n'obtiennent pas les secours auxquels ils ont droit de prétendre, il est juste de dire que les communes rurales ont puissamment travaillé au bien-être des malades, en créant de superbes hôpitaux pour les maladies aiguës et chroniques et pour les vieillards.—Mons est sur le point d'apporter d'admirables changements dans le sort de ses aliénés. Tournay possède à Froidmont un établissement fort bien organisé, et cette ville peut montrer avec orgueil son hôpital des incurables. Namur est en possession d'un nouveau Pénitentier et d'un Atelier de charité. Liége a deux établissements sanitaires spéciaux, dont l'un surtout présente les dispositions les plus heureuses. St-Trond fait de grands sacrifices en faveur d'un nouvel hôpital général. Louvain est occupé à bâtir un hôpital considérable. Courtrai possède un hospice d'aliénés, nouvellement organisé. Lierre, Tirlemont, Audenarde, Ostende ont de jolis hôpitaux; Bruges a des établissements d'aliénés dans lesquels d'importantes améliorations se sont effectuées. Parmi de grandes imperfections, Gand a de bons établissements de charité : son hospice des incurables présente d'excellentes dispositions, son établissement des femmes aliénées peut être mis sur la première ligne sous le rapport du bien-être des malades et sous celui de la particularité qu'il présente, savoir, qu'avec peu de moyens pécuniaires on y est arrivé à de grands résultats. Le Conseil provincial de la Flandre-Orientale s'est occupé pendant trois sessions du sort des aliénés; il faut espérer qu'il arrivera à une conclusion heureuse. La province du Brabant a agité la même question et a adopté les vues que nous avons proposées sur l'érection d'un établissement provincial destiné à assurer le sort de ces malades. Dejà depuis quelques années, Bruxelles possède un hospice pour les vieillards, le plus bel établissement en ce genre qui existe en Europe. Son dépôt de la Cambre, destiné aux pauvres et aux vagabonds, peut figurer à côté des meilleures institutions de cette espèce. Le grand hôpital actuellement en construction, bâti sur une large échelle et qui nous semble inspiré par un plan de Payet (commencé à la Roquette en 1788), sera, il ne faut pas en douter, un des établissements les plus remarquables de l'époque. Bruxelles malgré son luxe, ses spectacles, n'oublie point les malades pauvres; il y a dans cette ville, comme à Louvain, comme à Anvers, comme à Bruges, malgré l'influence des étrangers qui dans quelques-unes de ces villes tend si puissamment à y altérer les mœurs primitives, quelque chose de caractéristique et d'inaltérable qui rappelle nos anciennes mœurs. Peut-on en effet trouver rien de plus local, de plus touchant, que les couronnes civiques distribuées annuellement par l'administration de bienfaisance aux hôtels et aux estaminets qui contribuent par des aumônes sollicitées près des habitués de ces lieux publics à l'entretien des vieillards, des aveugles et des pauvres!

Que cet exposé de nos tendances heureuses ne trompe pas cependant sur nos besoins généraux; ils sont plus nombreux qu'au premier abord on ne serait porté à le croire.

FIN.

INDICATION DES MATIÈRES.

LETTRE DEUXIÈME.

LETTRE TROISIÈME.

CONCLUSION.

ERRATA.

Page	7	ligne	17	Sigburg,	*lisez :* Siegburg.
»	100	»	8	Aquependente,	» Aquapendente.
»	»	»	35	Bologne,	» Rome.
»	106	»	39	*lisez :* Puccinoti a publié des ouvrages remarquables.	
»	162	»	27	cette nature triste,	*lisez :* cette nature.
»	241	»	11	le faire romain,	» le faire roman.
»	237	»	11	de Vallisnieri de,	» de Vallisnieri, de Spigelius.
»	275	»	12	Bellenzone,	» Bellinzone.
»	300	»	5	Pelis,	» Pellis.
»	318	»	10	établissement,	» établissement, *le Dâr-el-Chefa.*
»	333	»	25	concerce,	» concerne.

www.ingramcontent.com/pod-product-compliance
Ingram Content Group UK Ltd.
Pitfield, Milton Keynes, MK11 3LW, UK
UKHW020302230726
13925UKWH00001B/173